공인노무사 2차 시험대비

거시조직이론

개정 1판

최우정 편저

epasskorea

머리말

이 교재는 공인노무사 2차 선택과목시험에 대비하기 위한 기초수험서이며, 거시조직이론과 조직설계론 등을 두루두루 학습을 해야 한다는 점에 집중하여 각 주제별로 내용을 구성하였습니다. 최근 2차 시험 출제경향이 기본이론 중심으로 출제되고 있고, 이러한 상황을 반영하여 본 교재에서는 거시조직이론 파트에서 기본적 이론 내용을 충분히 담으려고 노력을 하였습니다.

참고한 관련 교재는 국내에 발간되고 R.Daft 교수의 조직이론 및 조직설계론, 김인수 교수의 거시조직이론, 임창희 교수 저 조직이론, 한국방송통신대학교 교재를 참고하여 작성하였고, 처음 접하는 수험생분들의 입장에서 가장 이해하기 쉽게 이론 설명을 하고 있는 교재 위주로 발췌하였습니다.

본 교재의 내용을 발판으로 삼아 좋은 결과를 가져오기를 바라며, 교재의 주요 특징은 다음과 같습니다.

1. 주제별 내용 구성

GS0기의 학습목표는 기본적 개념 숙지, 기본이론 및 모형 학습에 있으므로, 거시조직이론과 조직설계론의 주제별로 묶어서 학습자 입장에서 전체적인 내용상의 흐름을 알 수 있도록 하였습니다. 공인노무사 2차 시험의 경영조직론 기출문제 성향을 반영한 각 파트별 내용을 구성하여, 처음 거시조직이론 등을 대하는 수험생의 입장에서 기본적 개념 및 의의, 중요성, 연관된 내용 등을 이해하기 쉽게 작성하였습니다.

2. 중요한 핵심 이론 및 도표 등의 강조

거시조직이론 파트에서 중요하게 다루어지고 있는 주요 이론이나 모형, 그림과 도표, 그 외에 구체적인 설명이 다 같이 필요한 각종 이론, 상황변수와 조직구조 등 주제별로 교재 내에 포함을 시켜서 이 교재만으로도 충분히 전반적인 내용을 이해할 수 있도록 요약을 하였습니다. 또한, 이론 모형 설명에 있어서 어렵게 다가올 만한 부분, 몇 가지 특징에 있어서 암기가 고달픈 내용들은 GS0기 수업시간에 두문자로서 쉽게 암기할 수 있도록 수업을 진행할 것입니다.

마지막으로 공인노무사로서 수험준비를 하는 여러 전업 수험생, 직장인 수험생의 효율적인 학습을 위한 주제별 내용이 담긴 GS0기 교재가 미래를 위해 도약하고자 하는 비전을 창출할 수 있도록 하는 유익한 학습교재가 되기 위해 양질의 수업을 준비토록 하겠습니다. 감사합니다.

2024.9

노무사 **최 우 정**

 **출제경향**

최근 경영조직론의 출제경향은 50점 문항, 25점 문항 상관없이 분설형으로 출제되고 있는 경향이 강해지고 있고, 전체적으로 보면, 3문제이지만, 각각 세부적으로 보면 5-7가지 문제로 출제되고 있습니다.

2024년도 50점 문항의 1번 문제는 불확실한 경영환경에 따른 조직구조, 던컨의 2가지 구성요소, 조직구조적 특성, 불확실한 환경에 대처하기 위한 톰슨완충역할과 경계관리역할을 각각 분설형으로 구분하여 출제되었고, 최근 3년 이내의 1번 문항 출제경향으로 보았을 때, 경영조직론 1번 문제는 사례형 아니면 분설형 둘 중 한 유형일 것임을 예상하고, 하나하나 세부적인 개념 설명까지 할 수 있도록 연습을 해두셔야 시험장에서 당황하지 않을 것입니다.

2024년도 2번 문항은 집단의 발달단계모형으로 두 가지 이론인 터크만과 게르식의 모델이 출제되었고, 이 역시 각각의 개념설명과 함께 분설형의 형태로 비교 서술하라는 문제까지 출제되었으며, 3번 문항은 권력의 수용과정에 의한 켈만의 3가지 과정을 경조 수험생이라면 누구나 다 아는 순종, 동일화, 내면화인데, 이를 더욱 어렵게 하여 과정별 권력의 원천, 권력수용자의 영향력 수용 이유 등등 교재 밖의 내용까지 출제되어 수험생의 역량에 기반한 목차구성력 등을 평가하는 출제가 되었음을 알 수 있습니다.

따라서, 경영조직론 과목에서의 출제 경향은 큰 주제 속의 세세한 이론을 정확하게 구체적으로 조목조목 작성하도록 출제된다는 점과 때로 사례형으로 출제되는 경우에는 지문을 파악하는 데만 상당한 시간이 소요되는 문제로서 이러한 특징을 갖고 있는 문제에 대응할 수 있는 공부 방법은 싫증내지 말고, 하나하나 세세하게 공부해 나가야 한다는 것입니다.

좀 더 자세한 내용 및 수험정보 등은 당사 홈페이지(www.ekorbei.com) 참조

1) 경영조직론이란?

경영조직론은 조직 전체의 목표달성에 조직구성원들이 기여하는 영향력을 개인 차원, 집단 차원, 조직 차원에서 이해하고, 급변하는 경영환경에 직면하여 발생되는 다양한 문제들을 해결하는 방법을 연구하는 학문입니다.

이러한 경영조직론의 주 내용은 크게, 조직행동과 조직이론 및 조직설계로 구분되며, 조직행동은 개인차원, 집단차원, 조직차원의 조직행동으로 나눌 수 있습니다.

개인 차원의 조직행동에는, 가치관, 지각, 학습, 태도, 동기부여가 있으며, 집단 차원의 조직행동에는 집단의사결정, 의사소통, 리더십, 갈등, 협상, 권력, 조직정치가 있고, 조직 차원의 조직행동에는 조직문화, 조직변화, 혁신, 조직개발 등으로 구성되어 있습니다. 조직이론 및 조직설계에는 조직의 고전적 이론과 현대적 이론과 함께 다양한 조직형태를 내용으로 하고 있습니다.

경영조직론은 공인노무사 2차 시험의 선택과목으로 있으며, 최근 시험의 난이도가 이전보다 확연하게 높아지면서 이전보다는 전략적인 학습방법이 절실하게 필요한 시점이라 사료되어 짧게나마 경영조직론 수험 가이드를 소개하고자 합니다.

2) 주요 기본서 선택과 서브노트

시내유명서점과 인터넷서점에서 볼 수 있는 경영조직론 수험서는 매우 다양하게 출판되어 있으며, 각 파트별 개념과 사례 위주로 잘 설명되어 있습니다.

경영조직론 수험서 선택은, 자신만의 스타일에 맞는 기본서 선택이 가장 중요하고, 경영학적인 마인드로 개념, 어원, 사례, 기본모델, 시사점(또는 공헌점), 비판점(또는 한계점)위주로 자신만의 스타일로 서브노트를 정리한 다음, 계속 반복하여 읽어보는 것이 효율적입니다.

개인적인 의견으로, 수험생으로서 경영조직론만 요약정리된 서브노트가 있다면 좋겠습니다. 서브노트는 자신의 공부량을 확인할 수 있는 결과물이기 때문입니다. 만약, 수험생 분들 중에 서브노트 작성방식이 공부스타일과 맞지 않다 느낀다면, 기본서와 학원교재의 반복 학습 및 답안작성연습을 많이 하는 것이 필요할 것입니다.

경영조직론은 처음 접할 때, 매우 흥미롭고 재미난 과목이지만, 막상 출제된 시험문제에 당면해서는 적잖이 당황하게 하는 과목이므로, 각 파트별 주요 쟁점은 충분히 반복하여 눈에 익히는 것이 시험장에서 차분하게 답안작성에 임하게 하는 요령이라 하겠습니다.

3) 학습방법 및 수험전략

경영조직론 학습방법을 간략하게 소개한다면, 아래와 같이 정리할 수 있고, 이 글을 읽는 수험생분들 자신만의 고유의 수험전략이 있다면 제 방법을 참고하여 활용할 수 있기를 희망합니다.

- 눈으로 반복하고, 손으로 연습을 합니다. 정말 열심히 하셔야 합니다. 각 주제별 핵심 단어, 핵심 어구, 중요 문장은 형광펜 등으로 강조하여 눈에 쉽게 보일 수 있도록 해야 합니다. 이러한 강조된 단어나 중요 문장을 보고 완성된 하나의 단락을 떠올리는 연습을 하셔야 합니다. 최근 노무사시험에 합격하신 수기를 유튜브에 올린 분의 소감을 보면, 직장생활을 병행하며 공부를 해야 하는 부담을 극복하기 위하여 중요한 핵심내용을 핸드폰으로 사진을 찍어서 읽으면서 지하철 출퇴근길에 반복 리딩을 하거나 회사에서 핸드폰을 보면서 공부를 해도 그 누구도 괴롭히지 않기 때문에 효율적이었다라고 소감을 말한 적이 있습니다. 여기까지 얘기를 하면, 공부시간을 지하철 출퇴근시간과 회사근무시간 중의 짬이라고 결론짓는 분들이 있는데, 그것이 아니죠. 퇴근 이후의 혹독한 공부량이!! 잠을 줄여가며 계획된 공부진도를 나간 막강한 공부량이 존재하였습니다.

- 경영학도는 겸손한 마음으로 경영조직론을 대하여야 합니다. 가끔 경영학 전공이라는 자부심으로 공부 우선순위를 저만치 멀리 두는 경우가 있는데, 착각하는 것입니다. 경영학도일수록 전략적으로 점수 확보에 유리한 과목으로 두셔야 합니다. 경영학도가 법학전공자나 비경영학도보다 점수가 낮을 때, 그것만큼 부끄러운 일이 없습니다. 언제나 공부할 때에는 겸손하게! 시험 볼 때는 자신감 있게 가셔야 합니다. 하나 하나 중요한 부분을 외우십시오.
- 비경영학도는 특별한 관심을 갖고 경영조직론을 대하셔야 합니다. 경영조직론도 필수과목만큼 중요한 과목입니다. 경영학 공부 요령 습득을 위하여, 최소한 두 번 정도는 읽어보시고, 질문도 열심히 하셔야만 빠른 시간 내에 요령껏 공부하실 수 있습니다.
- 과목에 애정을 갖고 공부하셔야 합니다. 단지, 시험합격을 목표로 하는 것 보다는 애정을 갖고 공부하시면, 절대로 잊어버리지 않습니다. 그리고, 마지막으로 과거 출제되었던 문항, 그리고 학원에서 뽑아주는 출제 가능한 문항들은 기본적으로 여러 번 읽어보고 암기해보고 시험장에 들어가셔야 합니다. 선택과목은 노무사 직업에 아무런 필요도 없는 과목이라는 생각을 한 순간부터 선택과목은 관심밖으로 가게 되는 것이고, 점수에도 반영되는 것입니다. 선택과목의 중요성은 합격에 있습니다.

4) 답안작성 시 유리한 Tip

- 노무사 시험답안지 작성요령을 미리 알아둡니다. 이러한 작성요령은 답안지를 돋보이게 할 뿐만 아니라, 과거로부터 계속 이어온 체계적인 답안작성방식을 훈련하여 공부 방식에도 긍정적입니다.
- 의의(개념 및 어원), 등장배경, 기본이론 및 모델(그림, 특징 설명), 시사점 및 공헌점, 비판점 및 한계점 순서로 작성합니다. 중구난방식 작성보다는 각각의 순서를 갖고 답안작성을 하는 것이 전문가답습니다. 경영조직론은 인사노무관리와 달리, 매우 담백한 과목입니다. 기본서와 학원교재에 서술된 개념 및 특징만 분명하게 작성하신다면 기본적인 점수는 획득하실 수 있으실 것입니다. 2022년도 2차 시험을 치르신

어느 분의 소감을 제게 문자로 보내주신 분이 계신데, 출제된 문제에 처음에는 놀랬지만 곧 마음을 다스리고 담백하게 간결하게 작성을 하였더니, 63점의 고득점을 하였다고 연락을 주셨습니다. 경조는 개념과 사례, 개념과 장단점 등을 기준으로 하여 담백하고 간결하게만 작성하신다면 분명 합격할 수 있는 점수로서 여러분에게 다가올 것입니다. 그렇다면, 각 서술 포인트별 유의점을 말씀드려보겠습니다.

- 먼저, 의의(개념 및 어원)는 정확한 핵심단어를 꼭 작성해주시면 유리합니다. 등장 배경 작성은 가산점 획득하기 용이합니다. 답안지를 풍성하게 해주면서 전문가다운 학문적 배경을 설명한 것이므로 고득점을 노릴 수 있을 것입니다.
- 기본이론 및 모델(그림, 특징 설명)은 출제문항이 요구하는 쟁점이므로, 잘 알아두셔야 하고, 손이 아프더라도 열심히 부지런히 성의 있게 작성하셔야 합니다. 귀찮다고 특징 중 하나를 누락한다면 매우 난감한 일이 벌어질 것입니다.
- 시사점 및 공헌점, 비판점 및 한계점은 각 이론마다 있으므로, 이를 잘 알아두시고 작성하셔야 합니다. 이것은 기본입니다.

• 잘 아는 문제가 출제되었을 때에는 논리적인 체계를 갖고 침착하게 작성하셔야 하고, 잘 알지 못하는 문제가 출제되었을 때에는 기억을 더듬어 최선을 다해서 작성하셔야 합니다. 절대로 포기하지 않아야만 온전한 점수결과를 낼 수 있기 때문입니다.

GS0기, GS1기, GS2기를 거쳐, GS3기 모의고사, 실전모의고사까지 꼭 치르도록 하셔야 합니다. 비록, 모르는 문제가 나왔더라도 실망하지 말고 모의고사의 문항과 모범답안을 눈에 익혀야 합니다. 명심하시기 바랍니다. 전쟁이 끝나가는 마지막 시점이 중요하다는 것을 꼭 새겨두셔야 합니다. 노무사 2차 시험은 단거리인 것 같지만, 또 마라톤 같기도 한 시험입니다. 노동법, 행정쟁송법, 인사노무관리에 지친 수험생분들의 마지막 자신감 형성의 과목이라는 점을 잊지 마세요.

좀 더 자세한 내용 및 수험정보 등은 당사 홈페이지(www.ekorbei.com) 참조

차 례

제1편 조직이론

제1장 조직의 의의와 목표 ··· 22
   1. 조직의 의의 / 22
   2. 조직의 등장배경 / 22
   3. 경영조직론의 목표 / 23

제2장 조직의 목표 : 조직효과성 ··· 24
   1. 목표의 의의와 기능 / 24
   2. 조직효과성의 개념 / 24
   3. 조직효과성의 측정 / 24

제3장 인간의 행동을 설명하는 관점 ·· 31
   1. 경제적 인간관 / 31
   2. 사회적 인간관 / 32

제4장 조직이론 ·· 33
   1. 기계적 접근 : 과학적 관리론과 일반관리론 / 33
   2. 관료제론 : 베버(M.Weber) / 37
   3. 인간관계론적 접근 : 인간관계론(Human relation approach) / 41
   4. 맥그리거의 XY이론 / 44
   5. 바나드의 협동체계론 / 44
   6. 사이먼의 의사결정체계 / 46
   7. 초기 제도화 이론 / 47

제5장 시스템 이론 ··· 48
   1. 의의와 등장배경 / 48
   2. 시스템의 유형 / 48
   3. 시스템이론의 시사점과 비판점 / 49
   4. 시스템이론의 특징 / 49

제6장 상황적합이론 ·· 51
1. 의의 / 51
2. 기본관점 / 51
3. 등장배경 / 52
4. 상황이론의 특징 / 52
5. 공헌점과 비판점 / 52

제7장 전략적 선택 이론 ··· 53
1. 의의 / 53
2. 등장배경 / 53
3. 전략과 조직구조의 관계 / 54
4. 전략적 선택이론의 핵심적 주장 / 54
5. 공헌점 / 54
6. 한계점 / 55
7. 상황적합이론과 전략적 선택이론의 비교 / 55

제8장 조직군 생태학 이론 ··· 56
1. 개요 / 56
2. 조직군 생태학 이론 / 57

제9장 자원의존이론 ··· 60
1. 의의 / 60
2. 기본가정 / 60
3. 자원의존관계의 유형 / 61
4. 자원의존성의 결정요인 / 62
5. 공헌점 / 62
6. 한계점 / 63

제10장 제도화 이론 ··· 64
1. 의의 / 64
2. 등장배경 / 64
3. 정당성(legitimacy) / 65
4. 기본가정 / 65
5. 제도적 동형화 : 조직들의 구조적 속성이 유사한 이유 / 65
6. 제도화가 조직구조 설계에 미치는 영향 / 67
7. 이론의 공헌점 / 67
8. 한계점 / 68

제11장 네트워크 이론 ·· 69
1. 의의 / 69
2. 기업간 협력의 동기 / 69
3. 조직 간 관계에 대한 관점의 변화 / 69

제12장 대리인 이론, 거래비용이론 ··· 71
1. 대리인 이론 / 71
2. 거래비용이론 : 시장과 위계이론 / 72

제13장 공동체 생태학 이론 ·· 76
1. 의의 / 76
2. 공헌점과 한계점 / 76

제14장 조직이론 분류 - Astley & Van de ven의 분류 ·························· 77
1. 의의 / 77
2. 결정론적 관점 / 77
3. 임의론적 관점 / 78

제15장 조직이론 분류 – Scott의 분류 ·································· 79
1. Scott의 조직이론 분류 / 79
2. 폐쇄–합리적 조직 이론 / 79
3. 폐쇄–사회적 조직 이론 / 81
4. 개방–합리적 조직 이론 / 83
5. 개방–사회적 조직 이론 / 84

제16장 조직이론 분류 – Narasimhan & Daft ····················· 87
1. 의의 / 87
2. 나라심한과 대프트에 의한 조직이론 분류 / 87

제2편 상황변수와 조직구조

제1장 조직구조적 차원의 변수 : 조직구조 구성요소 ················ 90
1. 조직구조의 의의 / 90
2. 복잡성 / 90
3. 집권화 / 분권화 / 92
4. 공식화 / 93

제2장 환경과 조직구조 ·· 95
1. 환경의 의의 / 95
2. 복잡성과 동태성 의의 / 95
3. 적합한 산업의 예 / 97
4. 구체적인 조직설계방안 / 98
5. 자원의존 측면에서의 환경 / 99
6. 환경의 불확실성에 대한 대응방안(소극적 전략) / 99
7. 환경을 직접적 통제 전략(적극적 전략) / 101

제3장 환경과 조직구조의 관계에 대한 연구 ·· 102
    1. 번스(Burns)와 스토커(Stalker)의 연구 / 102
    2. 로렌스(Lawrence)와 로쉬(Lorsch)의 연구 / 103
    3. 톰슨(Thompson)의 연구 / 104
    4. 과업환경의 관리 / 104
    5. 기술적 환경과 제도적 환경의 이질적 요구에 대한 대응 / 105

제4장 기술과 조직구조 ·· 106
    1. 조직기술의 의의 / 106
    2. 우드워드(Woodward)의 기술분류에 따른 조직설계 / 106
    3. 페로(Perrow)의 기술분류에 따른 조직설계 / 108
    4. 톰슨(Thompson)의 기술분류에 따른 조직설계 / 110

제5장 규모와 조직구조 ·· 116
    1. 규모의 의의 / 116
    2. 규모와 복잡성 / 116
    3. 규모와 집권화 / 117
    4. 규모와 공식화 / 117
    5. 규모와 조직구조 구성요인 / 118
    6. 조직규모 증가에 따른 조정과 통제의 필요성 / 118

제6장 전략과 조직구조 ·· 119
    1. 전략의 의의 / 119
    2. 챈들러의 전략결정론 / 119
    3. 포터의 전략 유형 / 121
    4. 마일스와 스노우의 경영전략유형과 조직구조 / 123

제7장 권력과 조직구조 ·· 124
1. 권력의 의의 / 124
2. 권력에 입각한 조직이론의 핵심전제 / 124
3. 개인 차원의 권력의 원천 / 125
4. 집단 차원의 권력의 원천 / 125
5. 권력과 조직구조간의 관계 / 126

제8장 구조적 차원과 조직설계 ·· 128
1. 조직구조에 대한 정보처리 관점 / 128
2. 조정과 통제 기제 / 128
3. 통제와 조정에 실패할 경우 구조적 결함 증상들 / 128
4. 통제의 개념과 수단 / 129
5. 조정의 개념과 수단 / 132

제9장 기계적 조직구조와 유기적 조직구조 ·· 134
1. 기계적 조직구조 : 효율성을 위한 수직적 조직구조 / 134
2. 유기적 조직구조 : 학습을 위한 수평적 조직구조 / 134

제10장 민쯔버그(Mintzberg)의 조직구조 유형 분류 ·· 135
1. Mintzberg의 조직구조의 개념 / 135
2. 조직의 다섯 가지 기본부문 / 135
3. 혼합형 조직구조 / 139
4. 조직의 성장경로 / 140

제3편 조직구조 이해

제1장 기능식 조직 ·· 142
  1. 기능식 조직의 의의 / 142
  2. 특징 / 142
  3. 장점과 단점 / 143

제2장 사업부제 조직 ·· 144
  1. 사업부제 조직의 의의 / 144
  2. 사업부제 조직의 특성과 유형 / 144
  3. 사업부제 조직의 중심 역할 / 145
  4. 사업부제 조직의 문제점과 유의할 점 / 146
  5. 장단점 / 146

제3장 매트릭스 조직 ·· 148
  1. 매트릭스 조직의 의의 / 148
  2. 매트릭스 조직의 본질 / 149
  3. 장점 / 150
  4. 단점 / 151

제4장 애드호크러시 조직 ··· 152
  1. 의의 / 152
  2. 애드호크러시의 특징 / 152
  3. 애드호크러시의 장단점 / 153
  4. 뷰로크러시와 애드호크러시의 관계 / 154

제5장 프로세스 조직 ·· 155
  1. 프로세스 조직의 의의 / 155
  2. 프로세스 조직의 특징 / 155
  3. 프로세스 조직의 구축 조건 / 156

contents

    4. 적합한 환경 / 157
    5. 장단점 / 157
    6. 성공조건 / 158

제6장 프로젝트 조직 · 159
    1. 프로젝트 조직의 의의 / 159
    2. 프로젝트 조직의 등장배경 / 160
    3. 프로젝트 조직의 특징 / 160
    4. 프로젝트 조직의 장단점 / 161
    5. 직능부제 조직과 프로젝트 조직의 차이 / 161
    6. 프로젝트 조직 설계 시 유의점 : 관리자에의 시사점 / 163

제7장 네트워크 조직 · 164
    1. 네트워크 조직의 의의 / 164
    2. 이론적 배경 / 165
    3. 네트워크 조직의 장단점 / 165
    4. 네트워크 조직의 유형 / 166
    5. 네트워크 조직의 성공적 관리방안 / 168

제8장 역피라미드 조직 · 169
    1. 의의 / 169
    2. 등장배경 : 고객지향적 조직화 필요 / 169
    3. 사례 / 169
    4. 역피라미드 조직의 특징 / 170
    5. 성공적 운영방안 / 170

제9장 양손잡이 조직 · 171
    1. 의의 / 171
    2. 상황조건 / 171
    3. 설계방안 / 171

제10장 혼합형 조직 ·········· 173
1. 의의 / 173
2. 적합한 상황 / 173
3. 장단점 / 174

제11장 팀 조직 ·········· 175
1. 팀 조직의 의의 / 175
2. 4가지 유형의 팀제 / 175
3. 장점 / 176
4. 단점 / 177
5. 전통적 조직과의 비교 / 177

제12장 사내벤처·분사 조직 ·········· 178
1. 사내벤처·분사 조직의 의의 / 178
2. 사내벤처·분사 조직의 목적과 특징 / 178
3. 조직유형과 도입효과 / 179
4. 유의점 / 179

제13장 학습조직 ·········· 181
1. 지식의 의의와 중요성 / 181
2. 지식의 유형 / 181
3. 지식의 변환 / 182
4. 지식의 증폭작용 : 나선형식 지식확장 / 182
5. 학습조직의 의의 / 183
6. 학습조직의 형태 / 184
7. 학습조직으로서 변화과정 / 184
8. 학습조직의 설계 / 185
9. 학습조직의 장애요인 / 185
10. 학습조직의 실천전략 / 185

11. 센게(P.Senge)의 학습조직모형 / 186
12. 관료제 조직과 학습조직의 차이점 / 188

제4편 조직수명주기, 조직쇠퇴

제1장 퀸과 카메론의 조직수명주기 ··············190
1. 조직수명주기의 의의 / 190
2. 성장단계별 조직의 특성과 위기 / 191
3. 각 단계별 비교 / 193

제2장 민쯔버그의 조직성장경로 ··············194
1. 민쯔버그의 조직구조 / 194
2. 조직의 다섯 가지 기본부문 / 195
3. 순수형 구조 / 196

제3장 Weitzel & Jonsson의 조직쇠퇴 모형 ··············201
1. 조직쇠퇴의 의의 / 201
2. 조직쇠퇴의 원인 / 201
3. Weitzel & Jonsson의 조직쇠퇴 / 202

제4장 Miller의 조직쇠퇴 모형 ··············205
1. 발명형 쇠퇴(창업단계) / 206
2. 집중형 쇠퇴(집단공동체 단계) / 206
3. 모험형 쇠퇴(공식화 단계) / 207
4. 이완형 쇠퇴(정교화 단계) / 207

제5장 글로벌 조직설계 ··············208
1. 조직구조의 상황변수로서의 세계화 / 208
2. 세계화의 동인 / 208

3. 세계화 발전단계 / 209
4. 세계화 전략의 유형 / 209
5. 세계화와 조직구조 / 211
6. 성공방안 : 글로벌 역량 구축을 통한 세계화의 문제 해결 / 214
7. 초국적 조직(transnational model) / 215

제6장 정보기술의 발달과 조직에 미치는 영향 ···217
1. 정보기술의 의의 / 217
2. 과업특성과 정보기술 / 217
3. 조직계층과 정보기술 / 218
4. 정보기술의 발전과 조직효율성 / 218
5. 정보기술의 발달이 조직에 미치는 영향 / 218

제7장 서비스기술을 사용하는 조직의 설계 ···221
1. 제조업과 서비스업의 의의 / 221
2. 제조기술과 비교한 서비스 기술의 특징 / 222
3. 서비스 조직의 설계방향 / 223

제8장 관리자의 기술 ···225
1. 관리자의 의의 / 225
2. 페욜(Fayol)의 관리기능 / 225
3. 관리자의 기술 / 225

제9장 빅데이터와 조직구조 설계 ···227
1. 정보기술과 정보화 / 227
2. 빅데이터 활용을 위한 조직구조 / 227
3. 정보기술이 조직에 미친 영향 / 230

거시조직이론

제1편
조직이론

제1장 조직의 의의와 목표

1 조직의 의의

〈조직〉이란 공동의 목표 달성을 위해 의도적으로 정립한 체계화된 구조에 따라 구성원들이 상호작용하면서 일정한 경계를 가지고, 외부환경에 적응하는 사회적 집단을 지칭한다. 여기서 목표는 조직이 달성하고자 하는 지향점을 말하고, 조직구조(Organizational structure)란 의사결정 권한과 각자의 역할 및 책임 등이 일정한 규칙 하에 정해져 있는 것을 말한다.

2 조직의 등장배경

(1) 노동의 분업

노동의 효율적 실시를 위하여 분업을 고안해 냈으며, 분업은 숙련도를 높이고, 작업속도를 빠르게 하여 동일한 업무의 반복 숙달을 통해 기술혁신을 촉진할 뿐만 아니라 인적자원의 적재적소 배치도 가능해진다. 분업으로 인하여 사람들은 자기 혼자서는 여러 과업들을 동시에 달성하기 어렵다는 것을 깨닫게 되었고, 그 결과 함께 일하는 사회, 즉 조직이 등장하게 되었다.

(2) 거래비용의 감소

조직에 소속되지 않은 개인들이 각자 시장에서 개인적으로 거래하는 경우 예상하지 못했던 각종 비효율에 직면하게 되는데, 구체적으로 사기꾼을 만나 손해를 보는 경우, 물리적 위험한 정보환경에 놓인 경우, 가장 잘 맞는 가격에 거래해 줄 수 있는 상대방을 만나지 못한 경우 등이다. 이러한 비효율의 원인은 소수의 거래자, 인간의 기회주의적 성향, 제한된 합리성, 환경의 불확실성 및 정보의 복잡성, 정보의 편재성에 있다. 이러한 각종 비용들을 줄이기 위하여 위계(hierarchy)로 대표되는 보호장치를 만들었는데, 이것이 바로 조직이 등장하게 된 계기가 된다.

3 경영조직론의 목표

경영조직론의 목표는 구성원들의 행동을 기술(describe, 현상을 있는 그대로 서술)하고, 설명(explain, 현상의 인과관계를 파악)하며, 예측(predict, 현상을 기준으로 미래를 미리 밝힘)하고, 통제(control, 구성원의 행동이 바람직한 방향으로 전개되도록 영향을 미침)하는 것이다.

제2장 조직의 목표 : 조직효과성

1 목표의 의의와 기능

- 목표(goal)란 조직이 달성하고자 하는 지향점을 말하며, 이러한 조직목표는 일을 추진하는 합법성과 정당성의 제공, 조직구성원의 행동지침 제공, 동기부여, 의사결정의 지침 제공, 조직효과성의 평가기준 제공 등의 다양한 기능을 수행한다.
- 이러한 목표의 유형은 페로우(Perrow)에 의하면, 공식목표와 운영목표로 구분하여 설명하였다. 공식목표(official goal)는 조직이 달성하고자 하는 사명(mission)을 말하고, 운영목표(operative goal)는 실질적 운영활동을 통해 달성하고자 하는 최종 성과로서 구체적으로 측정 가능한 단기목표를 말한다.

2 조직효과성의 개념

경영조직론의 궁극적 종속변수인 조직효과성이란 조직이 그 목표를 달성하고자 하는 정도를 뜻하는 개념이다. 여기서 목표달성의 정도를 판단하는 기준에는 투입된 자원의 양에 대비하여 조직이 산출해 내는 결과물의 비율인 효율성(efficiency)과 외부환경에 능동적으로 대응하는 혁신의 정도인 유연성(flexibility)이 있다.

3 조직효과성의 측정

(1) **전통적 접근법** : 시스템적 관점

시스템적 관점에서 조직효과성은 투입-변환-산출의 과정에서 측정지표로서 조직효과성을 파악하는 방법이다. 조직효과성 측정에 있어서 목표나 결과뿐만 아니라 수단과 과정도 동시에 고려해야 하므로, 환경으로부터 자원을 투입하고, 이 자원들을 변환과정을 거쳐 산출물로 제공하는 시스템을 기준으로 한 것이다.

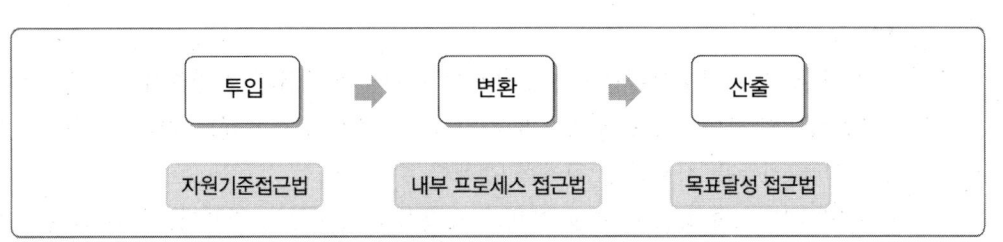

1) 투입 중심 : 자원기준접근법
   ① 의의
       자원기준접근법은 투입-변환-산출과정 중에서 투입 측면에 초점을 맞추어 평가하는 방법이다. 즉, 조직 입장에서 가치 있고 희소하며 모방이 힘들고, 대체가 불가능해서 지속적인 경쟁력을 창출하는데 도움이 되는 자원을 얼마나 성공적으로 획득하여 관리할 수 있는지에 따라 조직운영의 효과성을 평가하는 것이다.
   ② 측정지표
       이 관점에 의하면 조직효과성은 환경변화 인지능력, 그 변화된 환경에 대응하는 능력, 조직의 보유한 유형자원과 무형자원을 잘 관리할 수 있는 능력, 희소하고 가치 있는 자원을 외부로부터 획득할 수 있는 협상능력 등이 측정지표로서 해당한다.
   ③ 장단점
   - 〈장점〉특정 조직이 획득한 자원을 화폐단위로 환산하여 다른 조직과 비교할 수 있는 기준을 제공하며, 성과결과물을 낼 수 없는 비영리조직의 경우 조직효과성을 측정할 수 있다.
   - 〈단점〉조직의 자원획득 자체가 조직성과를 대변하는 것이 아닐 수 있는데, 이는 자원이 곧 성과가 아니기 때문이다. 또한, 어느 정도로 자원을 획득해야 하는지 그 자원획득의 적정기준이 모호하다.

2) 과정 중심 : 내부 프로세스 접근법
   ① 의의
       내부 프로세스 접근법은 투입-변환-산출과정에서 과정 측면에서 조직효과성에 초점을 맞춘 평가방법이며, 내부 프로세스가 어떻게 설계되어 있는지에 따라서 조직유효성이 결정된다고 보는 것이다.
   ② 측정지표
       이 관점에 따르면 조직효과성은 강한 기업문화, 업무분위기, 회사몰입도와 팀웍 수준, 노사간의 신뢰정도와 커뮤니케이션, 회사의 보상정책, 구성원의 성장과 개발을 위한 지원 정도로서 측정한다.

③ 장단점
- 〈장점〉주로 조직구성원간의 상호작용이나 경제적 효율달성 과정에 초점을 두는 접근법이므로 투입이나 산출요소가 각각 다른 조직의 경우에도 여러 조직에 적용될 수 있는 기준을 사용하여 평가를 수행할 수 있다.
- 〈단점〉내부운영 효율이 조직 전체의 효과성을 대변하는 지표가 될 수 없는 경우가 많다. 즉, 운영효율이 곧 성과가 아님을 말한다. 또한, 조직구성원 간의 상호작용 등은 평가자나 평가요소에 따라 달라질 수 있다.

3) 목표달성 접근법

① 의의

목표달성 접근법은 조직의 목표에 대한 파악과 그 목표를 달성한 정도를 평가하여 유효성을 판단하는 것이다. 즉, 투입-변환-산출과정에서 산출 측면에서 조직효과성에 초점을 맞춘 평가방법이다. 조직은 어떠한 목표 달성을 위하여 형성된 것이므로, 그 목표를 얼마나 달성했는가를 가지고 유효성을 판단하는 것이다.

② 측정지표

조직의 목표달성 정도를 측정하는 것으로, 구체적으로 시장점유율, 매출, 목표달성정도, 제품 불량률, 이직률 및 결근율, 재고회전율, 매출증가율, 투자수익률 등으로 측정한다.

③ 장단점
- 〈장점〉조직효과성의 개념정의에 충실한 측정방법이므로 가장 설득력이 있다.
- 〈단점〉공식목표와 운영목표 간에 괴리가 발생할 경우 효과성 판단이 어렵고, 조직목표가 시간흐름에 따라 변화할 경우 무엇을 기준으로 해야 할 지 논란이 있다.

(2) 현대적 접근법

1) 이해관계자 접근법
- 이해관계자란 조직성과에 이해를 가지고 있는 조직 내부 혹은 외부의 모든 집단을 지칭하며, 다양한 이해관계자들이 조직으로부터 무엇을 원하는지를 생각하고 이에 부응하기 위해 조직 활동이 통합적으로 이루어질 때 효과성을 달성할 수 있다. 이해관계자들의 만족 수준이 조직성과와 호의성을 나타내는 지표가 되는 것이다.
- 〈장점〉조직효과성의 다차원적 측면을 평가할 수 있는 방법이며 가장 널리 사용되는 관점이며, 조직에 영향을 미치는 여러 환경요인의 압력을 반영한다는 점에서 조직운영의 현실을 잘 설명해 준다.
- 〈단점〉조직에 영향을 미치는 환경요인의 우선순위를 파악하는 것이 쉽지 않으며, 조직 내 의사결정을 주도하는 지배집단이 누구인지에 따라 이해관계자의 요구를 다르게 해석할 수 있다.

2) 균형성과표 접근법

① 의의

- 균형성과표(BSC, Balanced Scorecard)는 조직의 비전과 전략으로부터 도출되어 신중하게 선택된 평가지표들의 합으로 정의될 수 있다. BSC로 선택된 지표들은 경영진이 조직의 미션과 전략적 목표를 달성하기 위한 성과요인들과 그 결과를 종업원과 외부 이해관계자들에게 제공하는 정보라고 볼 수 있다. 균형성과표는 1992년에 하버드大 교수 R.Kaplan과 컨설턴트 D.Norton에 의해서 처음 개발되었다. BSC는 기존의 재무성과지표에 국한된 성과평가시스템의 한계를 극복하기 위하여 전략과 연계한 새로운 전략적 성과평가시스템으로서 조직의 장기적인 성장발전을 위해 도입된 것이다.
- 균형성과표는 경영자들이 전체 효과성을 잘 이해할 수 있도록 다양한 관점에서 조직을 평가하는 데 도움을 준다는 점에서 유용하고, 성과표의 각 요소들은 서로를 강화해주고 단기 활동이 장기 전략 목표와 잘 연계될 수 있도록 통합되어 설계되어 있다.

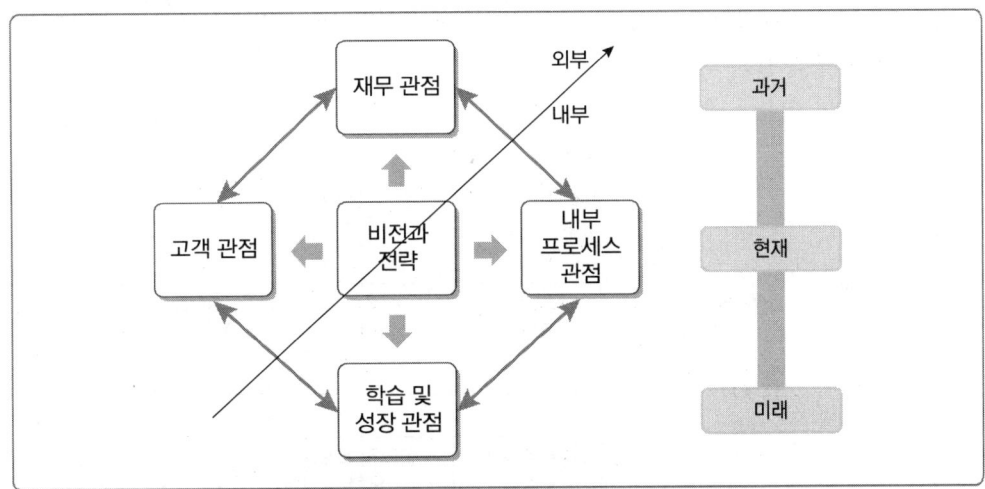

② 재무적 관점

재무적 관점은 재무적 지표를 통한 조직성과를 측정하는 방법이며, 매출액, 투자수익률, 수익성, 자기자본이익률 등이 있다.

③ 고객관점

조직에 수익을 가져다주는 고객을 파악하여 고객 지향적인 업무 프로세스를 만들어 나가는 관점에서 출발하였으며, 주요 측정지표에는 고객만족도, 재구매율, 신규 고객 수, 고객카드 작성 수 등이 있다.

④ 내부 프로세스 관점

조직의 핵심 업무 프로세스 및 업무역량을 규명하는 과정이며, 내부 공정, 생산라인 시스템, 업무흐름과 관련된 주문 이행률 등이 있다.

⑤ 학습 및 성장 관점

향후 지속적인 가치의 개선과 비전 달성을 위해 필요한 학습과 성장능력을 어떻게 유지시켜 미래의 지속적인 성장을 도모할 것인가에 대한 것이며, 직원의 업무숙련도, 직무만족도, 연구개발의 수준, 조직몰입도 등이 있다.

3) 경쟁가치모형

① 의의

퀸(Quinn)과 로바우(Rohrbaugh)에 의해 제시된 경쟁가치모형은 다양한 관점에서 가치들이 평가되어야 하며, 어느 하나만을 가지고 평가해서는 안 된다는 관점에서 출발한 평가방법이다. 하나의 조직을 둘러싸고 있는 다양한 여러 가지의 가치들은 서로 대등하게 경영하는 입장에 높이는 것이 필요한데, 다양한 가치들은 상황의 변화에 따라 수시 변화하므로 단지 한 개의 조직목표로서만 그 조직의 유효성을 평가해서는 안 되기 때문이다.

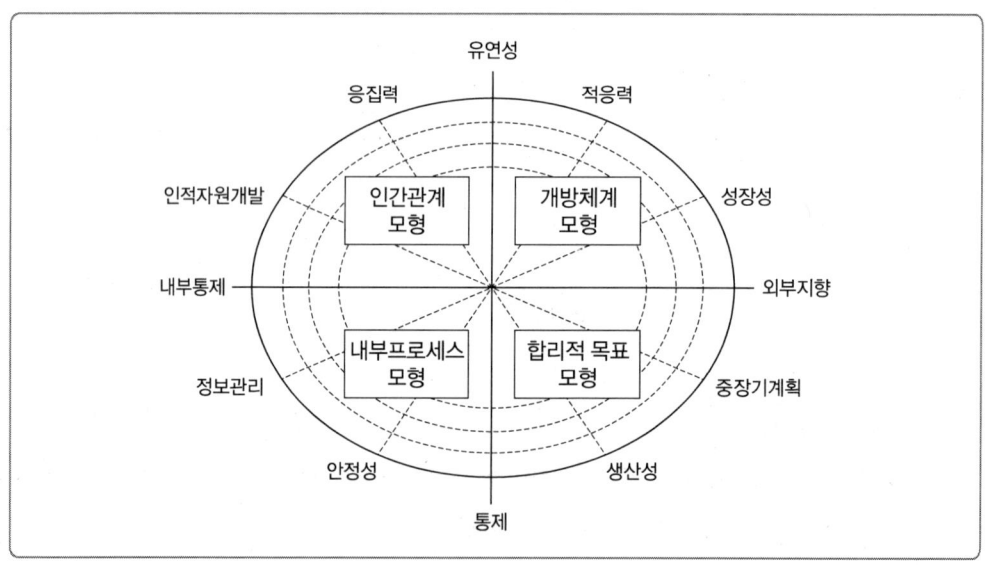

※ 참고자료 : 조직이론과 설계, Richard L. Daft

② 경쟁가치 분류의 3가지 축
  ㉠ 유연성과 통제
    〈유연성〉은 환경적응적이며 권한을 위임하고 변화를 추구하는 조직분위기가 유효하다는 것이고, 〈통제〉는 질서유지와 절차를 강조하면서 명령과 지휘가 잘 되고 예외가 없는 조직이 더 유효하다는 기준을 말한다.
  ㉡ 내부통제와 외부지향
    〈내부통제〉는 구성원 욕구충족이나 직무만족, 개인의 발전을 추구하는 구성원 통합이 유효한 것이라는 가치관이고, 〈외부지향〉은 개인보다 조직 자체의 이익과 조직 발전이 더 중시되는 입장에서 환경변화에 민감하게 반응하는 가치관을 말한다.
  ㉢ 수단과 목적
    〈목적〉은 일단 목표가 달성되면 유효한 조직이라는 판단기준이고, 〈수단〉은 판단기준과 그 과정이 더 중요하다는 판단기준을 말한다.
③ 인간관계모형(human-relations model) - 〈집단공동체 단계〉
  공식과 규정 보다는 상호 인간적이며 비공식적인 신뢰관계를 중시하는 인간존중의 관계 관리를 목표로 하는 모형이다. 구성원간의 신뢰와 사기진작, 상호협력으로 목표달성을 추구하는 것을 모토로 하며, 구성원의 응집력과 신뢰, 사기를 수단으로 인적자원의 개발과 성장을 목표로 한다.
④ 개방체계모형(open-system model) - 〈창업단계, 정교화 단계〉
  조직 내부(구성원)보다는 조직외부(성과)의 측면에서 통제보다 유연성을 강조하는 모형으로 여기에서의 조직효과성은 주로 수단(하위목표)으로서의 적응력, 위기대응능력과 목적(상위목표)으로서의 조직성장과 자원획득능력에 의해 평가된다.
⑤ 내부프로세스 모형(internal-process model) - 〈공식화 단계〉
  조직외부(성과)보다는 조직 내부(구성원) 측면에서 유연성보다 통제를 강조하는 모형이며, 이때 조직효과성은 수단(하위목표)으로서의 정보관리, 의사소통과 목적(상위목표)으로서의 안정, 질서, 팀워크에 의해 평가된다.
⑥ 합리적 목표 모형(rational-goal model) - 〈공식화 단계〉
  조직 내부(구성원)보다는 조직외부(성과)측면에서 유연성보다 통제를 강조하는 모형이며, 조직효과성은 주로 수단(하위목표)으로서 기획, 목표설정과 목적(상위목표)으로서 생산성, 효율성에 의해 평가된다. 목표가 확실하게 공표되어 구성원 모두가 분명하게 목표를 이해하고 있는 조직으로 정부조직이나 공공기관처럼 공식화가 잘 되어 있는 조직이다.

거시조직이론

경쟁가치모형은 조직 내에서 서로 경합하는 다양한 조직효과성의 측정기준을 제시하고, 이들이 어떤 상황에서 적합하게 사용될 수 있는지 설명했다는 점에서 그 의의가 있다. 다만, 각 상황별 경쟁가치의 적합도에 관해서는 더 많은 연구를 통한 검증이 필요하다.

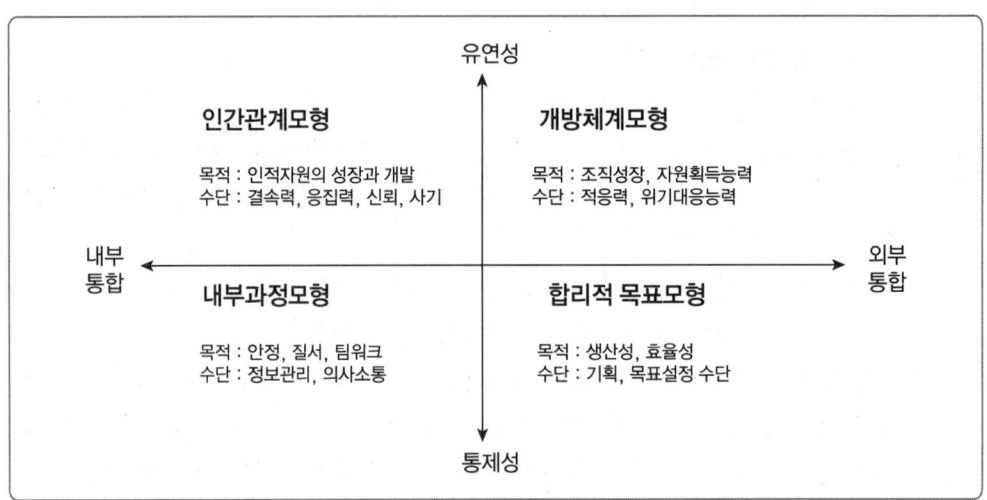

제3장 인간의 행동을 설명하는 관점

1 경제적 인간관

(1) 개념

경제적 인간관 또는 경제인 관점은 인간의 효용극대화에 초점을 두고, 비용을 줄이면서 이익을 추구하고자 하는 동기로 행동한다는 인간관이다.

(2) 관련이론

관련이론에는 테일러의 과학적 관리론, 페욜의 일반관리론, 윌리암슨의 거래비용이론 등이 있다. 테일러의 과학적 관리론은 기능의 효율성을 위한 시간-동작연구, 과학적 선발과 훈련, 차등성과급제도, 기능적 감독자 제도를 주내용으로 하고 있다. 페욜의 일반관리론은 경영관리의 원칙을 논하였다. 윌리암슨의 거래비용이론은 조직의 등장 원인을 경제적 인간관에 입각하여 전개하였는데, 시장실패로 인한 자원배분의 비효율을 극복하기 위하여 시장거래비용을 줄일 수 있는 위계구조(조직, 기업)가 등장한다고 보았다.

(3) 비판

인간이 사회생활을 하며 맺는 각종 관계들 가운데 경제적 이해관계에만 지나치게 치우쳐서 단순화시켰다는 점, 이로 인하여 인간의 협력 행동과 같은 사회적 측면을 설명하지 못하였으며, 때로는 이익이 되지 않는 일도 하는 사람의 본성을 무시했다는 점이 지적되었다.

> 거시조직이론

2 사회적 인간관

(1) 개념
사회적 인간관 또는 사회인 관점은 인간의 행동이 그를 둘러싸고 있는 주변 환경 및 타인들과의 관계에 의해 많은 영향을 받는다고 보는 관점이다. 즉 인간은 경제적 이해관계에 의해서만 영향을 받는 것이 아니며, 주변 사람들과의 상호작용을 통해 지대한 영향을 주고받는다고 보았다.

(2) 관련이론
관련이론에는 인간관계론, 제도화이론, 네트워크 이론이 있다. 인간관계론은 호손실험과 관련이 있으며 작업장에서 함께 일하는 주변 동료들과의 관계가 작업만족과 효율에 영향을 준다는 관점이다. 제도화 이론은 조직이나 집단이 그 생존을 위해서 효율성뿐만 아니라 정당성(legitimacy, 조직활동이 사회적으로 바람직하다는 시각) 역시 필요로 한다는 점을 주장한 이론이다. 네트워크 이론에서는 사회현상을 사회적 구성단위들 간의 연결망에 대한 분석이 필수적이라는 이론이다.

(3) 비판점
사회적 인간관은 사회관계나 조직현상의 분석에 있어 개인보다는 그들간의 관계에 초점을 두는 경향이 있으므로, 개인만의 고유한 속성이 조직현상에 영향을 줄 수 있다는 점을 간과할 수 있다.

제4장 조직이론

거시조직이론

1 기계적 접근 : 과학적 관리론과 일반관리론

(1) 과학적 관리론(Scientific Management, Taylor)
① 개요
- 테일러에 의해 주창된 과학적 관리론은 사업장을 관리했던 테일러의 개인적 경험과 통찰에 의하여 고안된 생산성 및 작업능률 향상의 방법론으로서, 경제적 인간관에 입각한 이론이다. 이를 후대의 사람들에 의해 테일러리즘 또는 테일러시스템으로 불리었다.
- 인간을 경제적 동물로 간주하여 종업원을 기계와 같은 생산수단의 하나로 취급하면서 직무의 전문화, 분업화, 표준화를 통한 인사관리 시스템을 설계한 이론이다.

② 형성배경('1911 – '1930)
- 테일러는 작업능률을 향상시키고 생산성을 증가시키는 유일최선의 방법(One Best way)은 과학적인 방법을 사용하는 것이라 주장하였다. 테일러가 활동했던 19세기 말 20세기 초 미국의 공장관리는 상사의 경험과 주관에 의한 작업지시, 작업들 간의 유기적 조정 불가능, 조직적 태업, 성과급제에 대한 불신, 주먹구구식 작업(표류경영, drift management) 등으로 업무능률이 잘 이루어지지 못하는 상황이었다.
- 테일러는 이 문제를 해결하기 위하여 과학적 관리론을 정립했고, 인사관리는 테일러의 과학적 관리법을 출발점으로 형성되었다.

③ 주요 내용
㉠ 과학적 과업관리와 직무설계
  테일러는 A.Smith가 제시한 분업의 원리에 이론적 바탕을 두고, '시간–동작연구(time and motion study)'를 처음으로 적용하여 작업수행에 사용되는 도구, 작업환경, 작업절차 등을 표준화하였으며, 최적의 직무수행방식을 설정하였다. 또한, 이를 기준으로 표준생산량을 설정하는 등 관리자의 기획 기능을 강조하면서 체계적 직무설계의 기초개념과 기법을 개발하는데 크게 기여하였다.

> 거시조직이론

　　ⓒ 과학적 선발과 훈련
　　　직무를 만족스럽게 수행할 수 있는 육체적/지능적 자격조건을 명시하고 이에 따른 과학적인 방법으로 직원을 선발하며, 나아가 직무조건에 맞춘 표준생산량을 달성하도록 훈련을 시켜야 한다는 것이다. 이 원리는 직무내용과 작업조건을 중심으로 인간공학의 관점에서 직무에서 요구되는 육체적·지능적 자격을 갖춘 근로자들을 선발하고, 표준생산량을 달성하도록 그들의 훈련을 강조함으로써 체계적인 인력확보와 개발에 선도적인 역할을 하였다.

　　ⓒ 차등성과급제
　　　일정한 표준량을 설정하여 표준량까지는 단순성과급이 적용되지만, 표준량을 초과하는 부분에 대해서는 더 높은 임금률을 적용하는 차등성과급제를 창안하였다. 차등성과급이 일반성과급과 다른 점은 생산능률에 따라 성과급의 지급 정도가 달라진다는 점이다. 즉 열심히 일한 사람에게는 그렇지 않은 사람에 비해 높은 수준의 성과급을 지급하는 것이다.

　　ⓔ 기능적 감독자 제도
　　　• 일선감독자의 직무구조에 분업의 원리를 적용하여 부하들의 생산을 감독하는 일에만 집중하게 하고, 다른 생산계획이나 품질점검 등은 다른 감독자를 채용하여 맡겨야 한다는 제도이다. 과거 일선감독자에게 주어진 업무가 너무 많아서 감독자의 관리기능이 제대로 발휘되지 못하여 생산성이 저하되었다고 믿었기 때문에, 테일러는 일선감독자의 업무에 분업의 원리를 적용하여 생산계획, 품질점검, 교육훈련 등을 전문적으로 취급할 수 있는 감독자를 따로 채용하여 관리업무를 맡겨야 한다는 기능적 감독자 제도를 제안한 것이다.
　　　• 사실 기능적 감독자 제도는 관리구조의 합리성은 높여 주었지만, 실제 관리에 있어서 기대한 만큼의 성과를 거두지는 못하였다. 그러나, 기능적 감독자 제도는 근본적으로 경영조직을 전문화하고, 전문기능의 효과를 극대화시키는 기능식 조직의 기본개념을 창시했다는 점에서 그 의미가 크다고 하겠다.

④ 공헌점
　　과학적 관리론은 과거 A.Smith가 주장했던 분업의 원리의 효용성을 재확인하여, 직무는 가능한 한 전문화되어야 하고, 표준화된 작업조건을 가져야 하며, 기계화를 이루어야 한다는 작업의 효율성을 강조하였다는데 공헌하였다. 또한, 과학적 관리론은 인간의 행동을 경제적 동물이라는 관점에서 이해하였고 인간은 생산요소 중 하나로서 높은 대체성을 갖고 있다는 점을 설명하였다.

⑤ 비판점

지나친 직무의 전문화 추구로 인하여 작업자들은 노동의 소외감을 겪게 되고, 일에 대한 자긍심이 상실되었으며, 작업장에서 발생하기 쉬운 인간행동에 대한 설명이 부족하다는 비판을 받았다. 또한, 유일최선의 조직관리 방안(one best way)에 의한 보편론적 함정이 문제점으로 지적되었다.

(2) 일반관리론(고전적 관리론, General Management, H.Fayol)

① 개요

Fayol은 인간을 경제적 관점에서 보고, 조직의 관리기능에 초점을 두면서 경영자의 자리에서 조직 전체를 효율적으로 운영하는 관리원칙을 주장하였으며, 주요 6가지 경영활동으로 ㉠ 기술활동, ㉡ 상업활동, ㉢ 재무활동, ㉣ 보전활동, ㉤ 회계활동, ㉥ 관리활동을 제시하고, 그 중 〈관리활동을 강조〉하여 계획(Plan)-조직화(Organizing)-지휘(Leading)-조정(Cooperation)-통제(Control)로 체계를 세워 수립하였다. 또한, 이러한 관리활동을 수행하기 위하여 14가지 일반관리원칙을 제시하였다.

㉠ **기술활동** : 생산, 제조, 가공
㉡ **상업활동** : 구매, 판매, 교환
㉢ **재무활동** : 자본의 조달과 운영
㉣ **보호활동** : 재화와 종업원의 보호
㉤ **회계활동** : 재산목록, 대차대조표, 원가, 통계
㉥ **관리활동** : 계획, 조직, 지휘, 조정, 통제
   관리란 (1) 계획하고, (2) 조직하고, (3) 지휘하고, (4) 조정하고,
     (5) 통제한다는 것을 의미함 → "관리 5요소론"

② 14가지 일반원칙

- **분업(division of work)** : 이는 경제학자들이 노동의 효율적 이용을 위해 필요하다고 보는 전문화(specialization)을 말한다. 페이욜은 기술적인 작업은 물론 관리적 업무 등 모든 업무에 이 원칙을 적용하였다.

- **권한과 책임(authority & responsibility)** : 페이욜은 권한과 책임이 서로 관련되어야 함을 알았다. 즉, 책임은 권한의 필연적인 결과이며 또한 권한으로부터 생겨난다고 본 것이다. 그는 책임을 관리자의 직위로부터 생겨나는 공식적인 것과 '지성, 경험, 도덕률 및 과거의 업적 등이 복합되어 있는 개인적인 요소의 결합체'라고 보고 있다.

거시조직이론

- **규율(discipline)** : 규칙을 준수하고 그에 따라 일을 처리하고 노력해야 한다는 것으로 잘못된 업무수행에 대한 처벌은 유능하고 공정한 감독과 결부되어야 한다.
- **명령의 일원화(unity of command)** : 이는 종업원이 한 사람의 상사에게서만 명령을 받아야 한다는 것을 의미한다.
- **지휘의 일원화(unity of direction)** : 이 원칙에 따르면 동일한 목표를 가지고 활동하는 각 집단은 한 명의 상사와 한 개의 계획을 가져야만 한다. 명령의 일원화와 구분하자면, 이 경우는 인적요소에 대한 것이라기보다는 조직체로서의 회사와 관계있는 것이다.
- **전체의 이익을 위한 개인의 복종(subordination of individual to general interest)** : 전체의 이익과 개인의 이익이 충돌할 경우 경영자는 이를 조정해야 한다.
- **보수(remuneration)** : 보수의 금액과 지불방법은 공정해야 하며 종업원과 고용주 모두에게 똑같이 최대의 만족을 주는 것이어야 한다.
- **집권화(centralization)** : 권한의 집권화란 말을 사용하지 않고 페이욜은 이를 권한이 집중되거나 분산되어야 하는 정도라고 보고 있다. 개별적인 여건에 따라 '최선의 전체 이익'을 가져다줄 수 있는 집중과 분산의 정도가 결정될 것이다.
- **계층의 연쇄(scalar chain)** : 페이욜은 이것을 최상위로부터 최하위에 이르기까지의 '상급자의 사슬'로 보고 있다. 불필요하게 이 사슬로부터 이탈해서도 안되겠지만, 이를 엄격하게 따르는 것이 오히려 해로울 때는 단축시킬 필요가 있다.
- **질서(order)** : 페이욜은 질서를 물질적(material)인 질서와 사회적(social)인 질서로 나누어, '어느 것(누구)에게나 하나의 장소를, 어느 것이나(누구나) 자기 위치에'라는 격언을 따랐다. 이것은 인적, 물적 요소의 배치에 핵심이 되는 적재적소의 조직원칙이다.
- **공정성(equity)** : 상사에 대한 부하의 충성 및 헌신은 부하를 공평하게 다루는 상사의 친절과 정의감이 결합함으로써 이루어지는 것이다.
- **직장의 안정성(stability of tenure)** : 불필요한 이직(turnover)은 나쁜 관리의 원인이며 결과라는 것을 알았기 때문에, 페이욜은 이에 대한 위험성과 비용을 지적하였다.
- **주도권(initiative)** : 주도권이란 계획을 세우고 실천하는 것이다. 이것은 '지성인이 경험할 수 있는 가장 만족할 만한 것'이기 때문에 페이욜은 부하들의 주도권 실천을 권장하기 위하여 경영자가 '개인적인 자만'을 버려야 한다고 권고하였다.
- **단결력 (esprit de corps)** : 이것은 '뭉치면 힘이 나온다.'라는 원리를 말한다. 또한 이는 명령의 단일화를 확대시킨 것이며, 팀워크의 중요성과 그것을 조성하기 위한 의사소통의 중요성을 강조한다.

③ 공헌점

과학적 관리론이 미시적 접근법에 의한 효율적 생산방식에 초점을 두었다면, 일반관리론은 거시적 접근법에 의한 조직 전반의 관리를 다룬 이론이다. 특히, Fayol의 관리원칙은 오늘날까지도 조직운영과 설계에 필수적인 기준을 제시하였다는 점에서 의의가 있다.

④ 비판점

그러나, 일반관리론 역시 인간을 경제적 인간관으로 파악하고 기계적 조직설계를 야기하며 노동소외를 불러왔다는 점에서 수많은 경영학자들의 비판에서 자유롭지 못하였다. 일반관리론은 보편론의 함정에 빠져 유일 최선의 조직관리법을 개발하려 했으며, 조직과 구성원을 합리적인 존재로만 봄으로서 인간소외라는 문제점을 야기하였다. 또한, 페욜의 14가지 일반원칙 각각의 내용이 상호 이율배반적인 측면이 존재한다는 점에서 한계점으로 남았다.

2 관료제론 : 베버(M.Weber)

(1) 관료제의 의의

관료제(bureaucracy)는 독일의 사회학자 베버(Weber)에 의해 펼쳐진 이론이며, 관료제란 목표를 능률적·효율적으로 달성하기 위하여, 합리적인 규칙에 의해 움직이는 고전적인 조직구조 모형을 말한다. 관료제란 말은 Bureau(사무실, 책상)과 cracy(관리, 지배)의 합성어로서 사무실 책상에서 미리 규정과 절차를 정해 놓고, 전체 구성원들은 이에 따라 현장 실무를 해야 한다는 의미를 담고 있다. 베버는 조직구성원들 간의 권력관계를 연구하여 조직의 권한구조 이론을 정립한데서 관료제가 출발하였는데, 여기에는 합법적 통치, 전통적 통치, 카리스마적 통치로 나뉘고 이 중 합법적 통치의 중요성을 강조하였다. 즉, 명문화된 규칙과 규정에 의한 통치(권한)가 합법적이고 정당하다고 믿기 때문에 조직의 통치에 따른다고 본 것이다.

(2) 권한의 유형

① 카리스마적 권한

신성하고 비범한 능력을 가진 지배자가 추종자로부터 개인적인 헌신과 충성을 이끌어내는 권한으로 추종자들은 지배자를 전적으로 따르고 복종하며, 그의 지시와 명령을 기꺼이 수용한다는 특징을 갖고 있는 권한이다.

② 전통적 권한

예로부터 내려오는 전통이 규정하는 범위 내에서 지배자가 행사하는 권한으로서, 지배자의 통치행위에 대해 피지배자는 역사적 관습에 따라 복종을 하는 것이다.

③ 합리적 권한

조직운영의 규범이 합리적이고 합법적인 방식으로 제정되므로 이러한 규칙에 따르는 것이 정당한 것으로 간주되는 권한을 말한다.

(3) 관료제의 특징

① 분업에 의한 전문화

분업이란 작업능률을 향상시키기 위해서 직무를 보다 단순화·전문화된 과업으로 세분화하는 과정이다. 모든 업무는 단순하고 일상적이며, 명확히 규정된 과업으로 분할되어 각 구성원에게 할당하는 것으로 경영자나 종업원들 모두는 전문화된 분업으로 직무를 할당받아 수행하게 된다는 것이다. 관료제는 전문화의 원리에 입각하여 각자가 책임을 지는 행동의 범위와 권한이 구체화되는 시스템적 분업으로 이루어지고, 이러한 분업화는 각자의 역할들을 조정하여 서로 간섭하거나 방해하는 일이 없도록 해 준다.

② 고도의 공식화, 집권화

회사에 적용되는 공식적인 규칙과 절차에 의존함으로써, 업무일관성을 모색할 수 있고, 사내질서 유지와 함께 직무담당자의 행동을 규제하고, 각종 의사결정권과 권한은 상위층에 집중되어 하위자에게 업무의 내용을 지시하게 되는 형태로 이루어진다.

③ 규칙에 의한 관리

규칙과 절차가 강조되는 관료제는 모든 종업원들의 직무상의 행동은 규칙과 규정, 절차에 의한 관리로 이루어져 있으며, 규칙은 모든 권한의 원천이 되는 동시에 구성원의 행동을 규제하는 행동지침으로 활용된다. 규칙의 준수는 행동절차와 운영의 일관성을 높이고 조직의 안정성을 유지할 수 있다. 따라서, 사람이 바뀌어도 업무는 연속적으로 이루어질 수 있게 된다.

④ 권한의 계층구조

권한의 계층구조란 직위에 의한 위계구조를 말하며, 하위직위는 상위직위의 감독과 통제 하에 있으면서 업무를 수행하게 되는 구조를 말한다. 관료제에서는 위계서열이 중시되어 상명하복의 원칙하에 상위직이 하위직을 관리·감독하는 형태로 나타난다.

⑤ 사적인 감정이 배제된 제재조치

종업원의 잘못으로 발생된 그릇된 결과에 대한 제재조치는 규칙과 규정에 의하여 적용되므로 일관적인 특징을 갖고 있고, 그 제재 조치는 사적인 감정이 배제된 비인격적으로 적용된다. 구성원에 대한 개인적인 인신비평과 사적인 감정개입을 배제하고 규칙과 규정에 의한 제재조치를 적용한다.

⑥ 공정한 평가

선발과 승진에 관한 의사결정은 후보자들의 기술적 자격, 능력, 성과에 기초를 둔다는 것이다. 규칙에 따르는 조직관리는 공정성을 유도하게 되며, 모든 종업원들은 규칙 및 객관적 기준에 의하여 평가를 받게 되는 것이다. 따라서, 공정한 상급자는 부하들의 평가에 있어서 주관적인 판단이나 인간적인 배려를 배제하게 된다. 이를 또 다른 표현으로 정실인사(nepotism) 배제라고도 한다.

⑦ 조직구성원의 신분보장(평생고용계약)

구성원들은 각 조직 내에서 경력경로를 밟아가도록 보장받으면서 종신고용(평생고용계약)을 보장받게 된다. 종업원이 만족스러운 성과와 능력을 유지하는 한 직업안정이 보장되며, 조직은 종업원의 성실한 직무수행과 능력발휘를 위하여 신분보장, 고용안정, 단계적인 임금인상, 승진 등을 이용한다. 종신고용이 된 관료들은 국가로부터 신분보장과 급여를 제공받기에 공적인 업무와 사적인 소유간에 분리가 발생한다.

⑧ 조직생활과 사생활의 명확한 구별

조직생활에서는 개인사정으로 인한 요구사항이나 이해관계를 완전히 배제한다는 특징을 갖고 있으며, 사사로운 사항들이 조직활동의 합리적 수행에 저해요인으로 작용하지 못하도록 한다. 관료제의 이러한 소유와 직위의 분리는 특정 관료가 개인 자격으로는 업무에 대한 고유한 권한을 소유할 수 없음을 뜻한다.

⑨ 합리적 조직경영

합리적 조직경영은 조직목표를 세분화하여 각 부서의 목표를 특수화하는 것으로 모든 부서가 그들 각각의 목표를 달성할 때 회사는 전체 목표를 성취하게 될 것이다. 관료제 시스템의 합리적 경영자는 조직 목표를 성취하기 위하여 가능한 한 효율적 수단을 이용하며, 과학적으로 조직을 운영한다.

⑩ 사례

정부의 공무원 조직, 정부출연기관, 연구원, 대기업, 정당, 교회, 군대, 공공기관 등

(4) 현대 기업관점에서 비판점

이상적 관료제는 업무의 불확실성을 감소시켜서 직무의 전문성을 발휘, 신속한 의사결정, 정실인사 배격의 장점을 갖고 있고, 또한, 관리활동의 표준화를 적용하여 공정성에 의한 업무능률을 꾀하고자 하였다. 그러나, 이러한 장점에도 불구하고, 최근 급격한 경영환경의 변화에 잘 적응하지 못한다는 비판점도 있어, 이에 대한 충분한 이해가 필요하다.

① 목표와 수단의 전치

조직전체의 목표가 하부단위나 개인의 목표에 의해 우선순위가 전도된다는 측면에서 많은 비판을 받았다. 규칙이 그들이 달성해야 할 목표보다 중요시되고, 그 결과 목표

거시조직이론

와 수단이 전치되어 조직유효성이 감소된다는 것이다. 예를 들어서 정해진 규칙에 지나치게 충실한 나머지 회사목표와 우선순위의 위치가 바뀌게 되는 사례를 들 수 있다.

② 구성원의 소외 유발
관료제에서 조직은 구성원을 기계의 톱니바퀴로 여기고 있다는 점과 일상적인 자신의 업무가 타인에 의해 쉽게 대체될 수 있다는 사실이 자신을 무기력하게 만들기 때문에 노동의 소외감이라는 비판점을 낳게 되었다. 일상적이고 반복적인 업무에 프로페셔널하면서 창의적인 프로정신을 잘 발휘할 수 없는 사례를 들 수 있다.

③ 권한의 집중
관료제의 병폐로서 현상은 소수의 손에 막대한 권한을 집중시킨다는 사실이며, 이러한 집중된 권력은 소수의 권력자들이 부패할 가능성이 많다는 점에 있어서 심각한 단점으로 남았다.

④ 규칙과 규정 적용상의 오류
규칙과 규정, 절차 등의 공식화 정도가 심하고 많을수록, 급격하게 변화하는 경영 환경에 유연하게 적응하는 것을 어렵게 하였다.

⑤ 조직의 경직화
조직의 경직화란 조직의 태도, 분위기, 사고방식 등이 엄격하여 상황에 융통성이 없는 상태를 의미하며, 이러한 경직된 분위기 속에서는 경영환경 변화에 적합한 융통성을 발휘하기 어렵다. 구체적으로 대학의 까다로운 강의등록절차는 학생들이 간절하게 원하는 과목에 대한 수강신청이 규칙우선주의 체계로 인하여 박탈되어 생기는 좌절감의 경우가 그러하다.

⑥ 과잉동조(과두제의 철칙)
집단의 구성원들이 표준적인 행동양식에 지나치게 동조하는 현상을 말한다. 관료제 내에서 상관의 지시나 관례에 따라 소극적으로 업무를 처리하려는 관료들의 병리적인 현상 가운데 하나이다. 이와 같은 과잉동조는 목표와 수단의 전도, 법규만능사상, 구태의연, 선례답습주의, 무사안일, 책임 회피, 창의력의 결여 등을 조장하고 쇄신을 저해하는 조직풍토를 조성하게 될 것이다.

⑦ 문서주의, 형식주의
대규모 조직에서는 사무처리의 비합리성을 배제하고 책임의 한계를 명확히 하기 위하여 주로 문서에 의한 업무처리를 하게 되는데, 과도한 관료제는 복잡한 결재 날인 절차(red-tape), 문서다작, 형식주의 등을 초래하게 되었다.

⑧ 무사안일주의
문제해결에 적극적이고 쇄신적인 태도를 취하지 않고, 정책결정을 지연시키며, 상급자의 지시·명령에만 의존하여 맹종하고, 책임을 회피하기 위하여 상급자의 권위에 의존하는 경우가 빈번하다.

⑨ 변화에 대한 저항

관료제는 본질적으로 보수주의적·현상유지적인 특징을 가지는데, 이에 경영환경 변화에 의한 유연한 적응성이 결여되었다. 규정에 지나치게 집착하다 보면 조직이 경직화되어 상황변화에 대처하는 융통성이 부족해질 뿐만 아니라, 개인의 변화에 적응하기 위한 재량권의 폭이 좁아지고 인간의 다양성이나 창의성의 개발이 제한을 받는다는 단점이 있다.

⑩ 전문화 추구로 인한 무능

분업화된 업무만 알고 있고, 전체적인 업무를 이해하는 능력이 부족하여 관료제는 훈련된 무능함이라는 비판을 받았다. 구성원들의 시야가 좁고, 통찰력이 부족하여 예외 발생 시 상황대처능력도 부족해지는 경향이 나타났다. 분업으로 훈련된 전문화된 인력들은 아집과 고집에 의한 편견으로 상호간의 조정과 협조도 곤란해져서 뭔가 새로운 일을 하달하면 일단 분개하며 불가능하다는 의견으로 일갈하는 무능함으로 나타나기도 하였다.

3 인간관계론적 접근 : 인간관계론(Human relation approach)

(1) 의의

- 인간관계론은 인간을 사회적 동물로 간주하고, 조직의 생산성에 영향을 미치는 요인에는 기계적인 요소 이외에 인간의 사회적 태도, 감정, 상호작용 등 비공식적인 요소도 생산성에 영향력을 제공한다는 이론이다. 이를 주장한 학자에는 Mayo, Roethlisberger 등이 있다.
- 이러한 인간관계론은 인간의 행동변화는 외부적 요인보다는 내적 요소에 의해 결정되는 경우가 많다고 보았으며, 이에 사람의 내부적인 주관이나 태도, 감정구조, 심리상태에 더 큰 비중을 두어야 한다고 주장하고 있다. 하지만, 조직의 성과 및 조직유효성 창출방식에 유일최선의 방법이 있다고 보는 점에서는 과학적관리론이나 일반관리론과 유사한 측면이 있다.

(2) 형성배경

인간관계론적 접근은 1930년대 미국 시카고 근처의 한 전화기 제조회사인 호손공장에서 실시된 일련의 연구결과를 기초로 형성되었다. 당시 호손공장에서는 테일러의 과학적 관리론에 입각한 성과급 제도를 도입하고 있었으나 생산성 측면에서 만족스럽지 못했고, 이에 따라 하버드 대학교의 사회학자인 Mayo와 Roethlisberger는 작업환경의 물리적 변화나 작업시간, 임률의 변화 등에 따른 생산성 연구를 위해 일련의 관찰을 실시하는 과정에서 인간관계론이 형성되었다.

거시조직이론

(3) 연구조사방법

① 조명실험(1924.11월 - 1927.4월)

조명의 변화가 작업자의 피로도와 연관되어 생산성에 미치는 영향을 연구한 실험이다. 실험집단은 조명도의 상승과 비례하여 작업능률이 상승했고, 조명도를 변화시키지 않았던 통제집단은 작업능률 역시 상승했다. 또한, 실험집단을 대상으로 조명도를 반대로 낮추었을 때에도 역시 높은 작업능률이 그대로 유지되었다. 따라서, 조명도라는 작업조건이 작업능률에 별다른 영향을 미치지 않은 것이다.

② 계전기 조립실험(1927.4월 - 1929.6월)

작업능률을 가져온다고 생각되었던 작업조건으로서 작업시간의 단축, 휴식시간의 증가, 간식 제공, 작업환경 개선 등을 변화시키면서 작업능률의 변화를 관찰 연구한 실험이다. 이러한 작업조건을 개선하고 처음에는 생산량이 증가되었으나, 얼마 후 작업조건을 기존상태로 환원하였음에도 불구하고, 여전히 높은 생산성이 유지되었는데, 이러한 연구결과 작업조건과 생산성 향상과는 무관하다는 결론을 도출할 수 있었다.

※ 호손효과
실험대상자들이 유명한 연구자들로부터 지켜보고 있다는 사실을 인식함으로써 평상시와는 다르게 행동하는 현상을 호손효과(Hawthorne effect)라고 부르게 되었다.

③ 면접실험(1928.9월 - 1930.9월)

상사의 감독방법, 지도방법, 작업환경, 작업 그 자체에 대해 일상생활 속에서 느끼고 있는 것 등 종업원들의 불만에 대한 면접조사를 실시한 실험으로, 과거에는 물리적 작업조건이 근로자의 생산성에 영향을 미친다는 종래의 학설과는 달리, 작업장의 사회적 조건과 심리적 조건이 종업원의 태도와 생산성에 영향을 미친다는 결론을 얻게 되었던 실험이다.

④ 배전전선작업실 실험(1931.11월 - 1932.5월)

작업장에는 자연발생적으로 형성된 비공식적인 조직의 존재와 집단압력으로서 규범(norm)이 불문율과 같이 존재하며, 이러한 비공식 조직과 집단압력이 작업의 성과에 큰 영향을 미치고 있음을 알게 되었던 실험이다.

(4) 공헌점

- 인간관계론의 연구조사방법의 공헌점은 우선, 조직체의 사회적 성격 측면에서 자연발생적인 비공식조직과 구성원들간 상호작용의 중요함을 설명한 실험이라는 데 있다.
- 인간을 사회적 동물로 간주함으로써 집단규범(norm)과 사회적 동기가 집단구성원의 행동형성에 중요한 요소로 작용함을 설명하였다.

- 집단 중요성 측면에서 생산성(or 업무능률)이 작업조건보다는 '집단구성원들간 상호관계와 상호작용'으로부터 더 많은 영향을 받는다는 사실을 설명하였다. 즉, 비경제적 보수의 중요성을 설명한 것이다.
- 집단구성원의 직무만족을 위하여 구성원을 잘 이해하고 그들의 문제에 관심을 갖고 배려해 주는 인간중심적이고 민주적인 관리방법이 요구된다는 점을 제시하였다는 점에서 공헌하였다.

(5) 비판점

- 그러나, 인간관계이론은 작업장에서의 사회적 동기, 심리적 동기를 지나치게 강조하여 '조직 없는 인간'이라는 비판을 들었고, 과연 작업장 내에 비공식조직이 존재하느냐에 대한 의문도 제기되었다.
- 사탕발림 인사관리(Sugar Management)라고 하여 사용자가 실질적인 임금 개선이나 복리후생보다 비경제적 보상만을 너무 강조하게 된다는 비판이 있었다.
- 조직을 폐쇄시스템으로 보았기 때문에 조직 내부의 의존관계만을 연구하는데 그쳤고 외부환경과의 상호의존 관계를 설명하지 못했다.
- 또한, 만족한 젖소가 더 많은 우유를 생산하듯이 만족한 근로자들이 더 많은 생산을 한다는 점에서, 표면적으로는 배려하는 척 하고 있으나, 내면적으로는 생산성 극대화를 위한 계산이 깔려있다는 비판을 받았다. 즉, 인간을 목적이 아닌 수단으로 바라보는 젖소사회학이라는 비판을 받았다.

[과학적 관리론과 인간관계론의 비교]

		과학적 관리론	인간관계론
공통점	① 조직의 성과달성이 목표이며, ② 조직을 둘러싼 환경과는 상관없는 자급자족 실체로서 폐쇄적 체제로서 바라보았다. 주로 ③ 작업계층만을 연구대상으로 삼았다는 공통점이 있다.		
차이점	① 인간관	기계적 능률관, 경제인, 기계의 부품	사회적 능률관, 사회인, 감정적 존재
	② 동기부여	경제적 동기부여 중시	사회적 동기부여 중시
	③ 논리	비용·능률의 논리	감정의 논리
	④ 조직관	공식조직 중시	비공식조직 중시
	⑤ 실험	시간-동작 연구	호손공장실험
	⑥ 개인과 조직을 바라보는 관점	일원적	이원적

> 거시조직이론

4 맥그리거의 XY이론

(1) 의의

행동과학시대를 대표하는 맥그리거(McGregor)는 기존의 조직이론과 접근방법들을 종합하여 인간의 자발성에 따라 크게 두 가지로 분류하였다. 그는 고전조직이론과 인간관계론으로 대표되는 기존 조식이론의 가상 큰 차이섬이 기본가성에 있다고 보고, 이에 따라 조직이론을 크게 X이론과 Y이론의 두 가지를 제시하였다.

(2) X이론 가정과 동기부여방법

X이론에 의하면 인간은 본래 태만하고, 일하기를 싫어하며 이기적이고 창의력이 부족한 동시에 저차원적 욕구에 의해서 동기부여 되는 존재라는 관점이다. 이러한 관점 하에서 관리자는 종업원의 업무를 구조화하고 철저히 감독하는데 집중하게 된다.

(3) Y이론 가정과 동기부여방법

Y이론에 의하면 인간은 자율적으로 업무를 수행하며 책임을 질줄 알고, 조직이 처한 문제를 해결하는데 필요한 창의력을 가지고 있으며, 저차원적 욕구뿐만 아니라 고차원적 욕구에 의해서 동기부여되는 존재라는 관점이며, 이 관점에 하에서 관리자는 인간의 자율성에 입각하여 자율실현에 초점을 둔 관리에 집중하게 된다.

(4) 시사점 및 한계점

복잡한 인간형을 지나치게 단순화하였기에 이론적인 엄밀함이 있다고 보기는 어렵지만, 종래의 무조건적인 규율과 통제에 초점을 두었던 관리관행에서 벗어나 인간의 내면적 동기와 욕구에 관심을 가진 경영이론이라는 점에서 의미가 있다.

5 바나드의 협동체계론

(1) 통합이론 의의

통합이론의 대표적인 학자는 바나드(Barnard)와 사이몬(Simon)이 있으며, 고전이론에서는 인간이 무시된 공식조직만 존재하고, 신고전이론에서는 공식조직이 무시된 채 인간만 존재한다고 비판하면서 조직과 조직 내 인간에 대해 비교적 균형 잡힌 접근을 시도하였다. 통합이론에서 말하는 조직은 하나의 목적을 위해 다수의 사람이 협동하는 상호작용을 통해 작동하는 시스템으로 보면서, 조직 상층부의 역할은 개인과 조직의 목적을 일치시키는 것이라고 주장한 이론을 말한다.

(2) 개인과 조직의 개념
① 개인
Barnard는 자신의 저서 「집행자의 기능」이라는 저서를 통해 개인과 조직의 경제적 목적과 개인의 인간관계 목적이 통합되는 협동체계를 제시하였다. 그렇다면, 통합이론에서 말하는 개인의 본질적인 특징은 조직의 목적에 의해 허용되는 행동의 제한된 선택의 범위를 갖는 것이라고 하였으며, 혼자서 달성할 수 없는 목적을 이루기 위해 자발적으로 협동시스템에 참여함으로써 목적을 달성하기 위해 비인격화 내지 사회화 한다고 설명하였다.

② 조직
Barnard는 조직을 집단이 아닌 협동적 관계이며, 인간 상호작용의 협동시스템으로서 보았다. 그는 조직을 2인 이상의 사람들이 의식적으로 조정된 행동을 하는 시스템이라고 보았다.

(3) 조직의 기본요소
① 협동의지
조직의 목적달성을 위해 개인이 노력하고자 하는 마음의 상태를 말한다. 이러한 공헌의욕은 개인이 조직에 주는 공헌과 이에 대한 대가로 조직으로부터 받는 것의 비교를 통해 발생하는 것이라고 보았다.

② 공동의 조직목적
조직구성원들이 수용할 수 있는 목적을 말하는 것으로 목적달성의 방향으로 여러 구성원들의 힘이 결합되어 협동시스템으로 발전되어야 한다는 것이다.

③ 커뮤니케이션
협동의지와 공동의 조직목적을 형성될 수 있게 하는 유일한 수단으로, 커뮤니케이션은 조직의 목적과 구성원의 협동의지를 연결시켜주는 수단으로서 필수적이라고 보았다. 조직에서는 공동의 목적달성에 대해 구성원이 공헌하려는 의욕이 높아야 하는데, 이를 위해서는 우선 조직구성원들이 커뮤니케이션을 통해 조직목적을 이해하고 있어야 한다고 보았다.

(4) 조직균형론
① 개요
바나드는 조직의 목적과 개인의 목적은 원래 일치하지 않는다는 데서 출발한다고 보았으며, 일치하지 않는 이 두 개의 목적을 어떻게 극복하느냐가 협동체계론의 출발점이라고 보았다. 그는 조직이 존속하기 위해서는 대내적 균형과 대외적 균형을 유지해야 한다고 보았다.

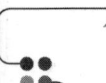

② 대내적 균형

조직과 개인 구성원간의 관계에 관한 것으로 개인이 조직에 공헌하기 위해 협동할 의사를 가지고 있어서 조직을 떠나지 않고, 조직도 개인을 계속 보유하고 있는 상태를 말한다. 이러기 위해서는 개인이 조직에 주는 공헌과 조직이 개인에게 주는 유인이 엇비슷하거나 공헌보다 유인이 커야 된다고 한다.

> 공헌 ≤ 유인

③ 대외적 균형

외부환경(구매업체, 고객 등)과의 균형을 말하며, 조직 외부에서 들어온 원자재 등을 변화시켜 다시 조직 외부로 내보내어 잉여가치를 창출할 때 존속이 가능해진다고 보았다.

(5) 평가

조직의 본질을 이해하는데 있어서 조직목적이라는 합리적 측면과 구성원의 인간적 측면을 모두 포함하여 설명하고 있는 이론이라는 데 의미 있는 이론이라는 평가를 받았다. 또한, 조직의 경제적 목적이라는 공식적 측면과 인간관계의 사회적 측면으로서 비공식적 측면을 통합하려는 시도를 높게 평가하였다.

6 사이먼의 의사결정체계

(1) 의의

사이먼과 마치(Simon & March)는 버나드의 이론을 계승하였으며, 인간의 조직행동을 설명하기 위해서 의사결정과정에 초점을 두었다. 이는 인간이 행동하기 전에 거치는 단계가 바로 의사결정이라 본 것이다. 올슨(Olsen) 등도 이 주장에 동의하여 소위 의사결정학파(또는 카네기학파)를 형성하였다.

(2) 제한된 합리성

- 의사결정론에서 바라보는 인간은 경제인도 사회인도 아닌 관리인(administrative man)이다. 이는 합리적으로 완벽히 상황을 통제하고 예측하려는 노력을 기울임에도 불구하고, 정보의 불완전성과 인지적 한계로 대변되는 제한된 합리성(bounded rationality) 속에서 언제나 최적(optimal)인 답을 찾기 보다는 적당히 만족스러운(satisfactory) 선택을 하는 선에서 그치는 인간을 의미한다. 이러한 견해는 의사결정과정을 설명하는 데 있어서도 합리적인 선택보다는 적당히 만족하는 의사결정이 추구된다는 쓰레기통 모형으로 연결된다.

- 사이몬은 인간은 가능한 한 합리적인 의사결정을 지향하지만, 그 합리성에는 한계가 있을 수밖에 없고, 결국 완벽하게 합리적인 의사결정은 근본적으로 어렵다고 주장하였으며, 이는 제한된 합리성(bounded rationality) 이론의 주요 내용이 되었다. 이에 기업의 커뮤니케이션이나 의사결정은 제한된 합리성 내에서 하는 것이 가장 현실적이고, 제한된 합리성 내에서 의사결정을 하는 경영자들을 관리인(administrative man)이라고 지칭하였다.

7 초기 제도화 이론

- 조직은 환경에 적응하는 유기적 존재이므로 조직 내의 합리적 계획이 구성원의 특성이나 외부요인의 제약에 의해 영향을 받을 수 있다고 보았는데, 즉, 조직 내에서는 합리적 측면과 비합리적 측면이 혼재되어 있으며, 그 까닭은 조직이 기본적으로 합리성을 달성하기 위한 도구인 동시에 생존 그 자체를 목표로 하기 때문이라고 보았다.
- 셀즈닉(Selznick)은 조직 내에서 등장하는 조직운영 방식이나 관행 및 절차가 구성원들에게 지속적으로 전수되고 공유되고 있다는 점에 주목하고, 이 과정을 제도화라 명명하였다. 제도화에서 결정적 역할을 수행하는 것은 바로 조직이 뿌리를 내리고 있는 사회적 토대이다. 또한, 조직은 생존을 위해 조직 외부의 여러 위협요인이나 이해관계자들을 조직 내로 흡수하는 일종의 방어기제를 작동시키며 이를 호선(cooptation)이라고 불렀다. 조직의 정당성이 약하거나 외부의 강한 세력에 순응하는 과정에서 이러한 코압테이션이 이루어진다고 보았다.

제5장 시스템 이론

1 의의와 등장배경

시스템 이론은 생물학과 물리학을 연구하였던 베틀란피에 의해 창안되었으며, 전체의 목적을 위해 함께 일하는 부분으로 구성된 체계인 시스템으로서의 조직에 초점을 두고, 그 생존과 번영을 위해 외부환경과 지속적 상호작용을 해 나가는 것이 조직의 궁극적 역할이라고 본 이론적 관점이다.

2 시스템의 유형

(1) 폐쇄시스템

체계를 둘러싼 환경과는 관련이 없는, 일종의 자급자족적 실체로서 과학적관리론, 고전적관리론, 인간관계론 등의 조직관으로 정태적, 안정적 환경에 적합하다.

(2) 개방시스템

시스템의 경계를 넘어서 시스템의 구성부분이 외부환경과 상호작용을 하는 시스템이며, 조직이 환경과 끊임없는 상호작용관계 속에서 환경적응성을 지녀야 함을 의미한다. 외부환경과 상호작용을 하지 않는 폐쇄시스템과는 달리 개방시스템은 외부에서 투입을 받아들이고 변환시켜 다시 외부에 산출물을 내어 놓는 과정을 거친다.

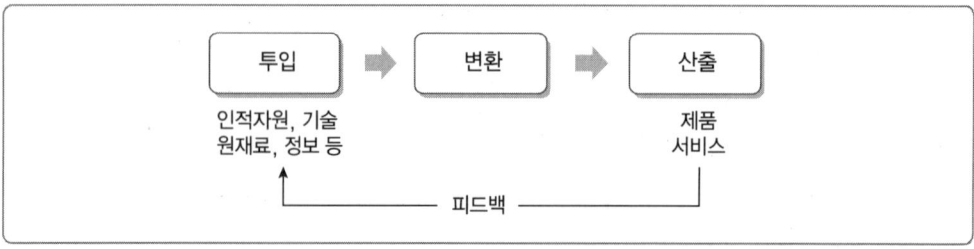

3 시스템이론의 시사점과 비판점

- 시사점은 유기체의 개념을 사회나 조직의 연구와 문제해결에 도입함으로써 그 대상의 문제를 이해하고 해결하는 데 도움이 되었다는 점과 조직 내외에서 발생되는 상호관계를 분석할 수 있는 틀을 제공하면서 상호관계를 밝히고 있다는 점이다.
- 비판점은 이론 자체가 추상적이라는 것이며, 문제들을 근본적으로 명확하게 이해할 수 없음에도 불구하고 추상적인 현상이나 문제를 마치 객관적인 사물처럼 이해하려고 하였다는 비판을 받았다.

4 시스템이론의 특징

(1) 순환적 특성

조직은 환경에 열려 있는 개방 시스템으로서 환경으로부터 필요한 것을 받아들이고 다시 환경에 산출해 내는 순환적 특성을 나타낸다.

(2) 환경 의식

조직은 어떤 환경이 위협이 되고 기회가 되는지 파악하여 전략을 계획해야 하므로, 언제나 항상 환경을 의식하게 될 수밖에 없다.

(3) 부정적 엔트로피(negative entropy)

엔트로피(entropy)란 시스템이 붕괴되거나 쇠퇴하거나 정치하거나 소멸되는 현상을 말하며, 개방시스템은 멸망하지 않으려는 속성을 갖고 있기 때문에 시스템이 쇠퇴할 조짐이 보이면 더 많은 자원을 확보하여 자체적으로 수정하고 보완함으로써 시스템의 붕괴를 막는 부정적 엔트로피를 가진다.

(4) 항상성

조직은 개방 시스템이기 때문에 어떤 규범이나 표준을 이탈하면 스스로 바로잡는 행위를 촉발시키므로, 가만히 두어도 환경과 교환하고 반응하는 역동적 균형을 유지하게 된다.

(5) 확장성

개방 시스템이 정교하고 복잡하게 되면, 소멸에 저항하면서 자기 상태를 계속 유지하려는 활동이 활발해져서 오히려 시스템은 확장하고 성장하는 방향으로 움직인다.

거시조직이론

(6) 균형성

개방 시스템은 안정과 변화라는 두 가지 상반된 활동의 균형을 추구하며, 조직이 안정과 변화 사이에 적당한 균형을 이루게 되면 급진적인 변동을 예방하고, 시스템의 불균형을 막아주는 역할을 한다.

(7) 이인동과성(equifinality)

방법과 수단은 다르지만 결국 모두 동일한 결과에 이른다는 의미이며, 목표를 달성하는 데 다양한 투입과 전환과정이 있다는 것을 의미한다. 즉, 어떤 문제에 직면하여 이를 해결할 수단이나 방법은 여러 다양한 측면이 있다는 것이다.

제6장 상황적합이론

1 의의

상황이론(상황적합이론, 구조적상황이론)은 모든 조직에 보편타당하게 적용되는 원리나 설계기법을 찾기보다는 각 조직이 처한 상황에 맞는 조직구성 방법이 있다고 본 관점이다. 즉, 어느 경우에나 항상 효과적인 조직구조는 존재할 수 없으며, 조직특성과 각종 상황변수(환경, 기술, 규모, 전략 등)와의 적합성이 조직유효성을 결정한다는 이론이다. 이는 시스템이론의 연장선상에서 조직구조에 영향을 미치는 각종 상황변수(환경, 기술, 규모, 전략)의 역할에 주목하는 것이다.

2 기본관점

상황적합이론은 조직효과성, 상황변수, 조직특성 변수의 세 가지 항목에 초점을 둔다. 즉, 조직효과성에 영향을 미치는 요인을 상황변수와 조직특성변수로 보며, 이들 간의 적합성이 조직효과성을 결정한다고 주장한다. 여기서 상황변수는 인적 요소의 개입 여부에 따라 객관적 상황변수와 주관적 상황변수로 나뉘는데, 전자에는 환경, 기술, 규모가 있고, 후자에는 전략, 권력이 있다. 한편 조직특성 변수에는 조직구조와 관리시스템(관리체계)이 있다.

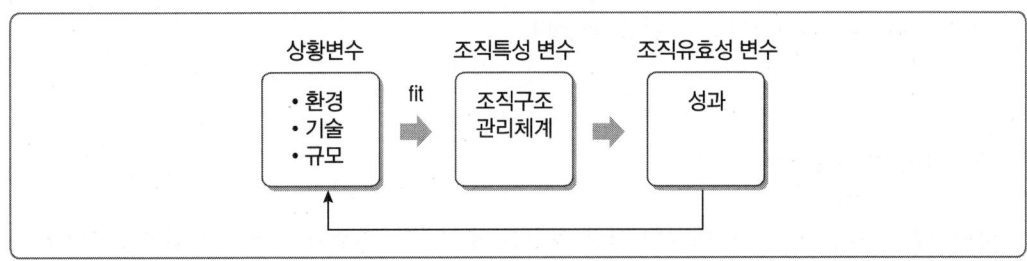

> 거시조직이론

3 등장배경

상황적합이론은 시스템이론의 한계에서 오는 이론의 추상성을 극복하기 위하여 등장하였고, 기본적으로 모든 환경에 적합한 유일한 조직은 없다는 점을 가정하고 있다. 즉, 환경이 다르면 유효한 조직형태도 다르다는 관점에서 등장한 것이다.

4 상황이론의 특징

(1) 조직의 상황적응 능력 강조

각종 상황변수들과 조직 간의 적합성이 조직효과성을 결정하므로 환경에 적절히 적응할 수 있는 능력이 중요하다는 점을 강조하고 있다. 즉, 조직자체의 의지나 활동으로 인하여 조직구조의 설계가 이루어지기 보다는 상황적 조건에 따라 최적 조직구조가 달라지므로 환경결정론적 관점을 취한다고 볼 수 있다.

(2) 적합성 중시

조직특성변수와 상황요인이 적합관계에 있으면 높은 조직성과로 이어지고, 부적합관계에 있으면 조직성과가 감소한다고 보았다.

(3) 조직 단위의 분석

상황이론에서는 개인이나 집단 수준이 아닌 조직 수준에서 조직구조, 조직특성, 조직효과성 등을 분석한다.

(4) 이론의 보편성에 대한 의문

상황마다 조직관리의 방식이 달라진다는 관점에서 예외를 지나치게 인정하여 이론으로서 보편타당성이 떨어진다는 비판을 받는다.

5 공헌점과 비판점

상황적합이론은 실제 조직세계의 현장 상황을 중심으로 연구되어 이론과 실무를 연결시켜 유효성을 높일 수 있는 실제적이고 실무적인 행동 대안을 제공하였다. 그러나, 보편적 이론의 부재라는 측면에서 비판을 받았다.

제7장 전략적 선택 이론

거시조직이론

1 의의

전략적 선택이론은 상황요인 그 자체와 조직구조 사이에 매개역할을 하는 경영자에 의한 상황요인의 지각과 선택과정이 개입된다는 이론이다. 전략적 선택 관점은 개별 조직을 분석수준으로 하여 임의론적 관점에서 조직이 환경을 변화시키거나 조직이 환경에 적응적으로 대응한다는 입장에 해당한다. 전략적 선택이론은 조직은 환경 속에서 자신이 원하는 것만 전략적으로 선택하여 활용한다는 이론으로 챈들러(Chandler, 1962)가 주장한 전략결정론을 확장시켜서 차일드(Child, 1972)가 전략적 선택이론을 주장하였다.

상황요인 환경,기술,규모 → 경영자의 의사결정 → 전략 → 조직구조 → 조직 유효성

2 등장배경

Child에 의해 제기된 전략적 선택 이론은 구조적 상황이론이 경영자에 의한 전략적 선택의 중요성을 무시하고 있다는 점을 지적하고, 조직설계를 결정론적 관점으로 설명하는 상황이론을 비판하면서, 이에 대한 경쟁적 패러다임으로 등장하였다. 구체적인 내용을 살펴보면, 환경과 조직은 어느 정도 느슨하게 연결(loosely coupled)되어 있기 때문에, 동일한 환경 하에서도 조직은 주어진 목표에 도달할 수 있는 방법은 다양하다는 점이 있다고 하였다. 즉, 이인동과성의 개념을 강조하였으며, 이때 환경과 조직의 연결역할을 하는 관리자의 환경에 대한 지각이 중요하다고 하였다.

> 거시조직이론

3 전략과 조직구조의 관계

환경이 조직에 미치는 영향을 중요하지 그다지 중요하지 않으며, 관리자가 환경을 어떻게 인식하느냐가 중요하다고 보았다. 즉, 환경의 일방적인 지배를 받는 것이 아니라 환경을 임의적으로 혹은 전략적으로 선택할 수 있다는 것이 전략적 선택이론이다.

4 전략적 선택이론의 핵심적 주장

(1) 의사결정자의 자율성에 의한 대안의 선택

의사결정자는 자율성을 갖고 있으며, 경영자가 상황요인에 적응하는데 다양한 대체안 중 어느 하나를 선택할 수 있다. 관리자들의 재량의 폭은 생각보다 넓어서 상황에 대처하는 대안이 여러 가지가 있으며, 이 여러 대안들 중에 어느 것을 선택할 지는 관리자가 결정하는 것이다.

(2) 환경조정 및 통제

조직은 때로 그들의 환경을 조정하고 통제할 수 있는 권력을 갖고 있다. 다시 말하면, 조직은 환경의 지배만 받는 것이 아니라 때로는 자신의 구미에 맞게 환경을 조정하고 통제할 수 있음을 의미한다. 특히, 대기업의 경우 시장수요가 없더라도 자신들이 만들어낸 제품과 서비스를 광고·홍보하면서 억지로 유행을 창조하여 구매하도록 부추키는 사례를 들 수 있다.

(3) 주관적 지각과 평가

의사결정자들은 그들의 환경에 비추어 주관적이고 상대적으로 환경을 지각, 평가하고, 해석한다. 동일한 환경에 대해서도 경영자들은 자기 주관에 따라 달리 해석하고 다르게 반응하기 때문에 다양한 해석과 전략적 선택들이 나오는 것이다. 주관적 환경과 유사한 개념으로 창조적 환경이라고 부르기도 하는데, 환경이 조직을 창조하는 것이 아니라 조직을 창조된 환경에 맞추어 나가는 것이다.

5 공헌점

① 조직과 환경의 연결역할을 하는 최고경영자의 능동적인 역할을 강조하였다는 점, ② 구조적 상황이론의 한계점을 수정/보완하여 설명하였다는 점, ③ 관리자는 환경을 조직에 유

리하게 조정하거나 통제할 수 있는 영향력을 갖고 있다고 보았다는 점에서 현상을 파악하게 해 준다.

6 한계점

① 의사결정자들이 새로운 환경에 직면해서 겪게 되는 진입장벽으로 인한 최적선택의 제약이 존재한다는 점을 간과하였고, ② 사실 권력이라고 하는 것은 대규모 조직 또는 정치적으로 잘 연계된 조직 이외에는 환경에 영향력을 제공하는 권력에 한계가 있다는 점, 즉 조직 내외의 다양한 사회적 세력에 의하여 전략적 선택의 폭을 제약한다는 점을 지나쳤으며, ③ 경영자들이 실제로 보유하고 있는 자유재량의 범위가 협소하다는 현실 때문에 조직구조에 영향을 미칠 수 있는 범위가 제한된다는 측면으로 비판을 받았다.

7 상황적합이론과 전략적 선택이론의 비교

(1) 결정론과 임의론

상황적합이론은 상황요인에 의해 조직구조가 결정된다고 본 결정론적인 관점을 강조하였으나, 전략적 선택이론은 환경과 조직의 연결역할을 하는 경영자의 의사결정을 강조하는 임의론을 지향한다.

(2) 시스템 구조적 관점과 행위론적 관점

상황적합이론은 유기체로서 조직을 둘러싼 환경에 의해서 영향을 받는다는 시스템 구조적 관점을 취하고 있으나, 전략적 선택이론은 의사결정자의 주관적 선택을 중시하는 행위론적 관점을 취하고 있다.

제8장 조직군 생태학 이론

거시조직이론

1 개요

- 애스틀리(Astley)와 반드벤(Van de Ven)은 〈환경인식〉에 대한 가정과 〈조직분석〉의 수준이라는 두 가지 차원에 의하여 조직이론을 분류하는 틀을 제시하였다. 〈환경인식〉에 대한 '임의론'관점은 개인이나 조직이 자율적이며, 진취적으로 행동함으로써, 적극적으로 환경을 형성하는 것으로 파악한 것이고, '결정론'관점은 개인이나 조직의 행위가 표출되는 환경의 구조적 특성에 초점을 두었으며, 개인의 행동은 구조적 제약에 의해 결정되고, 단지, 이에 수동적으로 반응하는 것으로 해석하는 것이다. 〈분석수준〉에 있어서 전통적으로 '개별조직'이 주된 연구대상이었으나, 최근 들어 조직군들이 개별조직에서는 파악할 수 없는 독특한 동태성을 가진다는 가정하게 연구수준을 '조직군' 수준으로 하는 연구들이 늘어나고 있다.

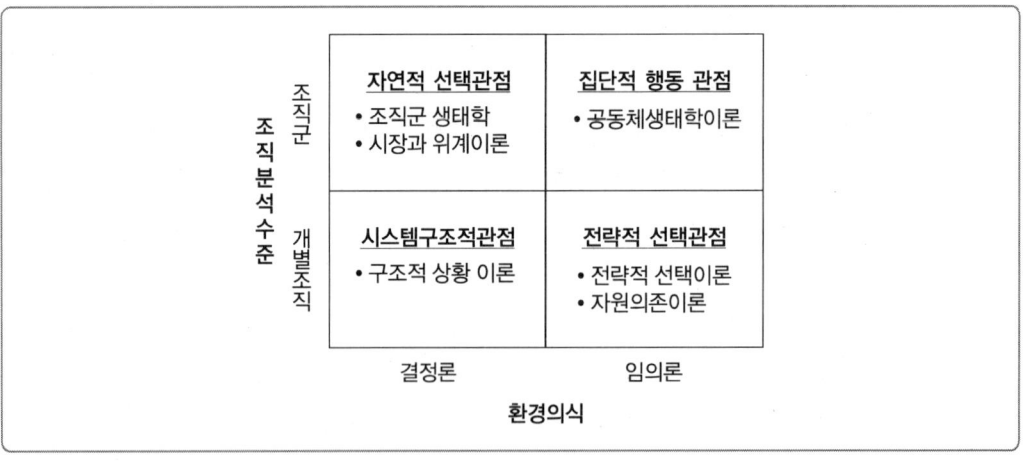

- 또한, 나라심한(Narasimhan)의 거시조직이론 분류는 조직과 조직 간의 관계에 초점을 둔 조직군 생태학 이론, 자원의존이론, 제도화이론 등을 살펴본 것이다. 기업은 서로 경쟁하지만 한편으로는 협력하게 되는데, 이와 같이 조직 간의 관계는 일종의 생태시스템과 같이 다양하고 복잡한 상호작용을 포함하고 있는 것이다. 나라심한의 분석틀에 의하면,

조직들이 서로 유사한지, 그리고 서로 협력적인지의 여부에 따라 구분될 수 있다. 이러한 구분 기준은 Daft의 저서에 소개되어 있는 분석틀을 따른 것이다.

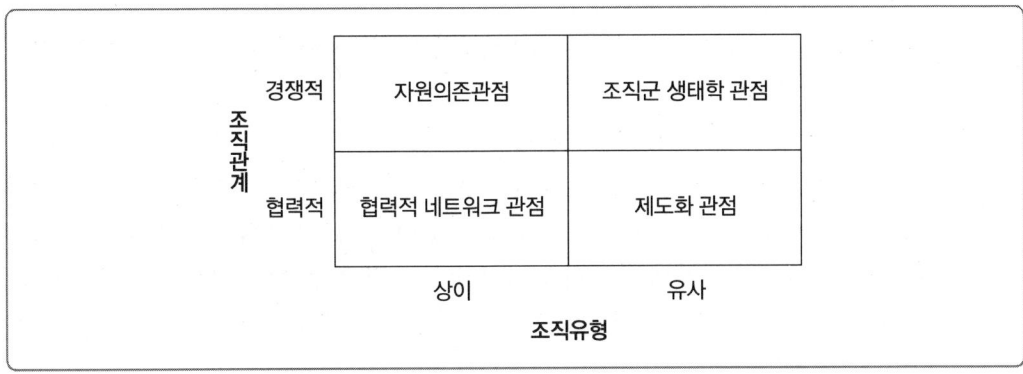

2 조직군 생태학 이론

(1) 의의

〈생태학〉이란 유기체가 환경으로부터 영향을 받아 어떻게 생성되고 분포하며 사멸하는가를 연구하는 학문이며, 〈조직군〉이란 유사한 형태의 자원을 활용하고 유사한 산출물을 생산하면서 유사한 행동양식을 보이는 조직들의 집합체를 말한다. 생태학을 조직군에 적용한 〈조직군 생태학 이론〉은 개별조직의 집합체인 조직군과 환경과의 관계를 연구한 이론이며, 조직군이 경영환경에 적응하기 위하여, 어떻게 변이, 선택, 보존활동을 하는지에 관심을 갖고 연구한 이론이다. 대표적인 연구자에는 한난(Hannan), 프리만(Freeman) 등이 있다.

(2) 전제조건

조직은 한 번 정해지면 변화하지 않으려는 관성이 있기 때문에 조직군 안에 나타나는 혁신과 변화는 기존 조직의 계획과 변화를 통해서보다는 주로 새로운 조직유형의 탄생을 통하여 이루어진다고 보았다.

(3) 특징

① **생물학적 적자생존, 자연도태론에 입각**

조직군생태학이론은 다윈(Darwin)의 『종의 기원』에서 볼 수 있는 생물의 변이, 적자생존, 자연도태설 또는 자연선택설은 조직군과 환경의 관계를 설명하는데 유추하여 해석할 수 있다. 생물 진화론은 새로운 종 또는 환경에 적합한 종이 출연하여 번성하

거시조직이론

는 반면에, 기존의 종은 왜 사멸하는지를 설명한 이론이다.

② 조직군의 환경적합에 관심

조직군생태학이론은 환경적합에 많은 관심을 갖고 있으며, 조직은 각자의 형태를 가지고 발생·생존·소멸하며, 환경에 적합한 것은 선택되어 보존되고, 부적합한 것은 도태되고 소멸된다.

③ 적소(niche) 및 적합성(fitness) 강조

조직이 생존하는데 필요한 적합한 틈새를 강조하여, 새로운 조직은 모두 자신이 생존할 수 있는 적소 또는 적합성을 찾기 위해 노력하며, 여기서 〈적소(niche)〉란 특정한 환경자원 및 필요가 존재하는 영역을 가리킨다. 조직이 성장하게 되면 적소의 규모도 확장되지만, 적합한 적소를 발견하지 못하는 조직은 쇠퇴하거나 도태된다는 것이다.

④ 변이, 선택, 보존

〈변이〉란 새로운 조직형태가 조직군 안에 출현하는 것을 말한다. 변이가 발생함으로 인하여 조직형태의 다양성과 복잡성이 증가하는 것을 말하고, 다윈은 이를 돌연변이라고 하였지만, 조직군 생태학에서는 돌연변이뿐만 아니라, 계획적이고 의도적인 변이도 포함한다. 〈적소〉란 적절히 찾아 형성된 조직은 환경에 적합한 것으로 받아들여져 생존하는 것으로 특정한 환경자원 및 필요가 존재하는 영역을 가리킨다. 수많은 변이 중에서 환경의 〈선택〉을 받아서 생존하는 조직은 몇 종에 불과하고, 적소를 발견하여 생존에 필요한 자원을 공급받는 조직은 생존하지만, 그렇지 못한 조직은 사멸한다는 것이다. 〈보존〉이란 환경에 의해 적합한 것으로 선택을 받은 조직형태가 제도화되고 유지되는 것을 보존이라고 한다. 어떤 기술이나 제품·서비스는 환경에 의해서 매우 가치 있는 것으로 여겨진다. 보존된 형태는 환경 속에서 지배적인 위치를 차지하게 된다.

(4) 생존전략 : 제너럴리스트, 스페셜리스트

조직군생태학 관점에서 생존 전략은 제너럴리스트 전략과 스페셜리스트 전략으로 구분하여 이해할 수 있다. 〈제너럴리스트 전략〉은 넓은 범위의 적소 또는 활동영역을 지닌 조직, 즉 다양한 범위의 제품이나 서비스를 여러 시장을 대상으로 제공하는 전략이고, 〈스페셜리스트 전략〉은 좁은 범위의 제품이나 서비스를 한정된 시장에 제공하는 조직을 말한다. 다양한 제품과 서비스를 목표로 하는 제너럴리스트는 환경에 변화하면 자원을 재배치할 수 있지만, 스페셜리스트는 그렇게 할 수가 없다. 그러나, 스페셜리스트는 대부분 작은 조직으로 나타나므로 해당 분야에서만큼은 전문성을 지니고 있다는 장점을 갖고 있다. 이 두 전략을 활용하여 성공하는 경영인은 개방된 적소에 진입하는 전략을 선택하고 조직을 맞추어 나갈 때 그 결과가 분명하게 나타난다고 할 수 있음을 추론할 수 있다.

(5) 공헌점과 한계점
    ① 공헌점
        조직군생태학이론은 ㉠ 조직의 연구 분석수준을 높여서 환경과의 관계를 거시 사회적으로 다루었다는 점, ㉡ 조직의 생존과 적응을 환경 선택적 관점에서 설명하였다는 점에서 유용하고, ㉢ 사회적인 영향을 받은 체계의 변화를 설명하였다는 점을 제공하였다.
    ② 한계점
        ㉠ 지나치게 환경결정론으로 치우쳐 있고, ㉡ 자연적인 생물체계를 인간으로 구성된 사회조직을 설명하고자 하는 데 근본적인 문제점이 있으며, ㉢ 경험적이고 실증적인 연구수준이 높지 않다. 예를 들어서 조직군에는 어떤 조직들이 포함되고 그 경계가 명확하지 않으며, 적소의 정의를 어떻게 조작적 정의를 내려야 할 지 알 수 없고, 적합성의 확립과정도 알 수 없으며, 변이의 근원은 무엇인지 파악하는 것이 미숙하다는 비판을 받았다.

제9장 자원의존이론

거시조직이론

1 의의

페퍼와 살란식(Pfeffer & Salancik)에 의해 정립된 자원의존이론은 조직과 환경과의 합리적 측면에 초점을 맞추기 보다는 환경에 대한 비합리적·정치적·권력적 측면을 주된 관심사로 연구하는 접근법으로, 조직이 환경에 적응한다는 관점에서 탈피하여 환경을 변화시켜 환경의 통제를 극복하고자 하는 조직의 주체적 노력을 강조하는 접근법이다. 따라서, 자원의존이론에서 조직의 성공이란 그들의 권력을 최대화 하는 것을 의미하고, 자신에게 유리한 권력형성을 위해 자신의 조직구조 및 행위패턴을 어떻게 변화시키는지를 연구하게 된다.

2 기본가정

① 조직의 궁극적 목표는 과업수행에서의 높은 성과가 아니라 생존이다. 따라서, 조직 생존의 관건은 생존에 필요한 필수적 자원들을 습득하고 유지할 수 있는 능력에 있다.
② 조직은 내적 결합체임과 동시에 환경과 연결되는 외적 결합체이다. 즉, 조직은 환경과 끊임없는 상호작용하는 교환관계를 가지는 개방체이다.
③ 조직은 이해관계자들 간에 형성되는 연합체이다. 다양한 이해관계자들은 조직의 효과성을 각자 나름의 관점에서 판단하기에 조직은 이들의 다양한 요구를 고루 충족시키기 위하여 노력할 필요가 있다. 이 과정에서 조직은 이해관계자 간에 형성되는 힘의 균형을 면밀히 관찰하여 가장 중요한 이해관계자 혹은 그들의 집합이 요구하는 바를 우선적으로 실현하기 된다.
④ 대부분의 전략과 조직 연구문헌에서는 환경을 조직과는 독립적이며 객관적인 요소로 간주하지만, 자원의존이론에서는 주관적인 관점을 중시한다. 즉, 환경이 조직생존에 필요한 가치 있는 자원을 지니고 있는지의 여부를 조직 스스로의 입장에서 판단한다.

⑤ 조직과 환경의 끊임없는 거래, 즉 교환관계 속에서는 항상 자원획득의 불확실성이 내재되어 있는데, 조직은 생존에 필요한 자원획득을 확실히 하기 위해 다양한 노력을 경주한다. 따라서, 경영자의 역할이 매우 중요하고, 이들은 환경관리를 통해 효과적으로 조직의 권력을 향상시킬 수 있는 다양한 전략을 주체적으로 추구한다.

3 자원의존관계의 유형

서로 다른 두 기업이 가장 강하게 의존하는 형태는 완전히 하나의 회사로 합쳐지는 인수합병(M&A)이며, 그 다음으로는 혁신적 제품을 개발하거나 신사업 분야에 진출하는 과정에서 서로 자본을 투입하여 새로운 조직을 만드는 합작투자(joint venture)와 각자의 독립성은 인정하면서 공동의 목표를 이해 자원을 합쳐 투자하는 전략적 제휴(strategic alliance) 등이 있다. 그 밖에도 필요한 자원과 역량을 공급해 줄 수 있는 기업체와 맺는 공급계약(supply contract), 동종 업체들과 정보를 교환하고 상대방의 활동을 감시하는 산업조합, 한 사람이 여러 기업에서 임원의 지위를 겸하는 임원겸임 등이 지원의존의 유형이라 할 수 있다.

① 환경과 우호관계 유지 전략 : 소극적 대응
- 소유권과 인수합병(M&A)
- 계약과 합작투자
- 전략적 제휴, 네트워크 형성
- 중역채용
- 광고/PR

② 환경을 직접통제 : 적극적 대응
- 철수와 다각화 (활동영역의 변경)
- 정치활동 및 로비
- 산업조합/산업협회 형성
- 비합법적 행동

거시조직이론

4 자원의존성의 결정요인★★

자원의존성의 크기는 자원공급의 불확실성과 관련이 있다. 필요한 자원을 언제 어디서 누구로부터 공급받을 수 있을지가 불명확할수록 자원에 대한 의존도는 높아지는 것이다. 일반적으로 자원의존성을 결정짓는 요인은 아래와 같다.

(1) 자원의 집중도와 대체가능성

조직이 필요로 하는 자원의 한 사람이나 집단에 집중되어 있다면 조직은 그에게 의존할 수밖에 없다. 마찬가지로 다른 자원으로의 대체가 어려울수록 조직은 해당 자원을 보유한 사람이나 집단에 의존하게 된다.

(2) 자원의 희소성과 풍부성

조직이 획득해야 하는 자원이 충분하지 못하다면, 그 희소한 자원 공급자의 영향력은 커질 수밖에 없다.

(3) 자원의 상호의존성

조직이 필요로 하는 복수의 자원간 상호의존성이 크다면, 즉 서로 얽혀있다면 조직의 환경의존성은 커지게 된다. 왜냐하면 하나의 환경요소가 변함에 따라 다른 환경요인이 같이 변화한다는 것은 우리 조직의 입장에서는 더욱 더 큰 불확실성에 높이는 것이기 때문이다.

(4) 조직의 환경인식능력

조직이 환경 속의 자원 상태를 정확히 파악할 수 있다면 환경으로부터의 의존도를 줄일 수 있을 것이다.

5 공헌점

(1) 전략적 주체 강조

자원의존이론에서 조직은 필요한 자원을 환경에 의존하지만, 환경을 능동적으로 관리하고 적응하는 전략적 주체가 되어야 함을 강조하여 조직의 환경이슈를 조직 간의 문제에서 다루어지는 전략적 주체임을 명확하게 구체화하였다.

(2) 적극적인 대응전략 제시

경영환경에 미치는 제약과 불확실성을 인식하면서, 조직의 환경에 대한 적극적 대응전략을 제시하였다는 점에서 능동적이고 구체적이다. 즉, 조직이론에 권력관계라는 정치적 관점을 체계적으로 도입하였다는 장점이 있다.

(3) 자원의존관계를 명확하게 설명

조직을 둘러싼 환경을 자원의존관계에 있는 다른 조직들로 규정함으로써 환경의 개념과 경계, 그리고 조직간의 관계를 훨씬 더 명확하게 설명하였다.

6 한계점

그럼에도 불구하고, 자원의존이론에서 말하는 자원의존관계는 조직행동의 원인인 동시에 그 결과라는 점에서, 자원의존이론은 이러한 의존관계가 어떤 이유로 발생하는지에 대해서는 명확하게 설명하지 못한다는 한계를 지니고 있다. 또한, 자원의존이론은 자원관계의 불균형이 존재할 때 다양한 조직행동이 발생한다는 것을 예측할 수 있지만, 이들 중 구체적으로 어떠한 행동이 발생할 것인지, 또는 그것이 다른 방법에 비해 효율적인지 비교할 수 있는 일관성 있고 체계적인 기준을 제시하지 못하고 있다.

제10장 제도화 이론

거시조직이론

1 의의

- 환경과 조직간의 관련성을 다룬 여러 이론들 중에서 Meyer & Rowan에 의해 주창된 제도화이론은 환경으로부터 어떤 조직의 존재가 정당하다고 인정될 때 비로소 조직이 성공할 수 있다고 설명하였다. 여기서 말하는 〈제도〉란, 인간의 행동에 영향을 미치는 사회적 측면의 제요인을 총체적으로 일컫는 표현으로 경제적 논리로 설명되지 않은 규범, 윤리, 감정 등이 이에 해당하며, 〈제도화〉는 활동방식이나 운영원리가 사회적 법칙으로서의 자격을 획득하는 것을 의미한다. 〈정당성(legitimacy)〉은 조직의 활동이 바람직하고, 적절하며, 환경의 규범과 가치, 그리고 신념체계와 부합한다는 사회 전반의 시각을 말한다.
- 〈제도화 이론〉은 조직간 관계에 대한 관점 중 조직이 생존하기 위해서는 효율적인 생산을 하는 것 이상으로 이해관계자로부터 정당성을 획득하는 것이 중요하다는 이론이다.

2 등장배경

DiMaggio & Powell이 경험적 불규칙성(empirical anomalies)을 규명하고자 하는 일련의 연구에서부터 제도화 이론이 대두되었다고 할 수 있다.(1983) 현실적으로 경영자들은 합리적인 의사결정자들이 아니라고 한다. 즉, 치밀하고 빈틈없이 정보를 수집하여 합리적으로 의사결정을 내리는 것이 아니라, 현실과 조직이론 간의 괴리 하에서 조직의 실제 의사결정 현상을 더 잘 설명해 줄 수 있는 이론개발의 필요성이 대두되었고, 이에 따라 제도화 이론이 등장하게 된 것이다.

3 정당성(legitimacy)

〈정당성(legitimacy)〉은 조직의 활동이 바람직하고, 적절하며, 환경의 규범과 가치, 그리고 신념체계와 부합한다는 사회 전반의 시각을 말한다.

4 기본가정

① 사람들은 확실하고 예측 가능한 상황을 선호한다고 가정한다. 이러한 관점에서 개별조직의 관행과 구조는 조직이 매우 합리적이며 안정적이며 예측 가능한 방식으로 행동하고 있음을 외부에 보여주기 위한 일종의 장치라고 볼 수 있다. 이러한 노력의 결과로 조직은 환경으로부터 정당성을 얻게 되고 필요한 자원을 획득할 수 있게 된다.
② 조직이 효율성을 추구하기보다는 생존에 더욱 큰 관심을 가진다고 가정한다. 조직에는 내부적으로 과업수행을 통한 성과와 수익을 얻기 위해 만든 기술적·합리적인 행동규범이 있으며, 외부적으로 이해관계자로부터 정당성을 얻기 위한 제도적 차원의 행동규범이 존재한다. 이는 곧 과업환경을 강조한 전통적 이론과는 달리, 제도적 환경의 중요성을 특히 강조한 것이다.
③ 현재의 제도는 새로이 창조되는 것이 아니라, 과거의 선택 및 기존 경로의 제약을 받지 않을 수 없다는 점에서 경로의존성(Path dependence)을 강조한다.

5 제도적 동형화 : 조직들의 구조적 속성이 유사한 이유

제도화이론에 의하면 유사한 제도적 환경에서 활동하는 조직들은 동일한 구조적 형태를 띠게 되는데, 이를 〈제도적 동형화(institutional isomorphism)〉이라고 한다. DiMaggio & Powell에 따르면, 제도적 동형화에는 3가지의 유형이 있다.

(1) 강압적 동형화(coercive isomorphism)

강제적이고 거부할 수 없는 압력에 의해 일어나는 제도적 동형화이다. 이때, 강압적 압력은 정부규제나 법적 제약조건과 같은 공식적 입장뿐만 아니라, 사회 전반적으로 공유되고 있는 문화적 기대 등과 같은 비공식적 압력으로부터 발생된다. 강압적 동형화의 원인은 외부 의존성에 있다. 일반적으로 기업은 자신이 의존해야 하는 조직 또는 집단으로부터 각종 압력을 받게 되는데, 이는 그 조직과 유사한 구조와 기법 내지는 행동을 택하도록 가해지는 외부압력을 뜻한다. [사례]대형소매업체와 제조업체가 납품업체에 대해서 특정한 정책과 절차 및 기법을 지키도록 강요하는 것이 대표적인 사례에 해당한다. 또한, 오염통제규정이나 학교규제처럼 공식적/비공식적 압력에 의해 반드시 준수해야 함을 강요받는 사례가 해당한다.

(2) 모방적 동형화(mimetic isomorphism)

성공을 거둔 조직들을 모델로 삼아 모방하는 방식이다. 이러한 모방은 조직이 비전을 갖추지 못했거나 환경이 아직 불안정할 경우에 발생한다. 모방적 동형화의 원인은 환경의 불확실성에 있으며, 대부분의 조직은 어떤 제품과 서비스를 생산해야 할 지, 어떤 기술을 사용해야 할 지, 언제쯤 원하는 결과를 얻을 수 있을 지, 때로는 원하는 결과가 무엇인지 조차도 모르는 불확실한 상황에 놓여 있다. 이러한 불확실성에 놓여 있을 때 성공한 조직들을 모방하여 그들이 하는 대로 하려는 모방적 힘이 작용하는 것이다. 특히, 경영자들은 한 기업에서 출현한 혁신을 무조건 성공적인 것으로 여기는 경향이 있기 때문에, 한 기업에서 사용된 경영관행을 모방을 통하여 급속도로 확산시키는 경향이 있다. [사례]구체적으로 성공기업사례를 모방하여 도입적용하고 있는 경우, 모방적 동형화에 따른 중국기업의 해외투자 소유권 선택 사례, 노사파트너십 우수사례를 모방하여 유사한 형태로 적용하는 사례 등 수많은 벤치마킹 사례를 들 수 있다.

(3) 규범적 동형화(normative isomorphism)

- 주로 전문적인 기준을 수용하거나 전문가 집단에서 가장 효과적이고 최선의 방법이라고 규정한 기법을 수용하는 방식이다. 정보기술 회계 기준, 마케팅 노하우 등 여러 영역에서 이러한 규범적 동형화가 일어나고 있다. 규범적 동형화는 전문교육을 받은 규범에 기초를 둔 성과의 표준을 따라야 한다는 의무감에 기반한 것이다. [사례]경영대학원에서 어떤 기법을 다른 기법보다 나은 것이라 교육받은 전문가들은 외부에 이들 기법을 전파하게 된다는 사례에서 찾아볼 수 있다. 또한, 정부평가단이 공기업의 혁신성을 평가할 때 외부자문기관의 컨설팅을 받아서 혁신을 했으면 인정해주고, 자체인력으로 했으면 무시해버리는 경향이 있다. 이에 공기업들은 혁신을 위하여 또는 정부평가단으로부터 좋은 점수를 받기 위하여 외부전문가에 의한 컨설팅을 의뢰하여 전문가의 지시대로 혁신을 하는 방향으로 결정하게 되는 사례를 들 수 있다.
- 이 세 가지 메커니즘의 작용으로 제도적 환경에 의하여 정당성을 제고하는 데에는 모방적, 강압적, 규범적 힘이 모두 작용하거나 어느 한 동형화가 주로 작용할 수도 있다. 다른 기업에 대한 의존성, 불확실성, 모호한 목표 등의 정도에 따라 동형화 수준에 차이가 있으며, 경영자의 창의적인 시도와 환경의 요구에 대응하는 과정에서 발생하는 많은 다양성에도 불구하고 조직의 모습을 서로 유사하게 만드는 것이다.

6 제도화가 조직구조 설계에 미치는 영향

제도화이론에 따르면 제도적 환경은 조직의 공식구조에 다음과 같은 영향력을 행사한다고 설명하고 있다.

(1) 공식구조의 변화

제도적 환경 내에 있는 합리화된 신화를 받아들여 공식구조를 설계함으로써 조직은 스스로가 사회적으로 가치가 부여된 목적 위에서 적절하게 활동하고 있음을 보여주고, 조직 활동의 근거를 얻게 된다.

(2) 외부적 평가기준의 채택

제도적 환경에 속하는 조직들은 사회적 지지를 얻기 위해서 외부의 가치기준에 민감하게 반응할 뿐만 아니라 이러한 가치기준을 조직의 생존을 위해 적극적으로 채택·이용한다.

(3) 안정성 획득

조직이 제도적 환경에 순응함으로써 조직의 생존은 이제 성과에 관계없이 사회적 약속에 의해 안정적으로 보장된다고 설명하였다.

7 이론의 공헌점

(1) 지속적 생존의 중요성 강조

조직은 〈생존에 필요한 정당성을 확보하는 과정〉에서 이해관계자가 타당하고 적절하다고 판단하는 구조나 활동을 전개하고, 대외적인 평판관리에 관심을 갖게 되며 이에 힘써야 함을 시사하고 있다. 제도화이론은 조직을 하나의 제도로 파악함으로써 경제적 효율성 보다는 지속적인 생존의 중요성을 강조한 이론이라는 데 의미가 있다. 즉, 조직구조와 성과간의 관계에서 긴밀한 관련성(tightly coupled)이 있는 것이 아니라, 느슨한 관련성(loosely coupled)이 존재하여 이해관계자들과의 적절한 관계 형성이 장기적인 성장을 하는 것이라고 생각한 것이다.

(2) 사회 제도적 환경에 관심

제도화이론은 조직이 생존과 성공을 위하여 취하는 다양한 관리관행의 〈유사성〉, 원인의 〈유사성〉을 효과적으로 설명해준다는 점에서 그 가치가 있다. 그 동안 경제적/기술적 환경만을 강조하던 합리성 추구와는 달리, 이전에는 비합리적으로 치부되어 왔던 사회제도

거시조직이론

적 환경에 관심을 갖기 시작한 것이다. 제도적 환경에 부합하는 조직행동은 사회적인 인정과 정당성을 부여해주고, 조직의 지속적인 생존을 가능하게 하기 때문이다.

(3) 실제 발생하는 현상에 관심

제도화 이론은 단지 이상적이고 규범적인 계획에만 관심을 두는 것이 아니라, 실제로 조직에서 일어나고 있는 현상들, 즉, 조직가치의 중요성, 조직문화의 역할, 집단 심리적인 합리성 등을 옹호하고 관심을 두면서 이를 제도적으로 동형화하고자 하였다.

8 한계점

(1) 일반 기업과 비영리조직(공기업)

제도화 이론의 주된 연구대상이 주로 공기업이었다는 점에서 제도적 압력의 적용범위가 제한될 수 있다. 공공기관이나 공기업은 정부와 공공의 압력에 의해 유사한 형태를 보일 가능성이 아무래도 높은데, 이러한 실증연구로 등장한 제도화 이론을 영리조직 등의 기업조직에도 적용할만한 타당한 이론은 되지 못한다.

(2) 조직의 창의성 상실 ★

조직간의 유사성에 초점을 두었기에 새로운 아이디어의 창출이나 혁신을 위한 창의성이 매우 중요함에도 불구하고, 이에 대한 설명력이 떨어진다.

(3) 조직의 효율성 상실

조직들간에 유사성이나 이해관계자의 기대에 맞추어야 한다는 점은 강조하면서도 조직 자체의 효과성이나 조직목표를 달성하기 위한 효율성에 대해서는 무관심하다는 사실이다.

(4) 생존과 사멸의 설명에 한계

제도화이론은 동형화 과정을 겪은 많은 조직들간의 생존과 사멸의 차이를 설명하지 못하고 있다. 어떤 조직은 성공하고, 어떤 조직은 사멸하는가의 차이를 명확하게 설명하지 못하고 있다는데 한계가 있다.

제11장 네트워크 이론

거시조직이론

1 의의

네트워크 관점은 자원의존이론에 대한 대안으로 제시되고 있는데, 그 내용은 희소한 자원의 경쟁력 강화를 위하여 상이한 유형의 기업간 협력이 가능하다는 것이다. 즉, 네트워크 이론에서는 조직간의 협력관계가 유지될 수 있다는 점에 착안하여 조직간 관계의 연결망을 분석하는데 초점을 두었다.

2 기업간 협력의 동기

서로 공통점이 없는 기업간에도 협력이 유지될 수 있는 이유는 매우 다양하다. 서로 협력할 경우 신규시장 진입에 대한 위험을 줄일 수 있고, 특정 산업이나 기술에 대한 조직의 역량을 제고하는 것이 가능하며, 세계 시장에 손쉽게 진출할 수 있기 때문이다. 최근 이와 관련하여 부각되고 있는 개념이 경제적 공진화(co-evolution), 즉 같은 생산시스템 안에 있는 다른 조직과 협력하여 새로운 사업기회를 창출하는 것이다.

3 조직 간 관계에 대한 관점의 변화

(1) **전통적 관점** : 적대적 관계

과거에는 기업 간 상호의존성이 크지 않았기 때문에 각자의 이익을 추구하는 경쟁적 관계를 유지했다. 협력이 거의 없었기에 정보가 부족하였고, 자원의 낭비가 발생하였으며, 단기적 시야에서 업무를 추진하다 보니 기업간에 법적 갈등도 불사하는 경우가 잦았다.

거시조직이론

(2) **현대적 관점** : 협력적 관계

최근에는 기업 간 상호의존성이 커지는 추세이므로 공동의 이익을 추구하는 신뢰기반 관계를 유지할 필요가 있다. 정보통신기술(ICT, Informaion communication technology)의 발전에 힘입어 각자의 정보와 자원을 공유할 수 있으며, 그 결과 장기적 거래관계를 통한 성과창출이 가능해진다. 갈등발생을 최소화하기 위해 노력하며, 만약 갈등이 발생한다 하여도 대부분 긴밀한 상호조정(coordination)으로 해소한다.

제12장 대리인 이론, 거래비용이론

거시조직이론

1 대리인 이론

(1) 의의

사회적 관계는 대리인과 본인간의 일련의 계약으로 구성된다. 기업을 예로 들면, 종업원은 경영자의 대리인이라 할 수 있으며, 경영자는 주주의 대리인이라 할 수 있다. 여기서 협력 당사자간 목표와 전문영역(분업)에는 차이가 존재하기에 본인과 대리인간에는 이해관계의 충돌로 인한 대리인 문제가 발생할 수 있으며, 그 결과 대리인 비용이 발생한다. 효율적인 본인−대리인 관계를 유지하기 위해서는 대리인 비용을 최소화할 필요가 있다.

(2) 핵심개념 : 대리인 비용

대리인 비용은 본인−대리인간의 이해대립과 정보의 비대칭으로 인해 발생하는 비용을 뜻한다. 여기에는 대리인 행동에 대한 감시비용과 본인에게 해가 되지 않고 있음을 확신시키기 위한 대리인 측의 확증비용, 그리고 대리인이 본인을 위한 최적의사결정을 하지 않아 발생하는 잔여비용 등이 포함된다.

(3) 기업에서의 대리인 문제와 그 해법

- 대리인 관계를 기업 상황에서 해석하면 경영자−주주의 관계와 유사하다. 경영자와 주주는 각자 상이한 이해관계를 갖게 되며, 위험에 대한 선호도 달라진다. 이로 인해 대리인 비용이 발생하므로, 합리적 조직운영을 위해서는 이를 최소화하는 메커니즘을 찾아야 한다.
- 최고경영진을 위한 보상체계의 설계에 있어서 대리인 이론은 의미 있는 시사점을 주고 있다. 스톡옵션과 같은 성과급은 도덕적 해이를 방지하여 경영자가 주주를 위한 최적의사결정을 하게끔 돕기에 대리인 비용을 줄이는데 기여할 수 있다.

> 거시조직이론

2 거래비용이론 : 시장과 위계이론

(1) 의의
거래비용이론은 조직이 등장하고 그 경계를 형성하는 과정을 설명하는 이론이다. 이 이론은 코즈(Coase)로부터 출발하여 윌리암슨(Williamson)에 의해 체계화되었다. 윌리암슨 연구의 핵심은 위계적 성격을 가지는 조직이 시장으로부터 형성되는 이유를 밝힌 것으로서, 일정한 범위의 거래가 기업 조직 경계 안의 내부적 거래로 이루어지는 것이 시장에서 이루어지는 경우보다 상대적으로 비용이 적게 들어 효율적인 경우에 조직이 형성된다고 보았다.

(2) 거래비용
- 코즈(Coase)는 거래비용의 개념에 주목하여 거래비용을 줄이는 방향으로 기업조직의 형태를 결정해야 함을 설명하였다.
- 거래비용은 시장 메커니즘 하에서 생산할 때 발생하는 생산비 이외의 비용으로서, 적절한 가격을 발견하는데 소요되는 탐색비용, 계약과정에서 협상을 벌이고 합의에 도달하기까지의 합의비용, 거래관계를 시작하고 유지하는 과정에서 납기와 가격조건 등을 준수하고 비밀을 지키는데 드는 통제비용, 계약의 유효기간 중에 발생하는 여러 제약조건의 변동에 따르는 적응비용 등의 합으로 구성된다.

(3) 시장실패
윌리암슨(Williamson)은 거래비용 때문에 최적의 거래가 이루어지지 못하는 현상, 즉 시장실패가 발생하여 비효율이 야기된다고 보았으며, 이를 토대로 기업조직이 시장으로부터 형성되는 이유를 논리적으로 설명하였다. 구체적으로 거래비용과 시장실패를 야기하는 원인을 살펴보면, 크게 인간적 요인, 환경적 요인으로 구분되며, 시장실패의 결과 위계적 구조를 가지고 있는 조직이 등장하게 되는 것으로 보았다.

① 인간적 요인
제한된 합리성에 의해 인간은 지식, 예견, 기능, 시간이 제한적이며, 언어, 숫자, 그림 등을 통하여 자기 의사를 남에게 이해시킬 수 있는 능력에도 한계가 있다. 또한, 인간의 기회주의 역시 시장에서 거래비용을 증가시키는 원인이 된다.

㉠ 제한된 합리성
의사결정자가 의도적으로는 합리적으로 의사결정을 하려고 해도, 현실은 정보부족, 불확실성, 인지능력의 한계, 시간제약 등의 제한을 받는 의사결정을 하는 것을 말한다.

ⓒ 기회주의

   거래자가 자기이익을 추구하기 위하여 상대방에게 불이익이 되는 정보를 선택, 왜곡, 조작하는 행동이다.
② 환경적 요인
   - 조직을 둘러싸고 있는 정보의 복잡성과 환경의 불확실성 때문에 일관된 예측을 할 수 없고, 소수의 거래자와 결합되어 독과점적 거래가 생기는 경우에도 시장실패가 발생하게 된다.
   - 이와 같은 정보의 비대칭성, 인간의 제한된 합리성, 상대방의 기회주의적 행동, 환경의 불확실성으로 인하여, 거래비용이 높아지는 경우 더 이상 시장거래는 효율적인 기능을 하지 못하므로, 기업은 필요한 자원을 효율적으로 조달하기 위하여 기업 내에 위계조직을 설립해야 주장하였다.

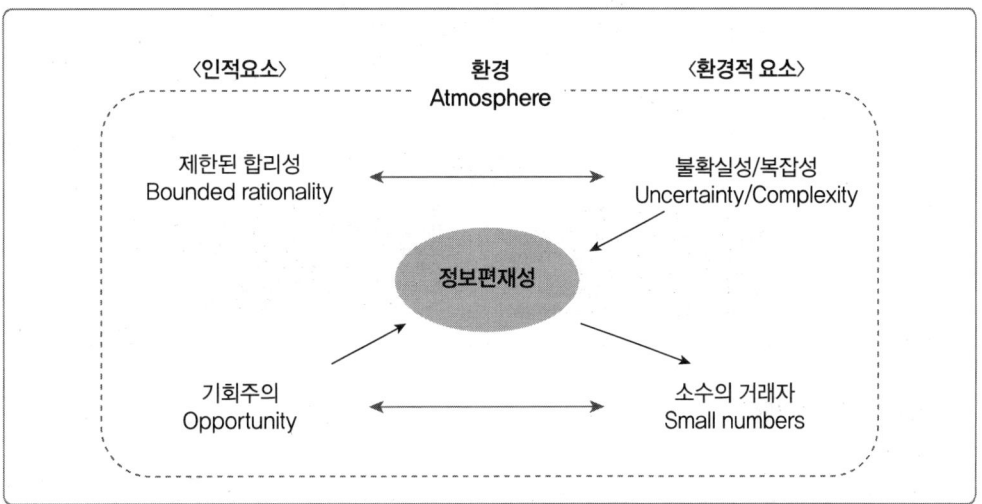

   ㉠ 거래의 불확실성, 복잡성

   거래의 불확실성은, 거래 상대자의 신용상태나 기회주의적 행동 등을 확실히 알 수 없는 경우를 말함. 복잡성이란, 거래계약 규정이나 절차 등이 복잡한 것임을 말한다.
   ㉡ 소수의 거래자

   소수의 거래자밖에 없어서, 거래 빈도가 많지 않은 경우에, 거래비용이 높게 나타난다.
   ㉢ 정보의 편재성

   정보의 불완전성 및 정보의 중요성을 의미하며, 당사자에게는 알려져 있으나, 다른 사람이 알기 위해서는 비용이 많이 드는 것을 말한다.

> 거시조직이론

(4) 조직실패

조직은 그 자체에 내재된 조직화 비용이 존재하고, 조직화 비용이 시장거래비용보다 클 경우 조직 내에서 효율적인 자원배분이 이루어지지 못하는 조직실패 현상이 발생하게 된다. 따라서, 생산과 구매(make or buy)에 관한 의사결정을 거래비용과 조직화비용이 최소화되는 지점에서 내리게 되고, 그 결과 조직의 경계가 결정되는 것이다.

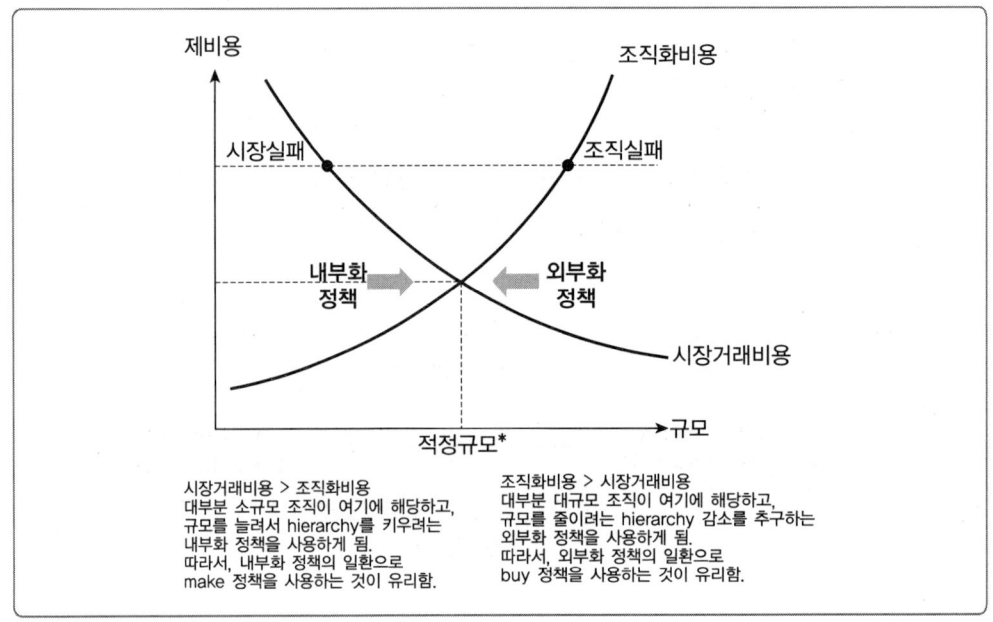

(5) 공헌점 및 한계점

① 공헌점

시장과 위계이론은 경제학적 개념에 입각한 환경과 조직간의 관계를 연구하였다는 점(거래비용이론)에서 의미가 있고, 조직유형이 왜 효율적인지를 거래비용이라는 관점에서 설명하였다는 점에서 공헌을 하였다. 거래비용이론을 활용하여 기업의 고용관계, 수직적 통합, 사업부제 조직, 다각화, 다국적 기업 등의 다양한 현상들을 논리적으로 설명하는데 도움을 주었다.

② 한계점

- 그러나, 자원조달을 내부화하여 위계라는 것을 설립한다고 하였는데, 이러한 경우, 조직의 비대화로 인한 경직성의 문제가 야기되어, 환경에 적응하는 것이 어렵게 된다는 점을 간과하였다. 또한, 조직의 형태, 계층의 형성 등의 개념을 편협하게 한정하여 설명하고 있다는 비판을 받았다.

- 기업의 결합이나 네트워크 형성으로 거래비용 자체를 완전히 없을 수는 없다. 즉 조직화를 하더라도 내부에서 또 다른 거래비용으로서 조정비용이 발생할 수 있다. 거래비용이론은 적어도 한 조직 안에서는 모두 이기적 기회주의자가 아니거나 친형제처럼 행동한다고 했을 때를 전제로 하지만, 현실에서는 조직 내 이기주의도 심각한 수준인 경우가 많다. 또한, 조직 외부의 대상에게 늘 이기적으로 행동하는 것만도 아니라는 점에서 현실을 반영하지 못하였다는 지적을 받았다.

제13장 공동체 생태학 이론

거시조직이론

1 의의

- 조직을 생태학적 공동체 속에서 상호의존적인 조직군들의 한 구성원으로서 파악하고, 이에 따라 조직의 행동과 환경적응과정을 설명한 이론이다. 조직은 환경과의 관계 속에서 그 활동을 영위하고, 조직의 생존과 성과는 다른 조직들과의 관계에 의해 크게 좌우된다는 인식에 바탕을 둔다. 대표적으로 전국경제인연합회, 경영자총협회, 그 외 각종 협회 등을 들 수 있다.
- 공동체생태학이론은, 사회생태학에 근거하고 있으며, 공동의 노력에 의해 자연적인 환경을 극복하고 자신에게 유리하도록 사회환경을 형성하고 통제하려는 조직들의 적극적인 노력에 초점을 둔 이론이다.

2 공헌점과 한계점

- 환경에 대한 조직의 공동적인 노력을 잘 설명하고 있고, 환경변화에 따른 조직간의 노력으로 능동적 적응을 가능하게 하는 실무적인 모습을 잘 설명하고 있다. 또한, 기존의 조직이론이 설명하지 못한 현대적인 조직활동의 많은 부분을 설명하고 있다.
- 반면에, 조직간의 상호작용에 초점을 둔 나머지 개별기업의 전략의 유연성의 중요성이 감소되었다는 점, 이에 조직의 자체적인 적응능력을 떨어뜨리고, 외부제약요인의 영향을 증대시키는 상황에서 공동체 조직군의 관계를 설명해야 한다는 점에서 한계로 남았다.

제14장 조직이론 분류 - Astley & Van de ven의 분류

1 의의

아스틀리와 반드벤(Astley & Van de Ven)은 조직분석수준과 환경인식을 기준으로 하여 조직이론들을 분류하였다. 조직체의 특성이 외부요인에 의해 결정되는 것인지 아니면 인간이나 조직 내부요인에 의해 결정되는 것인지에 따라 결정론과 임의론으로 구분되고, 연구수준이 개별조직에 초점을 둔 것인지 아니면 조직 집단, 즉 조직군 수준인지에 따라 나눈 것이다.

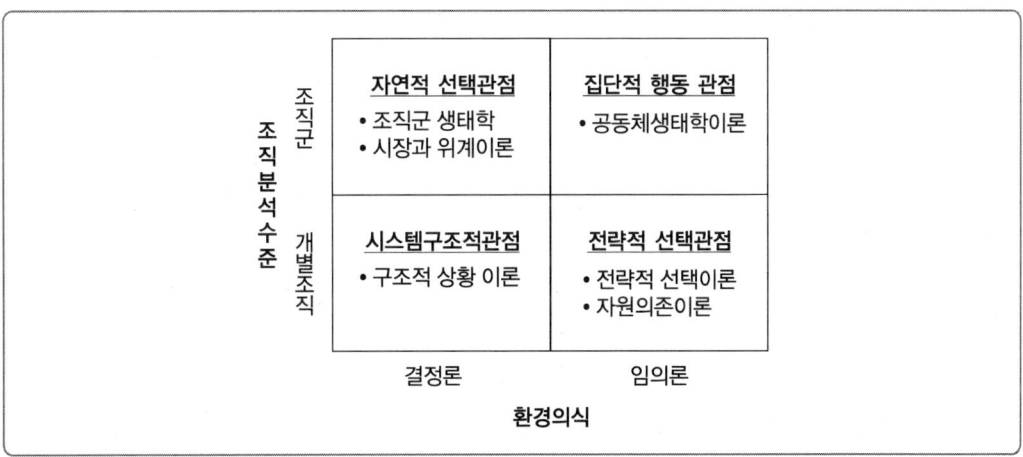

2 결정론적 관점

조직이 외부환경요인에 의하여 구조나 운영방식이 정해진다는 관점이며, 결정론적 관점 중에서도 개별 조직의 구조에 초점을 둔 이론이 바로 구조적 상황이론이다. 반면에, 결정론적 관점 중에서 조직군 수준에서의 역학관계에 초점을 두는 이론이 조직군 생태학 이론과 거래비용이론이 있다. 구조적 상황 이론은 환경, 기술, 규모에 의하여 조직구조가 형성된다는 이론이며, 조직군 생태학 이론은 생물학의 진화를 조직군에 적용한 이론이고, 거래비용이론은 시장경제 속에서 조직이 최소의 비용으로서 적정수준에서 형성되고 발전한다는 원리를 설명한 이론이다.

거시조직이론

3 임의론적 관점

 조직이 내부 구성원들의 의지나 역량에 따라 조직구조 및 운영방식이 정해진다고 본 관점이며, 임의론적 관점 중에서도 개별 조직의 구조에 초점을 둔 이론이 전략적 선택이론이다. 개별 조직의 운영에 초점을 둔 이론은 자원의존이론이다. 전략적 선택이론은 환경이라는 제약조건 하에서 구성원들의 의지 및 전략이 조직구조 형성에 영향을 미친다는 이론이며, 자원의존이론은 생존이나 운영에 필요한 자원의 효과적인 조달을 위하여 취하는 각종 권력추구나 정치적 행동들이 핵심내용에 해당한다.

제15장 조직이론 분류 - Scott의 분류

거시조직이론

1 Scott의 조직이론 분류

스코트(Scott)는 20세기를 지배한 주요 조직이론들을 조직과 인간에 대한 관점으로 분류하여 설명하였음. 우선, 조직에 대한 관점을 환경요인을 지각하는지에 따라 폐쇄적 관점과 개방적 관점으로 구분하고, 인간에 대한 관점을 업무능률이라는 합리적 관점과 인간관계를 중요시하는 사회적 관점으로 구분하였다. 스코트의 조직이론 분류의 의의는 횡단적 관점에서 동일한 시대에 주류를 이루었던 이론들을 살펴볼 수 있다는 점과, 종단적 관점에서 시간적 순서에 의한 조직이론의 발전과정을 살펴볼 수 있다는 점에서 의미가 있다.

	인간에 대한 관점	
	합리적	사회적
조직에 대한 관점 — 폐쇄적	'1900-'1930 Taylor Weber Fayol (제1상한)	'1930-'1960 Mayo Selznick McGregor (제2상한)
조직에 대한 관점 — 개방적	'1960-'1970 Chandler Lawrence & Lorsch Thompson (제3상한)	'1970- March Weick Senge (제4상한)

2 폐쇄-합리적 조직 이론

(1) 의의

1900년대부터 1930년대까지 지배한 이론이며, 조직을 외부와 상관없는 폐쇄된 체계로 보았으며, 인간을 업무능률에 기반한 합리적 사고를 하는 존재로 인식한 이론이다. 이 시기의 이론들은 조직을 폐쇄된 체계로 인식하여 환경에서 오는 위협과 기회를 무시하거

거시조직이론

나 최소화하고, 환경과의 상호작용 측면을 고려하지 않았다는 점이 특징이다. 대표적인 이론에는 테일러의 과학적 관리법, 페욜의 고전적 관리론, 베버의 관료제론이 있다.

(2) 주요 특징
조직구성원들에게 합리성과 능률을 강조하고, 이를 달성하는 수단으로 강력한 통제와 지도를 하면서 고도로 전문화된 과업을 반복적으로 수행하도록 하였다. 또 다른 특징에는 외부환경으로부터 오는 위협과 기회를 무시하거나 최소화하였다는 특징이 있다.

(3) 이론의 가정
조직을 외부환경과 관련이 없는 폐쇄된 체계로 바라보았고, 조직을 구성하는 인간들을 합리적으로 사고하고 행동하는 존재, 즉, 업무능률의 수단으로서 인식하는 것을 가정으로 하였다.

(4) 강약점
〈강점〉은 업무의 정확성, 안정성, 책임성을 새롭게 인지하기 시작한 점과 조직의 효율성 강조하였다는 것이고, 〈약점〉은 경영환경에 대한 인식을 하지 못했다는 점, 지나치게 냉정한 관료제를 초래했다는 점, 낮은 계층의 인간에 대한 비인간적 대우를 야기하여 노동의 소외감을 야기했다는 점이 있다.

(5) 공헌분야
테일러의 과학적 관리론으로부터 출발하여 시간-동작 연구 등 과학적 방법에 의해 생산요소 중 하나인 노동력을 최대한 활용할 수 있는 방법에 집중하였고, 베버의 관료제론에서 알 수 있듯이 합리적인 운영에 의해 노동력을 인식하여 이후 산업공학, 인간공학을 중심으로 한 경영과학 분야에 공헌하였다.

(6) 대표적 이론
① 테일러의 과학적 관리론
작업능률을 향상시키고 생산성을 증가시키는 유일최선의 방법으로 과학적 관리법 주장하였으며, 그 내용에는 과학적 과업관리와 직무설계, 과학적 선발과 훈련, 차등성과급제, 기능적 감독자 제도 등이 있다. 인간을 생산요소 중 하나로서 중요하게 바라보았으므로, 정해진 시간 내에 과학적으로 최대한 활용할 수 있는 방안에 관심을 가졌으나, 노동의 소외감이라는 한계점을 갖고 있다.

② 페욜의 고전적 관리론(일반관리론)
조직의 관리기능에 초점을 두어 관리원칙을 설명하였으며, 14가지 일반원칙으로 분

업화, 규율, 지휘통일, 명령통일, 조직목표 우선, 공정보상, 집권화, 계층화 등으로 구체화하였음. 페욜의 고전적 관리론은 지금도 경영관리론에 영향을 받을 만큼 기여한 바가 있지만, 여전히 노동의 소외감이라는 단점을 갖고 있는 이론이다.

③ 베버의 관료제론

베버는 합리적이고 작업능률을 극대화할 수 있는 이상적인 조직형태로서 관료제론을 주장하였으며, 여기에는 규칙에 의한 관리, 공정한 평가, 분업에 의한 전문화, 계층화, 평생고용계약 등을 주요내용으로 하고 있다. 관료제론은 업무의 정확성, 안정성, 비용감소를 기할 수 있고, 정실인사를 배격하였다는 측면에서 의미 있는 이론이지만, 여전히 인간성을 상실한 이론으로 규칙과 규정을 지나치게 강조하였다는 점과 지나친 전문화(분업화)추구로 인한 무능함이라는 한계로 남은 이론이다.

3 폐쇄-사회적 조직 이론

(1) 의의

1930년대-1960년대를 지배했던 이론이며, 조직을 폐쇄된 체계로 보고, 조직구성원들의 인간적인 측면을 고려하여 인간의 다양한 욕구, 감정, 사회적인 욕구를 가진 존재로 인식하여 구성원들이 가진 사회적 욕구를 충족시키고 이를 통하여 조직의 생산성 향상을 추구하였다. 이 시기의 주류를 이룬 이론가들을 인간관계학파라고 불렀다. 여기에는 메이요와 뢰스리스버거의 인간관계론, 맥그리거의 XY이론이 있다.

(2) 주요 특징

비록, 조직생존에 대한 외부환경을 도외시하였지만, 작업집단 내의 커뮤니케이션, 비공식조직, 업무태도, 지도성, 과업의 동기화 등을 중점적으로 다루었으며, 조직의 인간적이고 사회적인 측면만 강조하여 조직 없는 인간이라는 비판을 받았지만, 이후 인적자원관리의 발전에 기여를 하였다.

(3) 이론의 가정

조직을 외부환경과 상관없이 존재하는 폐쇄된 체계로 보았고, 인간을 다양한 욕구를 지닌 존재로서, 사회적인 욕구를 가진 존재로서, 이를 통하여 생산성 향상을 이룰 수 있다고 보았다.

(4) 강약점

〈강점〉은 인간을 사회적 관점에서 새롭게 인식하여 개인과 조직의 욕구에 관심을 갖고

거시조직이론

있기 때문에 인간관계에서 오는 비공식조직, 의사소통, 집단역학, 구성원들의 욕구 등에 관심을 가졌다는 점이 있다. 그러나, 〈약점〉은 조직의 논리를 외면하고, 인간의 문제에만 극단으로 치우쳤다는 점에서 조직 없는 인간이라는 비판을 받았다. 또한, 사탕발림 인사관리라고 하여 인간의 사회적 측면에 관심을 갖고는 있지만 결국 생산성 향상이라는 목적에 귀결되었다는 한계가 있다.

(5) 공헌분야

인간의 사회적 관계 속에서의 생산성 향상을 주요 쟁점으로 하고 있는 메이요와 인간관계론과 맥그리거의 XY이론에서 기원하여 이후에 사회학, 사회심리학을 중심으로 한 인적자원관리론 분야에 공헌하였다.

(6) 대표적 이론

① 메이요의 인간관계론

호손공장실험(조명실험, 계전기조립실험, 면접실험, 배전전선작업실 실험)을 통하여 조직 내의 인간관계의 중요성을 주장한 이론이다. 즉, 조직구성원의 감정, 비공식조직, 태도, 가치관, 커뮤니케이션 등의 원활한 작용이 생산성 달성에 긍정적인 상관관계가 있음을 입증하였다. 작업장에서의 인간관계나 구성원의 욕구, 감정 등의 중요성을 최초로 설명했다는 점에서 의미 있는 이론이나, 조직이 처한 환경변수를 고려하지 못했다는 점에서 조직 없는 인간이라는 비판을 받았다.

② 셀즈닉의 제도화이론

셀즈닉은 조직은 외부환경 등의 영향으로 형성된 하나의 적응적인 유기체라고 주장하였으며, 즉 유기체적인 조직이 생존하기 위해서는 '호선(Co-optation)'이라는 개념으로 이해관계자들을 흡수하는 제도화의 필요성을 강조했다.

③ 맥그리거의 XY이론

인간의 동기부여관점을 X이론적 인간관과 Y이론적 인간관으로 구분하여, 설명한 이론이며, X이론은 인간에 대한 관점을 '본래 게으르고 타율적이어서 강압 받거나 명령 받지 않으면 일을 하지 않는다'고 보는 이론이고, Y이론은 '태어나면서부터 일이 싫은 것이 아니라, 조건에 따라 책임을 떠맡거나 자진하여 책임을 지려고 한다'고 보는 이론이다. Y이론에서 '조건'은 일에 대한 동기부여의 요인으로서 매력적인 목표와 책임·자유재량을 부여하는 것이고 조직의 구성원들이 자발적으로 일에 의욕을 갖게 되고, 개인의 목표와 조직의 목표를 통합할 수 있게 되어 성과를 향상시킬 수 있다고 보았다.

4 개방-합리적 조직 이론

(1) 의의

1960년대-1970년대의 형성된 이론들이며, 조직 내 구성원들을 다시 합리적 존재로 보는 견해로 후퇴를 보이고 있으나, 조직과 직접적인 상호작용을 하는 외부의 과업환경에 관심을 가짐으로써 일보 전진하는 관점을 보이고 있다. 따라서, 이 시기의 이론들을 일보 전진, 일보 후퇴한 이론들이라고 부르기도 한다. 이 시기의 학자들은 환경과 조직구조의 관계를 설명한 번스와 스토커, 로렌스와 로쉬가 있고, 기술과 조직구조의 관계를 설명한 우드워드, 페로우, 톰슨 등이 있다.

(2) 주요 특징

경영조직을 둘러싼 경제적, 사회적, 정치적, 기술적 환경변수를 중요하게 생각하고 조직을 개방적 존재로서 인식하였다. 조직을 둘러싼 환경의 강조, 상호 연결된 하위체계, 체계간의 조화를 중요하게 생각하였다는 특징이 있다. 그러나, 구성원들에 대한 관점을 다시 합리적 사고로 관점으로 후퇴했다는 점에서 한계가 있다.

(3) 이론의 가정

조직을 경영환경 변화에 영향을 받는 존재로 인식하여 일보 전진하면서 인간을 합리적 존재로서 견해를 바라보는 일보 후퇴를 가정하고 있다.

(4) 강약점

〈강점〉은 조직을 유기체로 간주하고 환경에 대한 적응적 관점으로 조직을 바라보는 개방적 체계로 인식하였고, 〈약점〉은 조직과 환경을 지나치게 실물적으로 바라보았다는 점과 인간에 대한 관점이 다시 합리적인 목표달성의 수단으로서 일보 후퇴했다는 점에 있다.

(5) 공헌분야

조직은 외부의 경영환경과 상호작용을 하는 주체로서 인식을 하였으므로 이후에 상황이론, 전략적 선택이론과 환경변화에 적합한 조직구조를 설계하는 조직설계론 분야에 공헌하였다.

(6) 대표적 이론

대표적으로 상황적합이론을 들 수 있으며, 조직이 처한 상황변수와 조직구조의 적합성이 조직유효성을 달성한다는 이론으로 대표적 학자인 학자는 번스와 스토커, 우드워드, 로

거시조직이론

렌스와 로쉬, 톰슨 등이 있다. 모든 상황에 적합한 유일·최선의 조직화 방법은 존재하지 않으며, 최선의 조직설계·관리방법은 환경에 있다고 주장하는 조직이론이다. 따라서 조직의 내·외부 환경에 잘 맞는 조직이 가장 잘 적응 할 수 있다고 보았다. 상황적합이론은 조직구조를 결정하는 요인으로 조직의 환경을 지나치게 강조했다는 점과 관리자의 임의적 선택 가능성을 무시했다는 비판을 받았다.

5 개방-사회적 조직 이론

(1) 의의
이 이론은 경영환경의 중요성을 강조하면서 인간적 측면을 수용한 관점에 의해 형성되었으며, 급속한 기술변화, 고객욕구의 다양화, 치열한 시장경쟁 등의 경영환경의 중요성과 조직 내 구성원들의 감정과 태도, 동기부여 등을 동시에 중요하게 인식하였다. 이 시기의 대표적인 이론에는 센게의 학습조직, 페퍼와 살란식의 자원의존이론, 마치의 제한된 합리성, 윅의 정보투입과 해석 등이 있다.

(2) 주요 특징
조직은 경영환경변화에 발맞춰 생존해야 한다는 관점으로 조직을 개방적 체계로 보았고, 조직 속의 비공식조직의 중요성, 단지 규칙성만으로는 설명하기 어려운 비합리적 관점의 동기부여 측면에도 중점을 두었다. 인간의 조직사회화, 학습에 관심을 가졌다.

(3) 이론의 가정
환경의 중요성을 강조하면서 조직은 외부환경의 영향을 받는 오픈 시스템을 가정하고, 인간을 사회적인 존재로서 합리적인 목표달성보다는 비합리적인 생존을 더 중요하게 생각함을 가정하고 있다.

(4) 강약점
〈강점〉은 조직을 개방적으로 보면서 동시에 인간을 사회적인 존재로 바라보았다는 점이고, 이에 자기조직화, 조직학습, 조직문화 등에 관심을 가지게 되었다. 이것은 조직과 인간의 상호공존에 의한 생존을 도모한다는 차원에서 의미 있는 이론들이라는 찬사를 받았지만, 반면에 〈약점〉은 조직문제가 발생 시 이에 대한 처방적 측면이 부족하였다는 비판도 받았다.

(5) 공헌분야

1970년대 이후 지금까지 영향을 미친 관점에 해당하며, 사회조직화, 하위시스템의 조직학습(또는 학습조직), 조직문화 분야에 공헌하였고, 급속한 기술변화, 고객욕구의 다양화, 치열한 시장경쟁, 정보기술의 발전으로부터의 영향을 받아 조직을 이루는 개개의 하위시스템의 유지와 존속에 관심을 가졌다.

(6) 대표적 이론

① **마치(March)의 제한된 합리성, 쓰레기통 모형**

제한된 합리성은 인간의 선택들은 상황지식과 기대된 결과의 측면에서 제한되고 불안전한 것이므로 행동은 결코 전적으로 합리적인 것이 아니라고 보고, 인간의 동기적·심리적·금전적·시간적 등의 제한된 상황에서는 가장 기술적인 의사결정을 할 수밖에 없다는 이론이다. 쓰레기통 모형은 우연한 기회, 운 등에 의하여, 의사결정이 해결되는 모형을 제시한 이론이며, 그 구성요소에는 문제, 해결, 참가자, 선택기회가 있다.

② **윅(Weick)의 경영정보의 투입과 해석 이론**

실제로 존재하는 경영정보를 어떻게 획득하고 처리하는지에 관한 문제를 조직화된 모형으로 설명. 즉, 조직화를 환경탐색-해석-학습과정으로 설명, 조직구성원의 상호작용에 의하여, 경영정보가 창조(재구성)된다는 이론이다.

③ **센게의 조직학습이론**

센게(P.Senge)는 변화하는 시대에 이상적인 조직은 학습조직이라고 주장하면서, 21세기는 지식추출과 지식의 생산능력이 기업의 성공에 중요한 영향을 미치므로 끊임없이 새로운 것을 창조할 수 있는 조직이 되어야 한다고 하였다. 그는 학습조직의 구성요소 5가지를 제시했으며, 이에는 공유된 비전, 사고모형, 시스템적 사고, 개인적 숙련, 팀학습이 모여 조직전반의 행동변화에 능숙한 학습조직을 형성한다는 이론이다.

④ **자원의존이론**

자원의존이론은 환경의 통제를 극복하려는 조직의 주체적인 노력을 강조한 이론이다. 자원의존이론에서 조직의 궁극적 목적은 생존이며, 생존 가능성은 조직 유지에 필수 불가결한 자원들을 획득하고 유지하는 능력에 따라 결정된다고 보았다. 하지만, 이 자원들이 조직 내부에 모두 존재하는 경우는 사실상 불가능하기 때문에 조직은 외부환경, 즉 다른 조직들이 보유하고 있는 자원들을 조달해야 하고, 자원을 다른 조직으로부터 조달해야 하는 조직은 그것을 보유하거나 통제하는 조직에 종속된다. 바꾸어 말하면, 다른 조직에 대한 자원의존 상태에 놓이게 되는 것이다. 자원의존의 정도는 자원의 중요성, 자원의 희소성, 및 대체 불가능성에 의해 결정되며, 다른 조직이 보유

거시조직이론

하고 있는 자원이 중요하며 희소가치가 높고 다른 자원으로 대체하기 어려울수록 다른 조직에 대한 자원의존 상태는 심화되는데, 이러한 경우의 의존성은 권력을 발생시키며, 따라서 자원 관계에서 조직간 불균형은 곧 조직간 권력 관계의 불균형을 초래한다. 이를 관리하기 위한 하나의 방법은 또 다른 조직들로부터 대안적 자원 확보 채널을 확보하는 방법, 동일한 조직에게 해당 자원을 의존하는 다른 조직들과 제휴하거나 담합하여 협상력을 높이는 방법, 각종 제도나 사회적 규범에 기초해서 자원을 보유하고 있는 조직의 불합리한 권력 행사를 억제하는 방법 등이 있다.

제16장 조직이론 분류 - Narasimhan & Daft

1 의의

나라심한(Narasimhan)이 제안하고, 대프트(Daft)가 소개한 조직이론 분류는 조직 간의 관계를 분석하기 위한 관점을 제시하였다. 조직 간의 관계는 조직들이 유사한가 아니면 그렇지 않은가, 그리고 협력적인가 아니면 경쟁적인가 하는 두 가지 차원을 기준으로 구분하여 설명하였다.

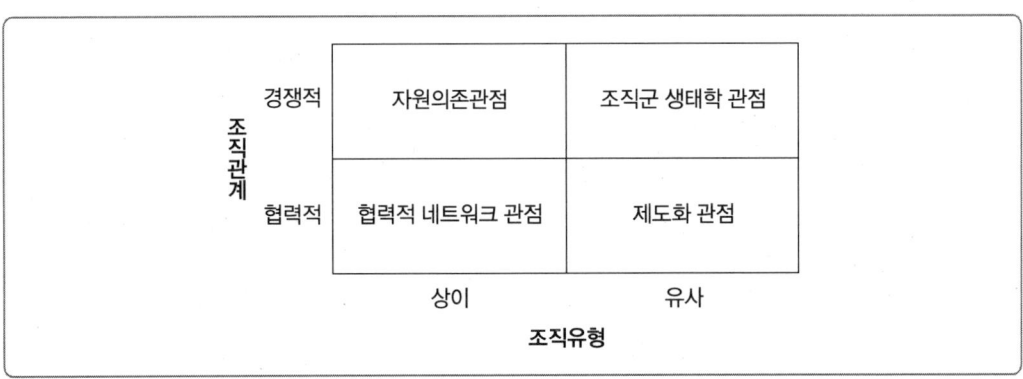

2 나라심한과 대프트에 의한 조직이론 분류

(1) 경쟁적-상이성

서로 상이한 조직들이 생존을 위한 경쟁을 벌인다는 관점으로서, 이에 해당하는 이론에는 자원의존이론이 있다. 여기서는 각 조직이 생존을 위해 환경으로부터의 의존도를 낮추기 위하여 다양한 전략들을 사용한다고 보고 있다.

(2) 경쟁적-유사성

서로 유사한 조직들이 생존을 위한 경쟁을 한다는 관점으로서, 이에는 조직군 생태학 이론이 있다. 개별 조직이 아닌 조직군 단위에서 살아남는 조직과 사멸하는 조직의 차이가

거시조직이론

무엇인지 밝히는 것이 주된 연구대상이다.

(3) 협력적 - 상이성

서로 상이한 조직들이 상호협력을 취한다는 관점이며, 이에 해당하는 이론에는 네트워크 이론이 있다. 여기서는 조직이 가치와 생산성을 제고하기 위하여 의도적으로 다른 조직과 의존적인 관계를 맺는다고 본다.

(4) 협력적 - 유사성

서로 유사한 조직들이 상호 협력을 취한다는 관점으로서, 제도화 이론이 있으며, 특정한 조직형태가 사회 속에서 정당성을 획득하게 되는 계기와 과정이 어떠한지, 그리고 서로 특정한 조직구조를 모방하게 되는 이유가 무엇인지 등을 주로 연구한 이론이다.

거시조직이론

제2편
상황변수와 조직구조

제1장 조직구조적 차원의 변수 : 조직구조 구성요소

거시조직이론

1 조직구조의 의의

〈조직구조〉는 목표를 달성하기 위하여, 조직활동을 기능별/위계별로 세분화하여, 이에 대한 관리적 책임과 통제의 범위를 조직화한 것이다. 즉, 조직목표 달성을 위하여 업무내용, 업무보고 라인, 문제발생 시 해결을 담당하는 조정 역할 등을 합리적으로 배열한 틀을 의미한다. 이러한 조직구조를 그림으로 표현한 것을 조직도라 하며, 이는 조직의 규모와 위상, 업무수행절차와 조정방법, 명령계통, 관리계층, 책임소재, 부서간 관계 등을 파악할 수 있고, 조직성과에 영향을 미치는 동시에 구성원들의 행동방식이나 상호작용의 양상을 결정하는 데 일정한 역할을 하므로 중요하다. 조직구조 형성에 영향을 미치는 요소에는 복잡성(과업의 분화), 집권화(권한의 배분), 공식화(규정과 절차)가 있다.

2 복잡성

(1) 개념

〈복잡성〉이란, 조직 내 과업의 분화 정도를 의미하며, 단위조직에서 몇 가지의 서로 다른 일들이 수행되는지를 의미한다. 복잡성은 분화의 양상에 따라 수평적 복잡성과 수직적 복잡성으로 나누어 살펴볼 수 있다.

(2) 수평적 복잡성

① 개념

과업의 질과 양 등에 따른 조직의 분화정도이며, 단위조직에서 몇 가지의 서로 다른 일들이 수행되는지를 의미한다. 여기에는 종업원의 수, 과업의 질과 양, 종업원의 교육훈련 정도, 상이한 직무의 수, 부문의 수, 전문적 업무활동 수 등으로 측정할 수 있다. 수평적 복잡성은 생산성 향상을 위한 직무전문화, 종업원 수나 기능, 고객 및 제품별로 이루어지는 부문화에 의해 유발된다.

② **직무전문화와 부문화**

〈직무전문화〉는 분업의 원리에 따라 일을 세분화하여 담당자에게 전담하여 할당/배분하는 것을 말한다. 즉, 조직구성원 개개인이 업무의 일부를 나누어 전문적으로 수행하는 것을 의미한다. 〈부문화〉는 유사한 직무를 수행하는 전문가들을 어떤 기준에 의하여 다시 몇 개의 유사한 직무들로 집단화시킨 것을 말한다.

(3) **수직적 복잡성**

① **개념**

수직적 복잡성은 과업의 분화가 상하관계를 갖고 이루어진 것으로서 계층 또는 위계라고도 한다. 수직적 복잡성은 위계 및 통제범위와 관련이 있다. 측정은 실제 계층 수로서 측정한다. 일반적으로 과업의 수가 많아지고 조직의 규모가 증가할수록 업무 간 조정·통제의 필요성에 의해 계층이 추가되는 경우가 많으므로, 수직적 복잡성은 수평적 복잡성과 밀접한 관계에 있다. 즉, 수직적 분화는 수평적 분화의 증가에 대한 반응으로 나타난다.

② **tall구조와 flat구조**

〈tall구조〉는 관리폭이 적고, 같은 계층의 구성원이 적으며, 밀접한 감독과 관리자 중심의 통제를 받지만, 많은 계층 수 때문에 조정과 의사소통이 복잡하다. 반면에 〈flat구조〉는, 관리폭이 넓고, 같은 계층의 구성원이 많으며, 계층 수는 적고, 명령계통이 짧아 의사소통 속도가 빠르다. 또한, 한 명의 관리자에게 할당된 종업원이 많아 감독의 기회가 적고, 승진의 기회도 적다.

③ **위계와 통제**

〈위계(계층)〉란 조직구성원간에 정보와 지식, 권한과 책임, 보상과 혜택 등의 측면에서 서로 차별화된 상태를 말한다. 이는 수직적 분화와 관련되어 있으며, 업무의 양과 질적 측면을 포함하여 명령이나 통제에 대한 권한을 차등분배하는 것을 뜻한다. 〈통제〉는 관리자가 직접적으로 지휘·통솔하는 종업원 수를 뜻한다. 수직적 분화가 높은 tall구조의 경우 개인이 보유하는 의사결정권한이 세분화되어 있고, 통제범위가 좁은 반면, 수평적 분화가 높은 flat구조의 경우 개인이 보유하는 의사결정권한이 폭넓게 규정되어 있으며 통제범위가 넓다.

(4) **지역적 분화**

조직의 사무실, 공장, 구성원이 흩어져 있는 정도를 의미하며, 지역적으로 분산된 지점의 수, 지점간 거리, 분산된 지점에 배치된 구성원 수 등으로서 측정한다.

(5) 복잡성의 역설

복잡성은 조직에서 의사소통 및 지휘명령체계의 조정 이슈와 관계가 깊다. 역설적으로 복잡성과 분화의 정도가 클수록 조직에서의 조정과 통합니즈가 커지게 된다는 것이다.(Lawrence & Lorsch) 전문성의 증가와 조직규모의 증가로 인해 분업화가 증가하면, 조직구조는 수평적으로 복잡해진다. 이 과정에서의 의사소통의 문제나 의사결정의 이슈가 대두됨에 따라 조직은 이에 대한 조정기제를 마련하게 되는데, 이는 주로 상위계층의 관리자를 둠으로써 해결된다. 즉, 일을 따로 해야 할 필요 필요성이 증가함에 따라 조직구조는 분화되는 한편, 이에 대한 조정과 통제의 필요성은 더욱 커지게 된다는 것이다. 효과적인 조직은 분화와 통합의 이슈를 잘 다루는 조직이다.

3 집권화 / 분권화

(1) 의의

조직의 단일점에 의사결정이 집중된 정도를 말하며, 최고경영자가 의사결정과정에서의 영향력 정도, 일선 감독자가 직무의 중요한 요소에서 자유재량권의 행사 정도로서 측정한다. 집권화가 높으면 어느 한 직위의 사람에 의하여 조직 전반에 의한 의사결정이 이루어질 가능성이 크고, 집권화가 낮으면 의사결정권한이 계층별·기능별로 분산되어 나타난다. 일반적으로 집권화는 조직 상층부의 권한의 집중도를 의미한다.

(2) 명령 체계

명령 체계는 조직의 가장 높은 지위로부터 가장 낮은 위치까지를 연결하는 개념적 선으로, 누가 누구에게 보고하고 누가 누구에 대하여 책임을 지는지를 명시하여 적용한다. 명령 체계에 의한 권한은 주로 라인직위를 통해 발휘되며, 따라서, 집권화의 개념에서는 주로 라인상의 권한에 주목한다.

(3) 집권화의 장단점

〈장점〉은 ① 정책/계획/활동이 통일화되어 표준화의 이익이 있고, ② 최고경영자가 많은 경험과 탁월한 능력을 보유한 경우 분권화보다 유리하게 발휘될 수 있다는 장점이 있다. 또한, ③ 의사결정이 소수에 의해 결정되므로, 신속하게 결정될 수 있다. 〈단점〉은 ① 구성원의 창의력 발휘가 어렵고, ② 경영자와 현장간의 커뮤니케이션 갭이 형성되며, ③ 구성원의 소외감 유발, ④ 보신주의에 의해 결국 직무만족이 감소할 수 있다.

(4) 분권화의 장단점

분권화는 의사결정권과 명령지시권이 조직의 여러 계층에 대폭 위양되어 있는 상태를 의미하며, 〈장점〉은 ① 하위 부문 구성원의 창의력 및 잠재능력 발휘에 용이하며, ② 경영자 육성에 효율적이고, ③ 현안 문제에 가장 근접하고 잘 아는 사람에게 위임되기 때문에 상황대처능력이 높다. 〈단점〉은 ① 팀 능력이 부족한 경우 구성원간 갈등이 우려될 수 있으며, ② 중복에 의한 비용의 낭비문제가 발생할 수 있다.

4 공식화

(1) 의의

〈공식화〉란 조직 내에서 특정 과업을 누가, 언제, 어떻게 수행할 것인지를 공식적으로 규정해 놓은 정도이며, 요약하면 조직 내 직무가 표준화된 정도를 말한다. 공식화가 중요한 것은, 조직 내 질서를 유지하고, 조직활동의 예측 및 통제를 가능하게 하며, 업무의 일관성으로서 관리의 효율성을 확보할 수 있다는 점에서 중요하다. 공식화의 측정은 규칙, 절차, 지시와 커뮤니케이션이 문서화된 정도, 업무지침서, 직무기술서, 규정의 존재 여부와 준수 강요 수준 등으로 측정한다.

(2) 공식화의 유형

공식화에는 명시적 공식화와 암묵적 공식화가 있으며, "명시적 공식화"는 구성원들의 업무수행방식이나 행위를 표준화된 규정 및 절차로서 명시한 것을 말한다. 구체적으로 복장규정, 취업규칙, 인사규정 등이 해당한다. "암묵적 공식화"는 비록 문서화되어 있지 않아도 구성원들의 직무 및 업무수행방식이 조직 내의 불문율로서 적용되고 있는 것을 말한다.

(3) 표준화

표준화는 업무방식과 생산과정이 통일된 정도를 뜻한다. 공식화가 과업수행의 원리와 절차 등을 규정한 정도라면, 표준화는 이러한 규정들이 모든 구성원들에게 예외 없이 적용되는 정도라 할 수 있다. 일반적으로 공식화가 크면 표준화도 커질 수 있겠지만, 반드시 꼭 그런 것만은 아니다. 예를 들어 조직이론을 강의하는 교수의 강의내용이나 진도는 교수마다 다르지 않아 표준화할 수 있지만, 각 대학교에서 그 내용들을 문서로 규정해 두는 것은 아니다.

거시조직이론

(4) 공식화의 장단점

공식화는 조직차원에서 구성원들의 업무를 쉽게 통제할 수 있으며, 구성원들의 업무행동에 대한 예측가능성을 높일 수 있다. 이는 곧 문서화된 절차로 인해 조직 내 혼란과 각종 비용이 발생할 가능성이 줄어들어 효율성이 증가한다는 의미이다. 그러나, 공식화가 지나칠 경우 구성원의 자율성을 제한하는 X-이론적 관리방식이 만연하게 되는데, 즉 관료제의 단점인 노동소외나 목표-수단의 전치 등이 나타날 가능성이 있다.

① **목표와 수단의 전치 현상**

규칙과 절차가 준수되다 보니, 조직목표 달성이라는 본래의 업무를 도외시하는 상황으로 나타나므로, 목표와 수단의 우선순위가 바뀌어 버리는 현상이 나타난다.

② **구성원의 보신주의**

고객민원 등 상황변수에 있어서 안전장치 및 방어벽만을 구축하는 것이다. 즉, 규정되지 않은 일은 해 줄 수 없다는 태도 및 사고를 형성하는 경향을 의미한다.

③ **자율성과 창의성 저해**

지나친 공식화는 조직구성원의 행동을 규제하게 되어 하부단위의 자율성이나 재량적 행동폭을 제한하는 요인으로 작용하게 된다.

④ **조직의 경직화 초래**

조직의 경직화란, 조직의 사고방식, 태도, 분위기가 융통성이 없고 엄격화된 상태를 말한다. 이러한 조직의 경직성은 구성원의 창의성 저해와 안전장치에 안주하려는 경향으로 나타난다.

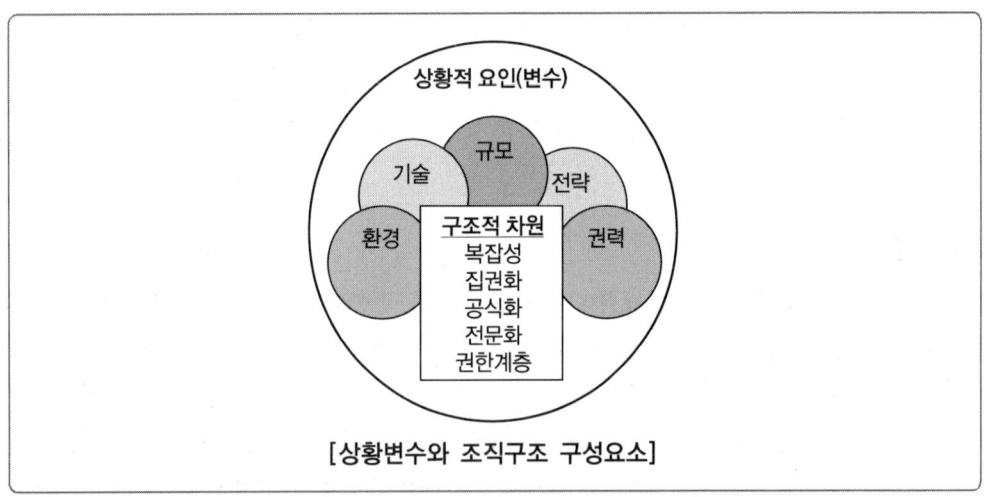

[상황변수와 조직구조 구성요소]

※ Daft. 조직이론과 설계

제2장 환경과 조직구조

1 환경의 의의

기업경영에 직접적인 영향을 주는 "과업환경"은 조직경계 외부에 존재하면서, 조직의 전략수립, 조직설계, 조직관리에 영향을 주는 환경요인이며, 경영자가 지각하는 과업환경은 확실한 환경과 불확실한 환경으로 구분할 수 있다. 톰슨(Thompson)과 던컨(Duncan)은 환경의 복잡성이라는 기준과 동태성이라는 기준으로 나누어 네 가지 환경을 도출하고 각 환경에 적합한 조직구조를 언급하고 있다. 이에 환경이 확실한지 불확실한지는 톰슨(Thompson)과 던컨(Duncan)의 이론에 따라 복잡성(complexity)과 동태성(volatility)을 기준으로 분석할 수 있다.

2 복잡성과 동태성 의의

(1) 복잡성

〈복잡성〉은 환경을 구성하는 구성요소의 수를 의미하며, 하나의 조직체를 중심으로 둘러싸인 환경요소에는 정부의 가격정책, 수출입 환경, 원자재 공급 환경, 구매하는 고객의 욕구변화, 기술 시스템 변화 환경 등이 있다. 이러한 다양한 환경요소가 많을수록 복잡성이 크다.

(2) 동태성

〈동태성〉은 환경요소의 변화정도를 의미하며, 예를 들어서 소비자의 욕구 변화, 취향변화 등을 들어보면 여성의복의 경우 계절별로 스타일이 다르고, 매년 유행하는 흐름이 있으며, 고객의 욕구와 취향 변화가 큰 폭으로 변동성을 갖고 있는데, 이러한 경우 동태성이 크다고 말한다.

(3) 환경의 불확실성의 통합적 틀

이러한 복잡성과 동태성을 기준으로 네 가지 환경을 도출할 수 있는데, 이를 최초로 도출

거시조직이론

한 사람이 바로 톰슨과 던컨이다.

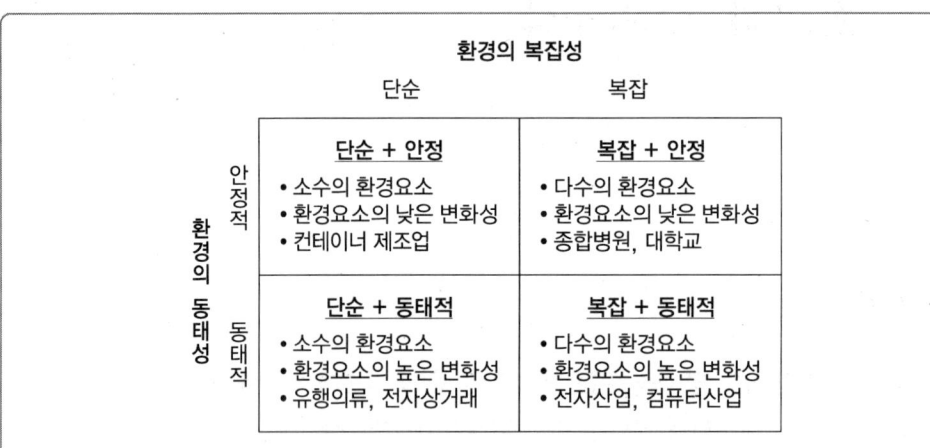

※ 김인수, 거시조직이론

① 단순, 안정적인 환경

환경을 구성하는 요소들이 소수이면서 단순하여 변화가 거의 없는 상태이며, 따라서, 환경의 불확실성이 거의 지각되지 않다. 관료제 스타일을 갖는 조직구조를 가지는 소금산업이나 제철업이 이에 해당한다. 이들 산업에서는 핵심성공요인의 수가 타 산업에 비해 적으며, 각 요인의 변화속도도 느린 편이다. 안정적 환경 하에서의 산업들이므로 한번 환경에 제대로 적응하여 성공을 거두면 경쟁력이 상대적으로 오랫동안 지속된다.

② 복잡, 안정적인 환경

환경을 구성하는 다수의 환경요소가 있지만, 그들 간에 변화가 없으므로 불확실성이 다소 낮게 지각되는 환경이다. 따라서, 높은 수준의 복잡성이 존재하지만, 다양한 환경요소에 대한 전문화된 전담하는 직원이 있어야 하므로 분권화가 적합하고, 고도의 공식화가 적합하다.

③ 단순, 동태적인 환경

소수의 환경요소가 있지만, 그 소수의 환경요소가 역동적인 변화성을 갖는 환경을 말한다. 이 경우 환경의 불확실성인 다소 높게 지각되는 환경이므로, 낮은 수준의 복잡성, 낮은 수준의 공식화, 분권화가 적합하다.

④ 복잡, 동태적인 환경

환경을 구성하는 요소의 수가 많고, 역동적으로 변화하는 동태성을 갖고 있으며, 이러한 불확실성이 높은 환경에서는 환경변화에 유연한 대응을 위하여 낮은 수준의 복잡성, 분권화, 낮은 수준의 공식화가 적합하다.

3 적합한 산업의 예

(1) 단순, 안정적인 환경

단순하고 안정적인 환경에서 적합한 산업은 컨테이너 제조업, 음료병 제조업, 청량음료 제조업, 간이창고 임대업, 식품가공업, 소금산업, 제철업 등이 있다.

(2) 복잡, 안정적인 환경

환경요소의 수가 많지만 변화 정도가 적은 안정적인 환경에서는 대학교, 병원, 가전기기 제조업, 보험회사가 있다.

(3) 단순, 동태적인 환경

환경요소의 수가 적지만 역동적으로 변화하는 동태적인 환경에서의 산업의 예는 유행의류 제조업, 장난감 제조업, 전자게임, 패션업, 음악산업, 소셜미디어 등이 있다.

(4) 복잡, 동태적인 환경

복잡하고 동태적인 환경에서는 전자산업, 석유회사, 우주항공회사, 전기통신회사, 대규모 의료체계 등이 있다.

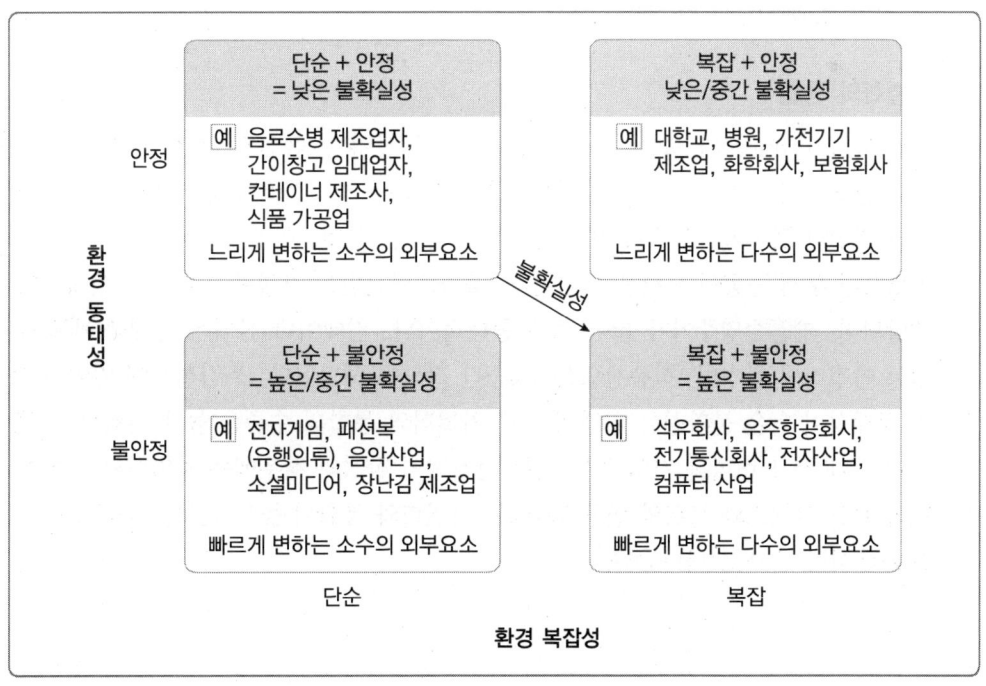

※ Daft, Organization Theory & Design, 12th, 164page

거시조직이론

4 구체적인 조직설계방안

(1) 기계적 조직과 유기적 조직

번스(Burns)와 스토커(Stalker)는 환경에 적응해 나가는 조직구조의 분류를 기계적 조직구조와 유기적 조직구조로 분류하였으며, 여기서 〈기계적 조직〉은 고도의 복잡성, 집권화, 공식화의 특징이 있으며, 일상적인 업무, 숙련된 행동에 적합하다. 〈유기적 조직〉은 비교적 탄력적이고 적응적이며, 수평적인 커뮤니케이션과 상호 정보교환을 통한 업무를 특징으로 한다. 조직설계에 있어서는 안정적이고 확실한 환경에서는 기계적 조직구조가 적합하고, 복잡성과 동태성이 높아 격변적이고 불확실한 환경에서는 유기적 조직구조가 적합하다.

(2) 기술핵심조직과 변경조직

톰슨(Thompson)은 환경에 적응해 나가는 조직을 기술핵심조직과 변경조직으로 분류하였으며, 여기서 〈기술핵심조직〉은 조직에서 중요한 활동을 수행하는 부서이고, 〈변경조직〉은 기술핵심조직의 효율적 운영을 위하여 외부영향력을 흡수하는 부서라고 하였다. 조직설계에 있어서 톰슨은 복잡성과 동태성이 강하게 나타나는 경우, 즉 환경요소의 수가 많으면서 동태적이고 역동적으로 변화하는 환경의 경우에는 변경조직을 다수 설계하는 것이 효과적이라고 설명하였다.

(3) 차별화와 통합

로렌스(Lawrence)와 로쉬(Lorsch)는 플라스틱산업, 식품산업, 컨테이너산업의 사례를 들어 환경변화의 차이에 의한 차별화와 통합의 수준으로 설명하였다. 〈차별화〉는 하위부서가 직면한 하위환경의 특성이 다름을 의미하며, 〈통합〉은 조직전체의 목표달성을 위해 차별화된 부서 공동의 노력을 의미한다. 플라스틱산업은 경쟁이 치열하고 신제품이 자주 개발되며, 제품수명주기가 짧아 매우 동태적이다. 컨테이너 산업은 신제품 개발이 거의 없는 안정적인 환경임. 식품산업은 그 중간 정도에 해당한다. 조직설계에 있어서 복잡성과 동태성이 높은 불확실한 환경의 경우 차별화와 통합의 수준은 높게 나타나고, 환경요소의 수가 적고 변화를 거의 하지 않는 안정적인 환경의 경우에는 차별화와 통합이 낮게 나타난다. 로렌스와 로쉬의 연구결과에는 차별화와 통합이 높은 순서가 플라스틱 > 식품 > 컨테이너 순으로 나타났다.

(4) 환경의 불확실성에 의한 구체적인 조직설계방안

	환경의 복잡성	
	단순	복잡
환경의 동태성 — 안정적	**낮은 불확실성** • 기계적 조직 • 소수의 변경조직 • 아주 낮은 차별화	**다소 낮은 불확실성** • 공식적, 집권적 • 다수의 변경조직 • 낮은 차별화
환경의 동태성 — 동태적	**다소 높은 불확실성** • 유기적 조직 • 소수의 변경조직 • 높은 차별화	**높은 불확실성** • 유기적 조직 • 다수의 변경조직 • 아주 높은 차별화

5 자원의존 측면에서의 환경

(1) 자원의존이론의 의의

〈자원의존이론〉이란 조직은 환경에 의존할 뿐만 아니라 능동적·적극적으로 가능한 한 환경에 대한 의존도를 최소화하고, 의존에서 비롯되는 여러 가지 제약과 불확실성에 대응하는 자율성과 독립성을 유지하기 위하여 환경에 영향력을 행사하려 한다는 이론이다(Pfeffer & Salancik). 현실적으로 조직은 완전히 자급자족적일 수 없으므로, 조직은 중요한 자원을 공급받기 위해 외부 환경에 의존할 수밖에 없다는 사실을 강조한 이론이다.

(2) 자원의존측면에서의 환경

자원을 획득하고 유지할 수 있는 능력을 조직생존의 핵심요인으로 파악하고 있으며, 조직의 생존을 위해 가능한 한 환경에의 의존도를 최소화하기 위한 자율성과 독립성을 보유하기 위해서는 환경에 적극적이고 능동적으로 대처할 수 있는 자원을 확보해야 한다.

6 환경의 불확실성에 대한 대응방안(소극적 전략)

(1) 인수합병(Merger & Acquisition)

인수합병은 공동의 성과물에 대해서 가장 강력한 통제를 할 수 있는 형태이다. 인수기업이 피인수기업의 모든 자원과 자산, 채무를 흡수하는 형태이기 때문이다. GE의 경우 핵심인재가 필요하여 아예 그 기업체를 인수해 버렸던 사례가 있으며, 현대건설의 경우 시멘트 공급을 위하여 시멘트 회사를 인수해 버렸던 사례가 있다.

(2) 합작투자(joint venture)

합작투자는 완전소유보다는 약한 수준의 통제지만, 법률관계를 통해서 환경의 불확실성을 감소시킬 수 있는 전략이다. 합작기업은 둘 이상의 기업들이 혁신적인 제품이나 공동기술을 개발하기 위하여 서로 협력하여 새로운 조직을 만드는 것이다. 소니(Sony)의 소프트웨어와 MS의 하드웨어를 합작하여 새로운 제품을 개발하는 사례를 들 수 있다.

(3) 전략적 제휴(Strategic alliance)

전략적 제휴는 둘 이상의 기업체가 서로 협력하기로 협약을 맺고 각각 독립성을 유지하면서 공동의 목표를 위하여 자원을 투여하는 것이다. 대한항공사와 델타항공사가 항공코드를 공유하는 전략적 제휴를 맺는 경우를 들 수 있다.

(4) 공급계약(supply contract)

여러 조직들이 핵심 공급자들과 계약을 맺고 내부 자원과 역량을 보충할 수 있는 자원을 확보하는 전략이다. 모든 것을 독자적으로 수행하는 대신 협력관계를 맺으면서 필요로 하는 자원을 공급받는 것이다. 구체적으로 월마트, 테스코(TESCO) 등 대형유통판매점들이 상호간에 유익이 되는 협력관계를 맺으면서 필요로 하는 자원을 공급받는 것이다.

(5) 중역채용(executive hiring)

조직에 큰 영향을 미치는 외부의 중요한 인적자원을 조직의 일부로 채용하여 유대관계를 확실하게 해놓는 전략이다. 경기악화 시 급한 자금이 필요한 경우를 대비하여 은행의 자금 중역을 회사의 사외이사로 영입하거나, 국세청에서 퇴임한 고위 공무원 출신을 회사의 요직에 앉히는 회계법인, 근로복지공단에서 퇴임한 고위 공무원을 요직에 앉히는 노무법인, 판사 및 검사 출신자를 영입하는 법무법인의 사례가 대표적이다.

(6) 광고와 홍보(advertisement & PR)

광고와 홍보는 환경과 우호적인 관계를 만드는 효율적인 전략이며, 기업이 소비자단체로부터 공격을 받거나 재벌이 국민들로부터 손가락질을 받으면 기업 활동이 위축되고 매출이 감소한다. 이에 대응하기 위하여 사전 또는 사후적인 광고와 홍보를 통해 자신들의 정당성과 결백함을 보여주며 브랜드 이미지를 상승시키는 전략이다.

7 환경을 직접적 통제 전략(적극적 전략)

(1) 활동영역의 변경(diversification)

철수 또는 다각화를 통해 통제가 가능한 활동영역을 모색하고 이를 통하여 환경의 불확실성에 대처하는 전략이다. 불황기에는 사업을 축소하거나 철회하기도 하는데, 삼성의 카메라 사업부를 철수시키고 스마트 사업부의 카메라 렌즈에 총력을 기울인 경우가 대표적인 사례이다.

(2) 정치활동과 로비(political action & lobby)

법률이나 규칙에 얽매여 회사가 하고 싶은 일을 못하는 경우도 꽤 많은데, 기업의 경우 세법, 부동산법, 수출입 관세, 무역협정 등이 사업의 존폐를 결정짓는 경우도 많다. 정치활동과 로비는 관련법규를 자신들에게 불리하지 않도록 만들기 위하여 대정부 로비활동을 하거나 로비스트를 고용하기도 한다.

(3) 산업협회(trade association)

산업협회는 동일한 산업에 속한 조직들이 서로 정보를 교환하고, 상대방의 활동을 감시하는 연합체이다. 산업협회는 소속 조직들의 이익을 지키기 위하여 자원을 모아 로비활동을 하는 데 사용하기도 한다. 예를 들어서 공인노무사협회는 소속노무사집단을 위하여 로비활동을 활발하게 하는 경우를 들 수 있다.

(4) 비합법적 행동(illegal action)

뇌물 제공, 정격유착 등 비합법적 활동은 기업이 환경을 통제하기 위하여 사용하는 최후의 수단이다. 매출급감, 자원부족 등과 같은 경영위기가 닥쳤을 때, 경영자들을 비합법적 행동을 시도하게 된다.

제3장 환경과 조직구조의 관계에 대한 연구

거시조직이론

1 번스(Burns)와 스토커(Stalker)의 연구

번스와 스토커는 약20개 기업의 조직구조와 그들이 처해있는 시장환경을 분석한 결과 기계적 조직과 유기적 조직으로 구분하여 설명하였다.(1961)

(1) 기계적 조직구조

환경요인이 비교적 단순하고 상대적으로 안정적이면서 자원의 여유가 많은 환경에 직면한 조직의 경우에는 기계적 조직구조가 형성되는데, 그 특징은 비탄력적인 과업과 수직적 의사소통, 높은 수준의 공식성과 권한의 집중화를 들 수 있다.

(2) 유기적 조직구조

환경요인이 복잡하고 변동성이 크며 상대적으로 자원의 여유가 적은 환경에 직면한 조직의 경우에는 유기적 조직구조가 형성되는데, 그 특징은 탄력적인 과업과 수평적 의사소통, 낮은 수준의 공식성과 권한의 분권화를 들 수 있다.

(3) 기계적 조직과 유기적 조직의 비교

① 복잡성

직무전문화와 부문화 측면에서 기계적 조직은 업무간의 경계가 뚜렷하지만, 유기적 조직은 그렇지 않아 복잡성이 낮다.

② 집중성

기계적 조직에서는 의사결정 권한이 조직의 최고위층에 집중되어 있으나, 유기적 조직에서는 문제해결 지식과 능력을 갖춘 구성원 누구에게나 권력이 존재할 수 있다.

③ 공식성

기계적 조직에서는 업무처리방법이 상세히 규정되어 있으나, 유기적 조직에서는 구성원 각자가 자신의 전문성과 지식, 경험에 입각하여 구성원 스스로 적합한 방식을 찾아낼 수 있다.

④ 커뮤니케이션 갈등관리

기계적 조직에서는 지시와 명령과 같은 수직적 내지는 하향식 소통방식을 주로 사용하므로 갈등 역시 상사의 조정이나 판단에 의지하게 된다. 반면 유기적 조직에서는 조언과 정보제공과 같은 수평적 내지는 상향식 소통방식을 주로 사용하므로 갈등은 개인간의 상호토론이나 상호작용을 통하여 해소된다.

⑤ 명령체계와 통제범위

기계적 조직에서는 분명하고 명확한 명령 전달 시스템을 가지고 있으며, 분업화와 부서화가 발달되어 있어 통제범위를 좁게 운영하게 된다. 반면 유기적 조직에서는 정보가 위·아래로 자유롭게 흐르며, 교차기능팀이나 자율작업팀 스타일로 업무를 처리하기 때문에 통제범위도 넓게 운영된다.

2 로렌스(Lawrence)와 로쉬(Lorsch)의 연구

(1) 분화와 통합

환경의 불확실성이 커지고 복잡성이 증가할수록 각각의 하위환경에 대응하기 위하여 분화에의 압력이 증가하는 동시에 부문간 조정을 통한 통합의 필요성 역시 증가한다고 보고, 결국 성공적인 조직이란 분화(differentiation)와 통합(integration)의 문제를 효과적으로 해결하는 조직이라 주장하였다.(1967)

(2) 연구내용

- 로렌스와 로쉬는 『조직과 환경』이라는 저서를 통해서 플라스틱 산업, 식료품 산업, 컨테이너 산업에 있는 10개 기업을 대상으로 환경차이에 따른 조직구조 효과성에 대한 연구를 수행하였다. 플라스틱 산업은 경쟁이 매우 치열하고 신기술과 공정혁신이 빈번하게 일어나는 불확실한 환경하에 있었고, 컨테이너 산업은 과거 20여년간 특이할만한 신제품 개발이 없는 안정적 환경하에 있으며, 그리고 식료품 산업은 두 산업의 중간 정도에 해당하는 불확실성을 가지고 있는 경우였다.
- 실증연구에 의하면 불확실성이 큰 플라스틱 산업에서는 연구개발부서, 생산부서, 영업부서 간 구성원의 성향이나 목표성향 및 조직구조 특징 등이 상당히 달랐으며, 이들을 조정하고 통제하는 통합기제(TFT, 위원회, 전임통합자, 관계적 조정 등) 역시 매우 발달되어 있는 반면에, 안정적 환경하에 있는 컨테이너 산업에서는 각 부서간 큰 차이가 없으며 이들간의 통합기제도 상당히 형식적 수준(성문화된 규칙, 방침 등)에 그치는 것으로 나타났다.

(3) 환경과의 관계

불확실성이 높은 환경에서는 분화와 통합 정도가 큰 조직이 적합한 반면, 안정적인 환경에서는 분화와 통합의 정도가 낮은 조직이 적합하다는 점을 연구결과 확인하게 되었다.

3 톰슨(Thompson)의 연구

톰슨(Thompson)은 환경에 적응해 나가는 조직을 기술핵심조직과 변경조직으로 분류하였으며, 여기서 기술핵심조직은 조직에서 중요한 활동을 수행하는 부서이고, 변경조직은 기술핵심조직의 효율적 운영을 위하여 외부영향력을 흡수하는 부서라고 하였다. 조직설계에 있어서 톰슨은 복잡성과 동태성이 강하게 나타나는 경우, 즉 환경요소의 수가 많으면서 동태적이고 역동적으로 변화하는 환경, 불확실한 환경의 경우에는 변경조직을 다수 설계하는 것이 효과적이라고 설명하였다.

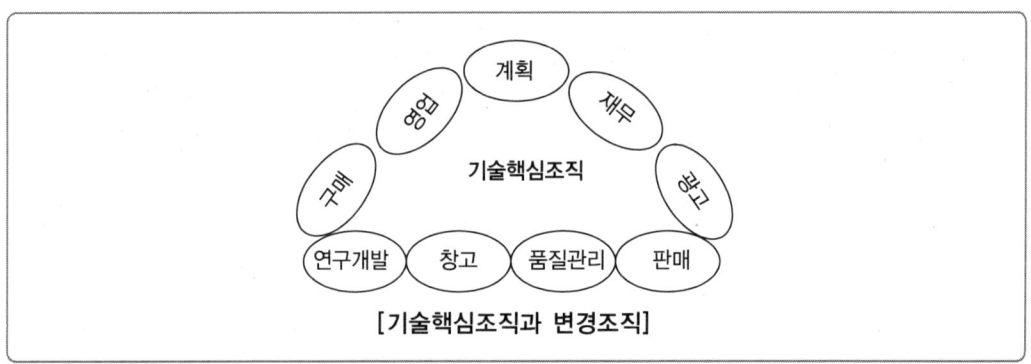

[기술핵심조직과 변경조직]

4 과업환경의 관리

(1) 완충

조직을 환경의 교란으로부터 차단시켜서 조직의 내부 관리방식을 미리 계획한 대로 운영하려는 전략을 뜻한다.

① 규격화

외부에서 조직으로 공급되는 다양한 인적·물적·정보적 자원의 표준과 규격을 조직에 맞게 사전에 정하여 안정적으로 자원을 조달받도록 하는 것이다.

② 비축

원자재나 인력 등을 포함한 각종 자원을 평소에 다량 확보하여 원가의 갑작스러운 상승이나 공급담합 등의 변수에 대응하기 위한 전략이다.

③ 평준화

적극적 완충전략으로 조직에서의 투입과 그로 인하여 생성되는 산출이 항상 평균상태를 유지할 수 있도록 시장의 수요나 조직의 공급을 평준화시키는 것이다.

④ 예측

미래의 환경변화를 다양한 지표를 근거로 추정하고, 그에 대비하는 것을 뜻한다. 금융위기가 예상되는 경우에 정부에서 외환관리를 철저히 하는 것 등이 이에 해당한다.

(2) 경계관리

① 경계관리자

경계관리자의 역할을 수행하는 사람은 경영자, 판매원, 고객상담원, 일선감독자, 중역간부 등으로 다양하다. 이들은 각기 자신의 위치에서 정보입수 역할과 정보전달 역할을 하며 경계관리를 수행한다. 정보입수 역할은 고객니즈 마케팅 조사 정보를 입수하는 활동, 경쟁업체 가격설정 정보 입수 활동, 원자재 공급업체의 원자재 가격변동 추이 입수 활동 등이 있다. 정보전달 역할은 홍보부서의 기업홍보 활동 등이 있다.

② 경계확장과 수축

경계확장은 환경의 변화가 극심하여 조직에 위기를 초래할 때 그에 대응하기 위하여 모든 조직구성원을 경계선 쪽으로 동원하는 것을 뜻한다. 반면 경계 축소는 조직의 정보가 새어나가지 않도록 경계관리자를 최소한으로 두는 것이다.

5 기술적 환경과 제도적 환경의 이질적 요구에 대한 대응

모든 조직은 기술적 및 제도적 환경이 이질적인 요구에 대해 이를 잘 조화시키고 통합시켜야 한다. 기술적 환경은 일반적인 과업환경에 해당하며 합리성의 논리가 적용되지만, 제도적 환경은 법적·문화적·규범적 환경이므로 합리성의 논리가 적용되지 않을 수도 있다. 따라서, 조직은 제도적 환경의 압력으로 인한 마찰을 감소시키기 위해 조직의 각 요소들을 느슨하게 결합시키는(loosely coupling) 전략을 구사한다. 즉, 조직의 각 요소들을 분리해 두었다가 과업수행 시에는 결합시켜 효율성을 추구하고 다시 제도는 환경의 요구에 대응하도록 느슨하게 변모하는 전략이다.

제4장 기술과 조직구조

거시조직이론

1 조직기술의 의의

- 〈기술〉은 조직의 투입물을 산출물로 전환하는데 이용되는 지식, 도구, 기법 등과 같은 활동을 말한다. 즉, 변환과정에서 이용되는 기계, 종업원의 교육과 기술, 그리고 작업절차 등 각종 활동을 포괄적으로 지칭하는 개념이다.
- 조직이 사용하는 기술의 유형은 과업을 수행하는 방식뿐만 아니라 조직구조에도 영향을 미치는 상황변수이다. 자동차대량생산라인 기술에 적합한 조직구조와 원유를 정제하는 고도의 산업화된 기술에 적합한 조직구조는 전혀 다른 별개의 구조적 지원을 필요로 한다.

2 우드워드(Woodward)의 기술 분류에 따른 조직설계

(1) 개요

우드워드는 영국 100여개의 제조업을 대상으로 실시한 연구에서 '생산형태'(생산기술의 복잡성)에 따라 단위생산기술, 대량생산기술, 장치생산기술로 분류하였다. 여기서 생산기술의 복잡성이란 제조과정이 기계화되어 예측 가능한 정도를 의미한다. 즉, 기술의 복잡성이 높으면 대부분 작업이 기계에 의해 이루어진다는 것이고, 기술복잡성이 낮으면 작업자들이 생산과정에서 역할을 한다는 것이다. 그녀의 연구는 소위 기술결정론의 시초가 되기도 하였다.

(2) 기술 분류

① **단위생산기술(unit production)**
개개의 제품단위를 고객의 주문을 받아 생산하고 조립하는 공작소 중심으로 운영되어 생산하는 방식이다. 주문 작업이기 때문에 사람들의 수작업에 대한 의존도가 높다. 선박, 우주선, 맞춤양복이 이에 해당하며, 기술의 복잡성 매우 낮고, 결과의 예측가능성 매우 낮다.

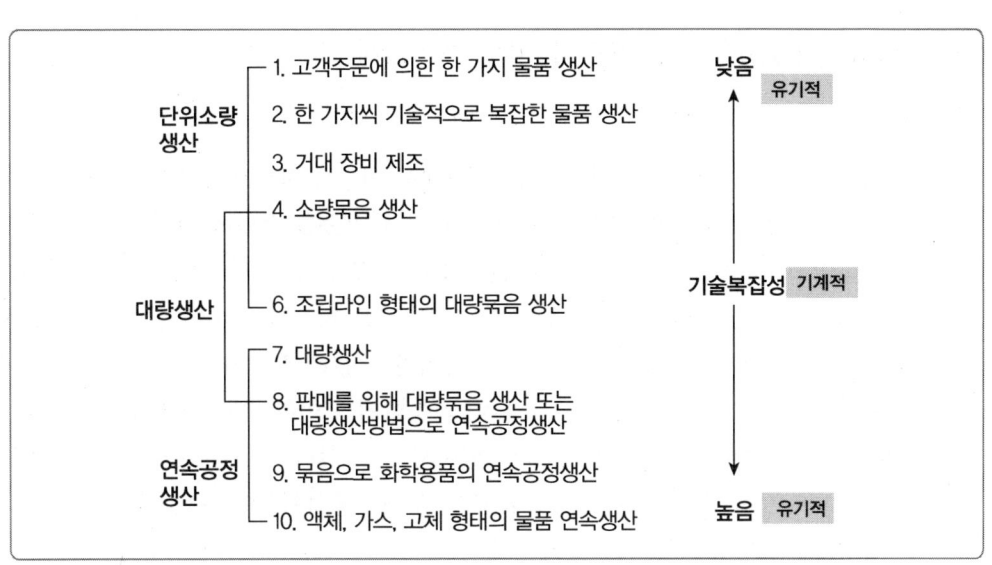

② **대량생산기술(mass production)**
표준화되어 있는 제품을 계속적으로 대량생산하는 제조과정이며, 일반적인 공업제품의 생산에 사용되는 기술이다. 여기에는 자동차 생산조립라인, 전자제품 생산조립라인 등이 있다. 복잡성은 중간정도이고, 결과의 예측가능성은 최종상태로서만 예측이 가능하다.

③ **장치생산기술(process production)**
전체과정이 기계화되어 별도의 시작시점이나 종료시점이 없는 기술유형으로서, 특정제품을 동일한 제조방식에 따라 이미 고정적으로 설치된 기계장치공정에 의해 생산하는 것으로 석유화학공장, 원자력발전소 등이 있다.

④ **기술유형별 조직구조**
- 우드워드는 구조-기술 관계를 상업적 성공 여부로 비교하였으며, 성공한 기업의 구조적 특성은 대부분 유기적 시스템과 기계적 시스템으로 구분하여 해석될 수 있다는 점을 발견하였다. 즉, 성공한 단위생산, 연속공정생산기업은 유기적 구조를 가지고 있고, 성공한 대량생산기업은 기계적 조직구조를 지니고 있음을 알게 되었다.
- 이를 정리해 보면, 대량생산기술은 표준화된 공식화된 절차에 의하여 업무가 진행되고, 집권화와 문서에 의한 의사소통이 높게 나타나므로 기계적 조직구조가 적합하다. 단위생산기술, 장치생산기술은 비공식적이고 분권화된 체계 속에서 언어에 의한 의사소통이 주로 나타나므로 유기적 조직구조가 적합하다.

거시조직이론

3 페로(Perrow)의 기술 분류에 따른 조직설계

(1) 개요

- 페로는 지식을 바탕으로 한 기술 업종 측면에서 연구를 하였으며, '예외의 빈도(과업의 다양성)', '과업의 분석가능성' 두 가지 차원에서 기술을 설명하였다.
- 〈과업다양성〉은 작업에서 예외의 빈도를 말하며, 즉 과업의 다양성은 사람들이 조직의 투입물을 산출물로 변환시킬 작업절차가 매번 같은 방식으로 수행되는지 아니면 다른 방식으로 수행되는지를 말한다. 〈과업의 분석가능성〉은 작업이 잘 구조화되어 있어 문제를 해결하는 절차가 객관적이고 추론이 가능한지의 여부이다. 분석가능성이 높은 작업은 해결책을 찾는 방법이 구조화되어 있어서 프로그램화된 의사결정을 할 수 있는 반면, 분석가능성이 낮은 작업은 문제가 생길 때마다 종업원들이 자신의 축적된 경험, 직관, 판단에 의존하여 해결할 필요가 있다.

	과업의 빈도	
	동질성	다양성
분석가능	**일상적 기술** 사무직, 회계감사, 자동차조립 등 ∴ 기계적 조직구조	**공학기술** 엔지니어링, 과학연구 등
분석불가능	**장인기술** 예술 활동, 공연작품, 수작업 제품 등	**비일상적 기술** 전략적 계획, 사회과학 연구 등 ∴ 유기적 조직구조 적합

(세로축: 과업 분석가능성)

※ 김인수, 거시조직이론

(2) 기술 분류

① 일상적 기술

과업의 내용이 분명하고, 분석하기 용이한 기술. 집권화된 의사결정과 높은 공식화를 특징으로 하며, 예를 들어서, 사무직, 회계감사, 자동차 조립 등이 이에 해당한다.

② 공학적 기술

상당한 다양성이 존재하기 때문에, 예외의 빈도는 많으나, 합리적이며 체계적인 방법으로 분석할 수 있는 기술. 이 경우 잘 짜여진 공식화에 의해 해결이 가능하다. 구체적으로 공학 엔지니어링, 과학연구 등이 있다.

③ 장인기술

예외의 빈도가 적고, 과업을 분석하기가 비교적 어려운 기술. 과업이 다양하지 않으므로, 공식화 정도는 높되, 의사결정은 분권화된다는 특징을 갖는다. 그 사례에 해당하는 산업으로 예술활동, 공연작품, 수작업 제품, 공예산업, 수제화 신발 등이 있다.

④ 비일상적 기술

예외의 빈도는 많고, 과업을 분석하기 어려운 기술이며, 이러한 업종은 공식화 정도가 매우 낮고, 의사결정의 분권화 정도는 매우 높다. 여기에는 전략적 계획, 사회과학 연구, 응용 연구 등이 있다.

(3) **기술유형별 조직구조**

일상적 기술은, 고도의 규정과 절차, 의사결정의 집권화를 특징으로 하는 기계적 조직구조가 적합하고, 장인기술이나 공학기술은 다소 유기적인 특성이 나타나며, 비일상적 기술은 자유로운 의사소통에 의한 유기적인 조직구조가 적합하다.

〈일상적 기술〉	〈엔지니어링 기술〉
1. 높은 공식화 2. 높은 집권화 5. 수직적/문서 의사소통	1. 중간정도의 공식화 2. 중간정도의 집권화 5. 문서와 구두 의사소통
〈장인기술〉	〈비일상적 기술〉
1. 중간정도의 공식화 2. 중간정도의 집권화 5. 수평적, 구두 의사소통	1. 낮은 공식화 2. 낮은 집권화 5. 수평적인 의사소통과 모임, 미팅

※ Daft, Organization Theory & Design, 12th, 302-304page

일상적 기술과 비일상적 기술의 구조적 비교

① 공식화

일상적 기술하에서 조직은 표준화와 분업에 의한 전문화가 잘 되어 있으므로 공식적 규칙과 절차에 의해 통제하는 방식을 사용하므로 고공식화의 특징을 갖는다. 그러나, 비일상적 기술을 사용하는 조직은 공식성의 정도가 낮고 표준화도 낮은 편이다. 과업다양성이 큰 연구 개발부서의 경우 대부분의 활동들은 공식적 절차에 의한 것이 아니라, 종업원의 기술, 경험, 구두에 의한 의사소통과 상호협조에 의하여 해결하므로 낮은 수준의 공식화 특징을 갖는다.

② 분권화

일상적 기술을 사용하는 조직의 경우 의사결정권한의 상당수가 경영진에게 집중되어 있으며, 비일상적 기술을 사용하는 경우 대부분의 의사결정이 업무를 처리하는 담당자에 의해 이루어지므로 상당한 수준의 권한위임 등 분권화가 진행된다.

③ 작업자의 숙련도
일상적 기술을 사용하는 조직에서는 반복작업, 분업에 의한 전문화가 이루어지고, 구성원들에게는 높은 수준의 교육이나 경험을 요하지 않는 경우가 많다. 그러나, 비일상적 기술의 경우 종업원들의 보다 많은 교육수준, 경험, 능력을 요구된다는 특징을 갖는다.

④ 통제범위
일반적으로 통제범위는 기계적 조직보다 유기적 조직에서 통제범위가 넓게 나타나지만, 종업원의 교육훈련, 기술이라는 변수가 추가된 경우에는 과업의 복잡성이 커질수록 좁아진다. 여기서 과업의 복잡성은 종업원의 경험, 교육훈련, 기술의 복잡성을 의미한다. 비일상적 기술의 경우 통제범위가 좁아지는 이유는 상사와 부하간의 긴밀한 상호작용을 해야 하기 때문이다. 따라서, 일상적 기술에서는 넓은 통제범위가, 비일상적 기술에서는 좁은 통제범위가 나타난다.

4 톰슨(Thompson)의 기술 분류에 따른 조직설계

(1) 의의

- 톰슨(J.Thompson)의 기술유형을 생산조직 뿐만 아니라, 서비스 조직 등 모든 조직을 대상으로 한 포괄적인 분류하였으며, 조직구조에 영향을 미치는 상호작용을 세 가지 유형으로 정리하였다. 즉, 기술의 〈상호의존성〉에 따라 기술을 분류하여, 중개형, 연속형, 집약형 기술로 구분한다. 〈상호의존성〉이란 부서들이 자신의 과업들을 완수하기 위하여 자원이나 원료 등의 필요를 이유로 서로에게 의존하는 정도를 말한다. 낮은 상호의존성의 경우 각 부문들이 독립적으로 일을 할 수 있지만, 높은 상호의존성의 경우 서로 자원을 지속적으로 교환해야 하는 것을 말한다.

- 톰슨은 우드워드나 페로우와는 달리 기술유형에 따라 조직구조가 결정된다는 기술결정론적 관점에 서지는 않았다. 그 역시 기술유형과 조직구조간의 관계를 논증하였지만, 그는 단위작업들간의 상호의존성 정도에 따라 사용하는 기술 유형이 달라지고, 그에 따라 조직구조적 특성도 달라지다고 보았다.

(2) 기술 분류

① 중개형 기술(집합적 상호의존성)
부서간의 상호의존성이 거의 없는 기술형태이며, 조직의 공동목표에 각 부서들이 독립적으로 공헌할 수 있는 상태이다. 이 경우 각 부서의 독립적인 성공이 조직 전체의 성공에도 기여하게 되며, 각 부서간 업무의 표준화를 위해 '**규정과 절차**'를 사용한다. 대표적으로 롯데리아 체인점, 은행지점, 우체국, 부동산 사무실 등이 여기에 해당한다.

② 연속형 기술(순차적 상호의존성)
작업 활동간에 연속적인 상호의존관계를 가지는 기술이며, 한 부서에서 만든 부품이 다음 부서의 투입으로 되는 경우가 연속적으로 이루어져 있는 경우이다. 이는 중개형 기술(집합적 상호의존성)보다 상호의존성이 높다. 이러한 기술유형에는 '**예정표나 계획**'에 의해서 조정이 이루어진다. 연속형 기술에 적합한 사례에는 전자산업의 대량생산 조립라인, 자동차회사 생산 조립라인, 과자 생산 조립라인 등 제조업체의 생산 조립라인에서 찾을 수 있다.

투입물 → A → B → C → 산출물

③ 집약형 기술(교호적 상호의존성)
업무 활동간의 교호적 상호의존관계를 갖는 기술형태이다. 하나의 과업을 이루기 위하여, 여러 부서의 활동이 동시에 상호의존관계를 형성하는 것으로 작업A의 결과가 작업B의 투입이 되는 동시에 작업B의 결과가 작업A의 투입이 되는 형태이다. 이러한 기술유형에는 '**지속적인 협조와 상호조정, 회의, 직접대면**'에 의한 의사소통이 이루어진다. 예를 들어서 종합병원(원무팀, 접수팀, 수술팀, 진료팀, 물리치료팀, X-ray 검사팀 등), 연구실험실(각전문직 연구원들의 과업활동), 대학교(교수, 행정직원, 학생들), 전쟁시의 전투조직(보병, 포병, 의료봉사원 등) 등이 있다.

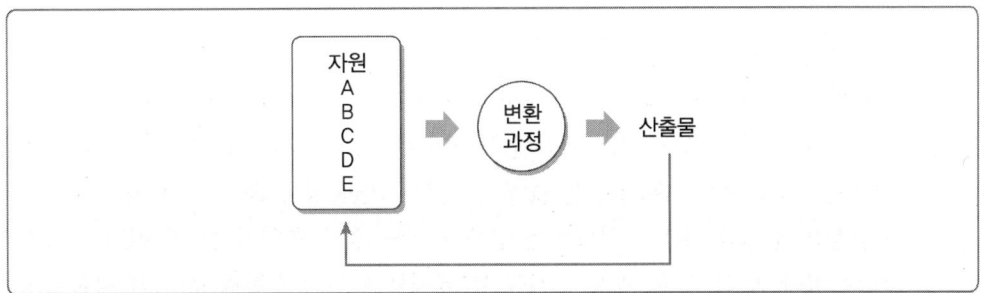

(3) **기술유형별 조직구조**
중개형 기술은 낮은 복잡성과 고도의 공식화가 요구되며, 기계적 조정형태로서 나타나고, 연속형 기술은 적당한 수준의 복잡성과 공식화를 특징으로 하며, 예정표나 계획과 같은 기계적 조정형태로서 나타난다. 집약형 기술은 고도의 복잡성과 낮은 공식화를 특징으로 하며, 유기적인 조정형태인 커뮤니케이션, 상호조정 등으로 과업활동을 한다.

거시조직이론

기술 (상호의존성)	수평적 의사소통과 의사결정 요구	조정 형태
중개형 기술(mediation tech.) 공유적 상호의존성 (pooled interdependence)	낮은 의사소통	표준화, 규정, 절차 등 **사업부제 구조**
연속형 기술(long-linked tech.) 연속형 상호의존성 (sequential interdependence)	중간정도의 의사소통	계획, 스케쥴, 피드백 등 **태스크포스**
집약형 기술(intensive tech.) 교호적 상호의존성 (reciprocal interdependence)	높은 의사소통	상호조정, 부서간 미팅, 팀워크 **수평적 구조**

※ Daft, Organization Theory & Design, 12th, 306page

(4) 시사점

① 상호의존성과 부서화

조직 전체의 과업달성을 위해서는 과업을 몇 개의 부서에서 나누어 맡아야 하는데, 이때는 조정 필요성이 가장 큰 부서끼리 서로 가까운 곳에 위치하도록 묶고, 점차 조정의 필요성이 적은 부서까지 묶어가는 것이 효율적이다. 정리하자면, 상호관계가 밀접한 교호적 부서까지 먼저 하나의 범주로 묶은 다음에 과업진행순서를 고려하여 다시 부서화를 진행하고, 마지막으로 집합적 의존성을 고려하여 최종적으로 부서화를 마무리한다.

② 상호의존성과 불확실성

〈중개형 기술〉을 사용하는 조직에서는 부서간 관련성이 낮으므로 개별부서에서 처리하는 업무의 합이 곧 조직전체의 업무량이 된다. 따라서, 조직이 서비스하는 대상인 고객을 늘림으로써 불확실성을 줄일 수 있다. 〈연속형 기술〉을 사용하는 조직은 가치사슬상의 투입과 산출을 담당하는 업체가 어느 정도 호의적인가에 따라 성과가 달라질 수 있다. 따라서, 이 경우 수직적 통합(예를 들어 인수합병)을 통해 불확실성을 줄일 수 있다. 〈집약형 기술〉을 사용하는 조직에서는 전문성을 갖춘 이들이 조직 내에 많을수록 성과가 향상될 것이다. 따라서, 전문가를 영입하거나 구성원에 대한 교육훈련을 강화함으로써 불확실성을 줄일 수 있다.

[기술의 구조적 특징]

	기계적 조직구조	유기적 조직구조
우드워드	대량생산기술	단위생산기술 연속공정생산기술
페로우	일상적 기술	비일상적 기술 장인기술 공학기술
톰슨	중개형 기술 연속형 기술	집약형 기술

Woodward의 대량생산기술과 유연생산기술

1. 개요
우드워드(Woodward)는 약100여개의 제조업체를 대상으로 실시한 현장 연구에서, 〈기술의 복잡성〉을 기준으로 단위소량생산기술, 대량생산기술, 장치생산기술로 구분하여 설명하였다. 여기서 〈기술의 복잡성〉이란, 생산과정의 기계화 정도를 말하며, 기술의 복잡성이 높다는 것은 대부분의 작업이 기계에 의해 수행된다는 것이고, 기술의 복잡성이 낮다는 것은 작업자가 생산과정에서 많은 역할에 투입되는 것으로 이해할 수 있다.

2. 기술 유형과 조직구조

(1) 단위생산기술과 조직구조
〈단위생산기술〉은 특정 고객의 단위당 필요성을 충족시켜주기 위하여, 거의 사람의 수공에 의존하는 기술유형이다. 대표적으로 선박, 우주선, 맞춤양복 등이 있다. 단위생산기술에서의 조직구조는 생산기술의 기계화 정도는 매우 낮고, 유기적인 조직구조로서 고객의 니즈에 맞는 운영이 되어야 한다는 특징을 가진다.

(2) 대량생산기술과 조직구조
표준화된 제품생산을 위하여 대량생산 조립공정라인에 의존하는 기술유형이며, 자동차 생산 조립라인, 장난감 생산조립라인, 과자 생산 조립라인 등이 있다. 〈대량생산기술〉에서의 조직구조는 기술의 복잡성은 중간정도이고, 기계적인 조직구조형태가 이러한 기술유형에 적합하다. 즉, 고도의 복잡성, 집권화, 공식화의 특징을 가진 기계적 조직구조가 적합하다.

(3) 장치생산기술과 조직구조
〈장치생산기술〉은 생산의 전과정이 기계화되어 있는 것을 말하고, 정밀화학제품공장, 석유정제공장 등이 이에 해당한다. 장치생산기술의 기계화 정도가 높다는 것으로 볼 때, 각 기계화된 장치생산시설에 전문적인 인력이 투입되어야 하므로, 유기적인 조직구조가 적합한 것으로 설명된다.

(4) 연구결과
단위생산기술에서 대량생산, 장치생산기술로 가면서 생산기술의 복잡성에 대응하기 위하여 필요한 경영요구가 많아질 것으로 충분히 예상가능하고, 단위생산기술, 장치생산기술에는 고도의 숙련된 작업자, 구두상의 의사소통을 주로 활용하며, 대량생산기술을 일상적이고 반복적인 업무 특성상 문서에 의한 의사소통이 주를 이룬다는 특징을 가진 것으로 연구되었다.

3. 유연생산기술의 개념과 특징

(1) 유연생산기술의 개념

① 의의

〈유연생산기술〉이란 컴퓨터를 기초로 제품설계, 제조, 마케팅, 재고관리 및 품질관리 등을 전체적으로 관리하는 기술을 말한다. 예를 들어 제품의 크기, 디자인, 형태 등 고객의 니즈가 다른 제품을, 하나의 조립라인에서 생산해 내는 것이다.

② 유연생산기술의 필요성

오늘날의 기업은 전략-조직구조-기술이 잘 연계되어야 하며, 특히 경쟁적 조건이 변화할 때, 더욱 전략-조직구조-기술의 연계성이 절실하다. 이때 전략을 지원할 신기술을 채택하지 못하거나, 기술에 맞는 전략을 만들지 못하면, 성과는 오히려 떨어지므로, 이에, 최근의 각 기업체는 유연생산기술의 필요성을 잘 각인하고 있어야 할 필요가 있다.

③ 린 생산의 개념

"린 생산"이란 작업공정혁신을 통해 비용은 줄이고, 생산성은 높이는 것을 말한다. 즉, 숙련된 기술자들의 편성과 자동화 기계의 사용으로 적정량의 제품을 생산하는 방식이다. 이는 일본의 '도요타 자동차'가 창안한 생산방식으로서, 기존의 수공업적 생산방식에서 나타나는 원가상승 및 대량생산문제의 대안이다. 유연생산을 통해 모든 부품들이 상호의존적으로 사용되고, '유연관리 프로세스'와 결합할 때, 품질, 고객서비스, 원가절감이 최고의 수준에 이르는 것이다.

④ 대량주문생산의 등장

유연생산기술과 린 생산방식을 토대로, 대량주문생산이 이루어지고, 개별 고객의 니즈에 맞게 독특한 디자인을 한 제품을 대량생산기술을 사용하여 신속하고 저렴한 비용으로 만들 수 있었다. 이러한 대량주문생산은 어느 정도 유기적인 조직구조에서 효율적인 생산을 할 수 있다.

(2) 특징

① 도식화

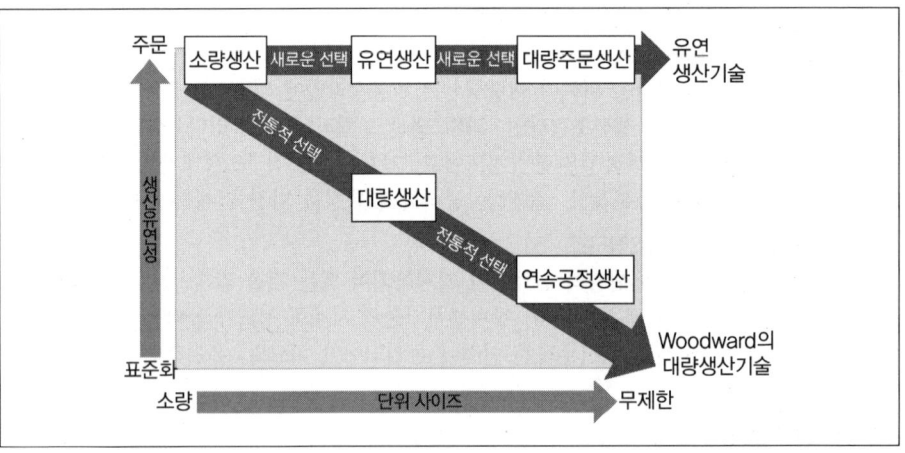

② 대량주문생산을 위한 토대 제공

개별고객의 요구에 맞게 원하는 디자인으로 제품을 대량생산기술을 사용하여 신속하고 저렴한 비용으로 만들 수 있게 되었다. 대표적으로 농기계, 온수기, 의류, 컴퓨터, 산업용 세제 등이 있다.

③ 유연생산기술와 조직구조
유연생산기술은 생산기술의 복잡성을 증가시키고, 과업을 복잡하게 만들면서 상호작용, 상호의존성을 요구하므로, 유기적인 조직구조를 채택하게 된다.

4. 대량생산기술과 유연생산기술의 차이점

		대량생산	유연생산(스마트공장)
조직구조			
	통제범위	넓음	좁음
	계층 수	많음	적음
	직무	일상적/반복적	숙련된 기술 필요직무
	전문화	높음	낮음
	의사결정	집권화	분권화
	종합	관료적인 기계적 구조	자기통제적인 유기적 구조
인적자원			
	상호작용	독립형	팀워크
	훈련	좁음. 일회성	폭넓고, 빈번
	전문성	수공의, 기술적인	인식의, 사회적인 문제해결
조직 간			
	고객수요	안정적	변화하는
	공급자	많음. 거리가 멀다.	적음. 밀접한 관계

(1) 조직구조적 차원에서의 차이점
- 대량생산기술 : 계층 수도 많고, 한 사람의 상급자에 의한 통제범위도 넓어 대규모의 비대한 조직구조 형태를 가진다. 업무는 전문화되어 일상적이고 반복적이다. 집권화된 특징도 갖고 있어서 관료제 및 기계적 조직구조에서 적합한 기술이다.
- 유연생산기술 : 계층 수는 적으면서, 한 사람의 상급자에 의한 통제범위가 좁아, 밀도 있는 업무관리가 충분히 가능하다. 분권화된 특징을 갖고 숙련된 기술에 의한 업무수행을 실시한다. 유기적인 조직구조에 적합하다.

(2) 인적자원 차원에서의 차이점
대량생산기술의 경우, 독립적인 연결형 상호의존성을 갖고 있으며, 일회성으로 종료되는 업무성질을 가진다. 유연생산기술의 경우에는 팀워크에 의한 밀도 있는 상호의존성으로 당면한 문제해결을 목표로 업무에 대한 폭넓은 교육과 경험으로 해결을 하려고 한다.

(3) 조직간 차원에서의 차이점
- 대량생산기술의 경우 원자재 공급을 기반으로 하여 대량생산을 해야 하므로, 가능한 많은 공급자 업체 시장 하에서 생산을 해내야 하고, 안정적인 고객시장에서 적합하다.
- 유연생산기술의 경우에는 급격한 경영환경에 존재하는 고객 니즈의 변화에 적응하기 위하여, 적합한 공급업체를 선택하여 밀도 있는 원자재 공급으로 생산과정을 수행한다.

제5장 규모와 조직구조

1 규모의 의의

- 〈규모〉는 일반적으로 조직구성원의 수를 의미한다. 조직규모는 조직의 자산수준, 매출, 고객의 수 등 조직효과성에 직간접적으로 관련이 있는 각종 변수들과 유의미한 관계로서 밝혀진 주요 상황변수 중 하나이다. 실제로 조직규모를 변수로 삼은 연구들 중에 약80% 가량이 조직규모를 구성원 수로 정의하고 있다.
- 영국의 연구기관인 애스톤 그룹(Aston group)을 비롯하여 블라우(Blau), 메이어(Meyer) 등 다양한 학자들이 조직규모와 구조간의 관계를 다방면으로 연구하였으며 규모결정론을 주장하였던 반면에, 아지리스(Argyris), 알드리치(Aldrich)는 규모결정론을 비판하는 입장으로 조직구조에 따라 규모가 형성된다고 설명하였다.

2 규모와 복잡성

조직구성원이 늘어날수록, 부서의 수가 증가하고, 조정 및 관리의 메커니즘이 필요하여, 복잡성이 증가하는 경향으로 나타난다. 이는 전문화와 함께 발생하는 것으로 부서와 라인직위의 증가와 더불어 과업의 수 증가와 함께 조정의 필요성도 커지게 되는 것이다. 하지만, 어느 정도 커지게 되면 조직은 사업부별로 조직을 분리하거나 분사시키는 경우가 많아서 이 경우 조정의 필요성이 점차 줄어들고 조직구조의 복잡성 증가 속도가 둔화되는 양상을 나타내게 된다.

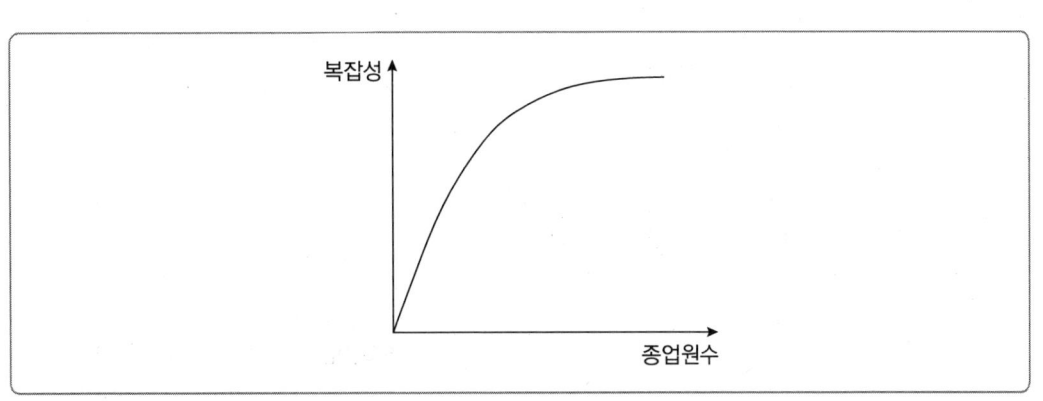

3 규모와 집권화

규모가 커질수록 최고경영층에 의한 집권화 경향이 증가하지만, 어느 시점 이후에는 절차나 규정 의해 관리를 수행하게 되므로 문제 현안을 잘 아는 현장에 권한위임을 하는 분권화를 추구하여 업무의 효율성을 달성하고자 하게 된다. 또한, 최근 정보기술의 발달로 인하여, 집권화 경향이 규모와 상관없이 높아진다는 주장도 있다.

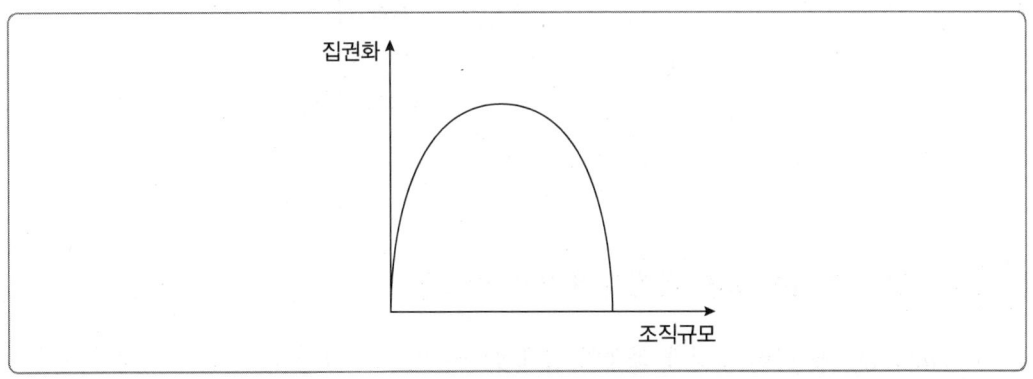

4 규모와 공식화

규모가 증가할수록 직접적인 감독 이외에 규정과 규칙에 의존한 관리통제를 하게 되므로, 공식화 수준은 증가한다. 즉, 종업원 수가 증가할수록 내부적인 혼란을 줄이고, 사내질서 유지와 과업의 예측가능성을 위하여, 직무기술서, 업무매뉴얼, 규칙, 절차, 규정 등의 공식화 기법을 택하게 된다는 것이다.

거시조직이론

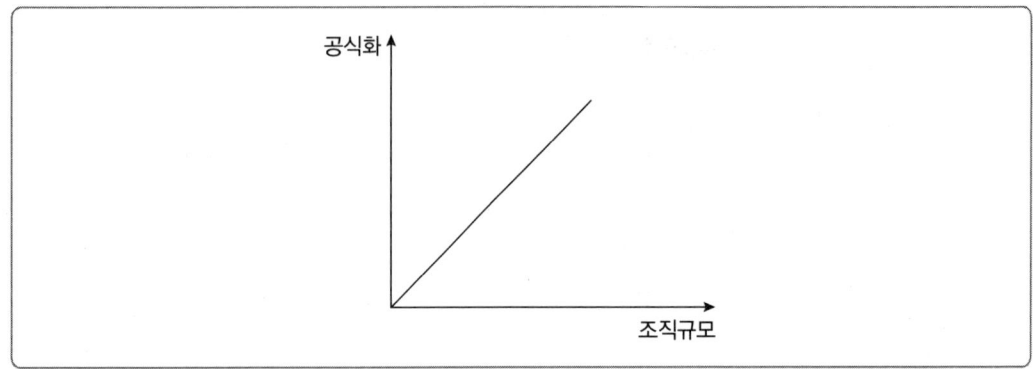

5 규모와 조직구조 구성요인

규모의 증대에 따라, 복잡성과 공식화는 증가하지만, 집권화는 감소하는 경향으로 나타난다.

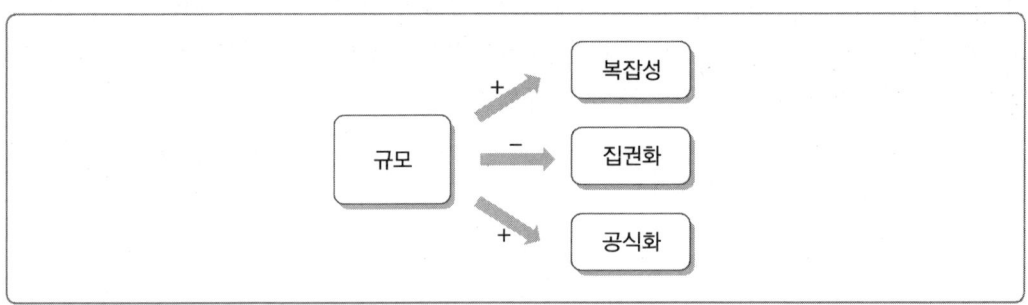

6 조직규모 증가에 따른 조정과 통제의 필요성

- 조직규모 증가에 따라 조정과 통제의 필요성도 같이 증가하게 되는데, 합리적인 조정과 효과적인 통제는 목표달성에 정보의 흐름을 원활하게 해주고, 시너지를 창출하는 역할을 한다는 점에서 그 중요성이 크다.
- 효율성을 목표로 하는 경우의 수직적 조직은 대개 과업의 전문화와 권한계층의 도입, 규칙과 규정의 제정과 공식적인 보고라인을 구축하게 되며, 이렇게 수직적 복잡성이 증가하게 되면 조직의 활동들이 원활히 이루어지고 있는지 확인하고 수정하는 통제가 필요하다.
- 반면 유연성을 목표로 하는 수평적 조직은 학습문화의 도입, 임파워먼트에 의한 분권화, 긴밀한 의사소통, 과업과 정보의 공유 등을 시도하게 되며, 이 과정에서 조직은 전체목표를 달성하기 위하여 부문간의 갈등을 완화하고 소통과 협력을 강화하는 절차인 조정을 필요로 하게 된다.

제6장 전략과 조직구조

1 전략의 의의

〈경영전략〉이란, 기업의 목표달성을 위하여 경쟁적인 주변 환경 변화에 적응하여 기업전체 및 그의 주요 부문 활동에 대하여 하나의 방향을 제시하는 모든 목표, 계획, 방침을 가리킨다. 이러한 경영전략의 기능에는 급변하는 경영환경 변화에 적응할 수 있도록 하는 하나의 방침을 알려주고, 기업의 성장과 경쟁기회를 발견하는 기회를 창출하면서, 중요한 선택의 기로에 있을 때 의사결정의 룰로서 활용할 수 있다는 점에서 조직 생존을 위해 반드시 알아 두어야 하는 부분이다.

2 챈들러의 전략결정론

(1) 의의

〈전략적 선택이론〉은 상황요인 그 자체와 조직구조 사이에 매개역할을 하는 경영자에 의한 상황요인의 지각과 선택과정이 개입된다는 이론이다. 전략적 선택 관점은 개별 조직을 분석수준으로 하여 임의론적 관점에서 조직이 환경을 변화시키거나 조직이 환경에 적응적으로 대응한다는 입장에 해당한다. 전략적 선택이론은 조직은 환경 속에서 자신이 원하는 것만 전략적으로 선택하여 활용한다는 이론으로 챈들러(Chandler, 1962)가 주장한 전략결정론을 확장시켜서 차일드(Child, 1972)가 전략적 선택이론을 주장하였다.

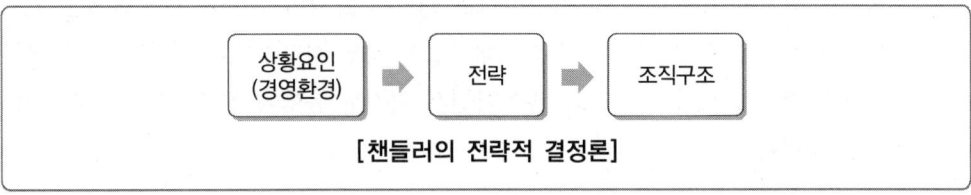

[챈들러의 전략적 결정론]

거시조직이론

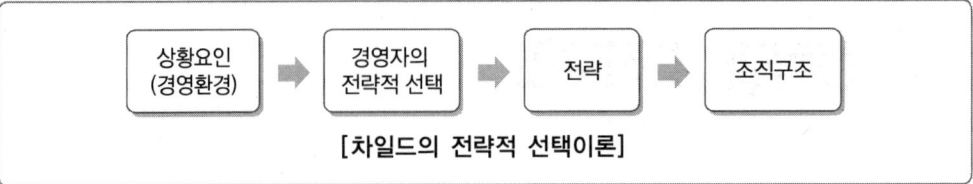

[차일드의 전략적 선택이론]

(2) 등장배경

Child에 의해 제기된 전략적 선택 이론은 구조적 상황이론이 경영자에 의한 전략적 선택의 중요성을 무시하고 있다는 점을 지적하고, 조직설계를 결정론적 관점으로 설명하는 상황이론을 비판하면서, 이에 대한 경쟁적 패러다임으로 등장한다. 구체적인 내용을 살펴보면, 환경과 조직은 어느 정도 느슨하게 연결(loosely coupled)되어 있기 때문에, 동일한 환경 하에서도 조직은 주어진 목표에 도달할 수 있는 방법은 다양하다는 점이 있다고 하였다. 즉, 이인동과성의 개념을 강조하였으며, 이때 환경과 조직의 연결역할을 하는 관리자의 환경에 대한 지각이 중요하다고 하였다.

(3) 전략과 조직구조의 관계

환경이 조직에 미치는 영향을 중요하지 그다지 중요하지 않으며, 관리자가 환경을 어떻게 인식하느냐가 중요하다고 보았다. 즉, 환경의 일방적인 지배를 받는 것이 아니라 환경을 임의적으로 혹은 전략적으로 선택할 수 있다는 것이 전략적 선택이론이다.

(4) 전략적 선택이론의 방식

① 의사결정자의 자율성에 의한 대안의 선택

의사결정자는 자율성을 갖고 있으며, 경영자가 상황요인에 적응하는데 다양한 대체안 중 어느 하나를 선택할 수 있다. 관리자들의 재량의 폭은 생각보다 넓어서 상황에 대처하는 대안을 여러 가지가 있으며, 이 여러 대안들 중에 어느 것을 선택할 지는 관리자가 결정하는 것이다.

② 환경조정 및 통제

조직은 때로 그들의 환경을 조정하고 통제할 수 있는 권력을 갖고 있다. 다시 말하면, 조직은 환경의 지배만 받는 것이 아니라 때로는 자신의 구미에 맞게 환경을 조정하고 통제할 수 있음을 의미한다. 특히, 대기업의 경우 시장수요가 없더라도 자신들이 만들어낸 제품과 서비스를 광고·홍보하면서 억지로 유행을 창조하여 구매하도록 부추키는 것이다.

③ 주관적 지각과 평가

의사결정자들은 그들의 환경에 비추어 주관적이고 상대적으로 환경을 지각, 평가하고, 해석함. 동일한 환경에 대해서도 경영자들은 자기 주관에 따라 달리 해석하고 다르게 반응하기 때문에 다양한 해석과 전략적 선택들이 나오는 것이다. 주관적 환경과 유사한 개념으로 창조적 환경이라고 부르기도 하는데, 환경이 조직을 창조하는 것이 아니라 조직을 창조된 환경에 맞추어 나가는 것이다.

(5) 공헌점

① 조직과 환경의 연결역할을 하는 최고경영자의 능동적인 역할을 강조하였다는 점, ② 구조적 상황이론의 한계점을 수정/보완하여 설명하였다는 점, ③ 관리자는 환경을 조직에 유리하게 조정하거나 통제할 수 있는 영향력을 갖고 있다고 보았다는 점에서 현상을 파악하게 해 준다.

(6) 한계점

① 의사결정자들이 새로운 환경에 직면해서 겪게 되는 진입장벽으로 인한 최적선택의 제약이 존재한다는 점을 간과하였고, ② 사실 권력이라고 하는 것은 대규모 조직 또는 정치적으로 잘 연계된 조직 이외에는 환경에 영향력을 제공하는 권력에 한계가 있다는 점, 즉 조직 내외의 다양한 사회적 세력에 의하여 전략적 선택의 폭을 제약한다는 점을 지나쳤으며, ③ 경영자들이 실제로 보유하고 있는 자유재량의 범위가 협소하다는 현실 때문에 조직구조에 영향을 미칠 수 있는 범위가 제한된다는 측면으로 비판을 받았다.

3 포터의 전략 유형

(1) 의의

포터(M.Porter)는 많은 기업의 연구를 통해서 경영자가 산업환경의 다섯 가지 영향요인을 잘 이해하면 훨씬 더 수익성이 높고 위험이 낮은 전략을 수립할 수 있다고 제안하였다. 포터에 의하면 산업 내 경쟁자와 비교한 기업의 상대적 위치는 신규진입자의 위협, 공급업체의 협상력, 구매업체의 협상력, 대체재의 위협, 기존 업체 간 경쟁관계라고 하는 다섯 가지 영향요인에 의하여 결정된다고 하였으며, 기업의 경쟁전략을 저원가 전략, 차별화 전략, 집중화 전략으로 구분하여 설명하였다. 포터는 경영자는 이 모델을 통하여 경쟁우위와 경쟁범위를 평가할 수 있다고 보았다.

거시조직이론

	경쟁우위	
	저원가	독특성
경쟁범위 넓음	저원가 전략	차별화 전략
경쟁범위 좁음	집중화된 저원가 전략	집중화된 차별화 전략

(2) 저원가 전략

- 경쟁자에 비해 가격을 낮게 책정함으로써 시장점유율을 증대시키는 전략이다. 이러한 저원가 전략은 혁신과 성장을 위한 새로운 기회를 찾거나 위험을 감수하기 보다는 안정성을 추구하는 전략으로서, 인건비 및 원자재 구입비용의 절감, 시설관리비 등의 절감 등을 추구하는 전략이다. 월마트, 이마트, 홈플러스 등의 대형유통판매점의 경우 원가절감에 의한 전략을 사용하여 고객의 시선을 끌고 있는 경우이다.
- 적합한 조직구조로서 살펴보면, 저원가 전략은 조직의 내부적인 효율성이 중시되므로, 높은 집권화, 높은 공식화, 수직적 조직구조가 적합하다.

(3) 차별화 전략

- 차별화 전략은 산업 내 다른 경쟁자에 비해 독특한 제품이나 서비스를 제공하는 전략이며, 가치 있고 대체할 수 없는 원료로 고품질의 제품을 만드는 제품차별화 정책, 엄청난 광고비를 투자하여 고객을 사로잡는 광고차별화 전략, 로켓 배송 및 총알 배송 등의 서비스 전략 등의 사례가 있다. 이 전략은 경쟁사가 치고 올라오는 위험과 대체재의 위험을 줄일 수는 있으나, 많은 비용이 소요된다는 부담이 있다.
- 차별화 전략의 경우 핵심역량 구축에 의한 학습이 중요시되므로, 높은 분권화, 낮은 공식화 등 수평적인 조직구조가 적합하다.

(4) 집중화 전략

- 집중화 전략은 특정 지역이나 고객에 집중하는 전략이다. 한정된 특수한 고객에 집중을 하거나 특별한 제품에 집중하는 정책의 경우가 해당한다. 이와 같은 사례에서 기업은 설정된 목표 시장을 대상으로 집중화된 저원가 전략이나 집중화된 차별화 전략을 시도할 수 있다.
- 특정 지역이나 고객에 집중하는 전략 특성상, 상황에 부합된 수직적인 조직구조, 수평적인 조직구조 모두 부합된다.

4 마일스와 스노우의 경영전략유형과 조직구조

마일스와 스노우(Miles & Snow)의 연구에서는 전략을 조직이 환경변화에 적응하는 패턴이라고 보고, 그 전략유형을 구분하였다.

(1) 방어형 전략

조직의 안정성 추구에 초점을 두고, 환경변화에 대하여 신중하게 현상유지적인 태도를 추구하는 경영전략이다. 주로 경기악화 상태에 놓여 있는 기업체이거나 쇠퇴기에 진입한 기업체의 경우에 적용하는 전략에 해당한다. 적합한 조직구조를 살펴보면, 방어형 전략에는 고도의 수평적 분화, 고도의 공식화, 집권화된 통제가 가능한 관료제, 기능조직구조가 적합하다. 조직구성원의 창의성 보다는 일관된 정책으로 질서를 유지하면서 회사가 다시 매출을 확보할 수 있는 상태로 회복되어야 하기 때문이다.

(2) 공격형 전략

기업의 성공원인을 새로운 제품개발과 시장기회의 포착 및 개척에 두고, 광범위한 시장개발을 하는 전략이다. 적극적으로 환경에 맞추어 위험감수를 마다하지 않으면서 창의적인 아이디어를 중요시 여기고 경쟁기업보다 시장에 먼저 진입하고 점유하는 것을 목적으로 한다. 공격적인 전략에서는 최대한 기업의 창의성이 규칙에 의해 전도되지 않아야 하므로, 공식화 수준은 낮고, 분권화된 통제, 유연하고 원활한 의사소통이 가능한 개방적이고 탄력적인 조직이 요구된다.

(3) 분석형 전략

방어형 전략과 공격형 전략을 결합한 것. 수익을 최대화하고 위험을 최소화하려는 전략임이다. 발전가능성이 높은 사업 부문에는 공격형 전략을 추구하면서 쇠퇴기에 접어든 사업 부문은 방어형 전략을 사용하는 사례이며, 이러한 경우 하나의 조직 내에서 적용되는 조직구조를 설명해보면, 분석형 전략은 하나의 조직 내에서 유연성과 안정성을 모두 추구하므로, 고도의 표준화/기계화/집권화와 유기적인 분권화/개방화 조직의 성격을 모두 가진 매트릭스 조직구조 등이 적합하다.

(4) 낙오형 전략

변화하는 환경에 직면했을 때, 일관성 있게 적응할 수 있는 반응 메커니즘을 지니지 못하고, 항상 불안한 상태에 있는 것이다. 조직구조의 변화나 혁신은 오히려 구성원의 불안감만 가중하므로 현재의 조직구조를 유지하는 것이 적합하기 때문이다.

제7장 권력과 조직구조

거시조직이론

1 권력의 의의

- 〈권력〉이란 한 개인이나 집단의 행동을 자신의 의지(will)대로 바꿀 수 있는 능력을 말한다. 조직구조를 결정하는 데는 객관적 상황변수 이외에도 인간의 의지와 관련된 주관적 요소의 개입이 얼마든지 가능하며, 실제로 앞서 논의한 조직구조의 상황변수는 전체 조직구조 변화의 60%미만을 결정한다고 한다. 이처럼 권력과 통제 관점에 입각한 조직구조 설명 노력은 조직구조를 바라보는 객관적 상황변수 위주 관점이 상정하는 몇 가지 가정에 대한 비판(합리성에 대한 비판, 의견합치가 이루어진다는 것에 대한 비판, 최고경영진만이 주된 의사결정층이라는 가정에 대한 비판 등)에서 시작된다. 주관적 조직상황변수 중에서도 전략이 인간의 자유의지와 합리적 선택을 대변하는 변수인 반면, 권력은 인간의 욕구에 기반한 비합리적이고 정치적 선택을 대변하는 변수가 된다.
- 조직의 합리성을 전제로 하는 전통적 조직이론은, 조직설계에 있어서 조직의 비합리적인 측면인 권력 변수를 제외하였기 때문에, 현실의 조직구조를 설명하는데 한계가 있다고 보았다. 이에, 조직구조의 설계에 있어서도 이해관계자 집단은 자기 집단의 권력을 유지하고 확대하는 방향으로 조직구조를 선택하려 하기 때문에, 이러한 권력작용이 주관적인 상황변수로서 등장하게 된 것이다.

2 권력에 입각한 조직이론의 핵심전제

(1) 제한된 합리성 관점

모든 상황에서 사람은 완벽한 정보를 가지고 완벽한 의사결정을 내릴 수가 없다. 즉, 인간의 완전합리성의 신화를 거부하며, 제한된 합리성 관점을 받아들인다는 관점이다. 완전무결한 의사결정을 내리는 것은 여러 제약 때문에 사실상 불가능하다는 것이다.

(2) 개인이 합리적이라 해도 조직은 그렇지 않을 수 있음

설령 개인이 합리적이라 하더라도 조직은 그렇지 않을 수 있다. 따라서, 합리적 개인으로 구성된 조직이라 하더라도 그 구조가 형성되는 과정에는 여러 비합리적 힘이 작용할 수 있다.

(3) 비경영층 포함

기존의 관점들과는 달리 핵심의사결정층에는 비경영층도 포함가능하다. 즉, 최고경영진만이 의사결정에 참여하는 유일한 주체는 아니라는 것이다.

(4) 구성원들의 견해는 일치되기 어려움

조직의 목표에 대한 구성원들의 견해는 일치되기가 어렵다. 이는 카네기 모형에서의 기본가정과 같은 것으로서 조직의 의사결정과정은 서로 다른 이해관계를 가진 이들 사이에서 핵심의제가 무엇인지 정하는 과정과 같은 것이다.

3 개인 차원의 권력의 원천

프렌치(French)와 레이븐(Raven)의 권력의 원천에 따르면, 보상적 권력, 강압적 권력, 합법적 권력, 전문적 권력, 준거적 권력, 그 외 정보 권력, 관계 권력이 있다고 설명하였다.

4 집단 차원의 권력의 원천

(1) 환경의 불확실성 통제능력

환경의 불확실성은 시장조건의 변화와 같은 것이며, 여유자원의 확보, 정보통제권의 확보, 의사결정권한의 소유 등으로써 환경의 불확실성을 통제하는 권력을 유지할 수 있다.

(2) 기능의 비대체성

특정 부분이 대체불가능하거나 필수불가결한 것일 때, 권력의 유지/존속이 가능하다.

(3) 업무의 중심성

특정 부문에서 수행하는 활동이 그 조직에서 어느 정도 중심성을 차지하고 있는가에 따라 권력이 결정된다. 예를 들어서 자동차회사의 경우 생산라인가동 부서의 권력이 크다고 할 수 있다.

(4) 자원의 조달 및 통제능력
다른 부서가 필요로 하는 자원에 대해 조달 및 통제능력을 많이 가지고 있을수록 상대방 부서에 대한 권력은 커진다.

5 권력과 조직구조간의 관계

조직구조의 최종 선택은 내부 핵심의사결정층 구성원들의 이해관계를 반영하여 이루어진다. 이 과정에서 전통적으로 중요한 변수로 취급되는 환경과 기술 등은 핵심 의사결정 계층의 선택 과정에서의 제약조건으로 작용하며, 최종적 의사결정은 가장 많은 권력을 보유한 이해집단 또는 개인에 의해 이루어진다.

(1) 다른 상황변수와의 관계
① 환경
불확실성도 의사결정자들이 잘 관리하면 확실한 환경으로 바꿀 수 있다. 경영자들은 불확실성 감소를 위해 잠재적 위협요인이 될 수 있는 환경요인들의 긴밀한 상호작용을 하거나 활동영역의 변경을 통해 환경을 유리하게 만들 수 있다.

② 기술
경영자들은 여러 기술형태 중 권력유지에 도움이 되는 기술을 선택할 수 있다. 일반적으로 조직이 기계화 내지 자동화된 기술을 사용할 때 경영자는 권력행사를 쉽게 할 수 있기에, 보통 가장 일상적이고 기계화의 수준이 높은 기술을 선택하게 된다. 이러한 기술형태는 구성원의 대체를 용이하게 하고, 권력의 중앙집권화를 도와준다.

(2) 조직구조와의 관계
① 복잡성
조직적인 분화(수평적/수직적/지역적)의 정도가 높은 상태는 조정과 통제의 어려움을 가져오기 때문에, 지배집단인 경영자들은 여타 상황이 동일하다면, 복잡성이 낮은 구조를 선호한다. 그러나, 최근에는 권력자가 용인 가능한 복잡성의 정도가 점차 커지고 있으므로, 경영자는 복잡성이 높은 기계적 조직구조를 선호한다고 보아도 무방하다.

② 집권화
권력자들은 의사결정을 위한 권력의 배분을 원치 않으므로, 집권화된 조직구조를 선호한다. 권력을 보유한 핵심 의사결정 계층, 특히 경영자는 확실한 환경 하에서 일상적 기술을 선택하므로 결국 중앙집권적 통제에 유리한 기계적 조직구조를 선호할 것

임을 알 수 있다. 대부분의 경영자들은 관리의 편의를 위해 조직구조의 집권화 수준을 높게 유지하려는 경향이 강하다.

③ **공식화**
구성원들이 준수하는 규정과 규칙이 확립될수록 권력층의 관리와 통제가 용이하므로, 권력자들은 가능한 한 높은 수준의 공식화 수준을 정한 기계적인 조직구조를 선호하게 될 것이다. 결국, 경영자는 복잡성, 집권화, 공식화 수준이 모두 높은 기계식 조직을 선호한다고 보아도 무방하다.

제8장 구조적 차원과 조직설계

거시조직이론

1 조직구조에 대한 정보처리 관점

조직구조는 조직의 전체목표를 달성하는데 필요한 수직적, 수평적 정보가 원활하게 흐를 수 있도록 설계되어야 한다. 이는 복잡성, 집권화, 공식화가 조직목적 달성에 적합한 방향으로 설계되어야 정보의 흐름이 원활해진다는 뜻이다. 여기서, 조직의 수직적, 수평적 메커니즘 간에는 근본적으로 상충관계가 있다. 즉, 수직적 연결은 통제를 주목적으로 하는 반면에 수평적 연결은 조정과 협력을 목표로 하고 있다.

2 조정과 통제 기제

- 조직은 복잡한 환경압력에 대응하고, 각 부서별 과업간의 갈등 해결을 위하여 합리적인 조정과 효과적인 통제로서 필요한 정보의 흐름을 원활하게 해주고, 시너지를 창출한다는 역할을 한다는 점에서 중요성이 크다.
- 효율성을 목표로 하는 경우 조직은 개개 과업의 전문화와 권한계층의 도입, 규칙과 규정의 제정, 공식적인 보고라인 구축을 하게 되고, 이에 수직적 복잡성이 증가하게 되며, 그 결과 조직의 활동이 원활하게 잘 이루어지고 있는 확인하는 통제가 필요하게 된다.
- 유연성을 목표로 하는 경우 학습문화 도입, 임파워먼트, 긴밀한 의사소통, 과업과 정보공유 등을 시도하게 되고, 조직은 부문간의 갈등을 완화하고 소통과 협력을 강화하는 조정을 필요로 하게 되는 것이다.

3 통제와 조정에 실패할 경우 구조적 결함 증상들

(1) 부서간 협력의 실패

조직구조는 조직의 목표달성을 위한 도구이며, 따라서 필요한 곳에서 필요한 부서간의 협력과 조정이 이루어져야 한다. 만약, 부서간의 목표가 다르거나 부서 이기주의가 팽배한 경우에는 조직효과성이 저해된다는 문제가 발생한다.

(2) 의사결정의 실패

만약, 구성원들에 대한 통제장치가 제대로 돌아가지 않을 경우에는 상사가 부하들에게 권한위임을 하기 힘들어지고, 이 경우 모든 의사결정의 집권화가 발생하는데, 그 정도가 지나친 경우에는 의사결정자에게 과부하가 발생하므로, 의사결정의 질이 낮아질 뿐만 아니라, 의사결정의 적절한 시점도 놓칠 수 있다.

(3) 환경대응의 실패

각 부서에서 파악한 정보간의 교류와 조정이 제대로 이루어지지 않을 경우 시장환경에 대한 적합한 대응방식을 결정하지 못하는 결과를 초래할 수 있다.

(4) 목표관리의 실패

각 부서간에 명확한 목표와 책임감을 제공하는 것은 관리자의 중요한 책무이다. 목표관리의 성공요건 중 하나는 적절한 통제와 피드백인데, 만약, 부서간 정보흐름의 관리에 실패한다면 목표관리 자체도 힘들어질 뿐만 아니라, 조직의 성과 달성에도 저해할 수 있다.

4 통제의 개념과 수단

(1) 통제의 개념

통제(control)는 조직의 각 부문에서 일어나는 여러 활동들에 대한 의사결정권한을 지위에 따라 배분하고, 그 결과에 대한 책임소재를 명확히 설정하는 현상을 뜻한다.

(2) 일반적 통제수단

① 계층상의 통제

계층상의 통제는 하위부서나 담당자가 업무수행 중 해결하기 힘든 문제가 발생하였을 때, 상부에 보고하여 해결책을 지시받아 처리하는 것이다. 신생조직이나 작은 규모의 조직에서 주로 사용하고 있다.

② 규정과 절차

업무가 비교적 단순하고 반복적인 경우, 업무처리규정이나 절차를 표준화하면 계층상의 정보흐름이 없어도 대부분의 문제를 해결할 수 있다.

③ 계획과 스케줄

'계획'은 조직목표와 각 부서의 필요성을 충분히 고려하여 수립되며, 대표적으로 예산

편성이 있다. '스케줄'은 공식적 보고나 직접적인 커뮤니케이션이 없어도 각 부서의 업무진행 사항을 숙지할 수 있도록 해 주기 때문에 관리능률을 향상시킬 수 있다.

④ 보좌역

최고경영자의 과부화된 업무를 수행하는 관리자에게 보좌역을 두어, 통제범위가 줄어들고 더욱 효과적인 의사소통을 가능하게 한다.

⑤ 데이타정보시스템(=종적정보체계)

정기적인 보고제도, 문서화된 정보 및 컴퓨터에 입력된 자료 등을 이용하여 계층 상하 간의 정보전달을 효과적으로 수행하는 방법이다.

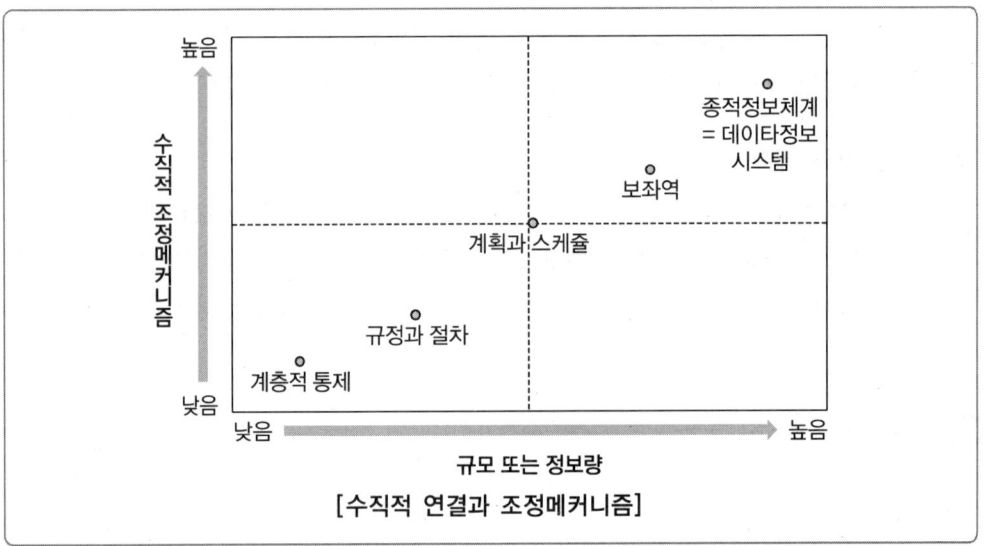

[수직적 연결과 조정메커니즘]

(3) 오우치의 통제수단

오우치(Ouchi)는 조직의 경영진이 택할 수 있는 조직통제전략을 세 가지로 구분하여 설명하였다. 오우치는 실제 조직이 수행 가능한 세 가지 조직 통제 전략으로 관료적 통제, 시장통제, 문화통제를 제시하고 있으며, 각각의 통제전략은 다른 유형의 정보에 기반을 두고 있지만, 한 조직 내에서 세 가지 전략이 동시에 시행될 수 있다.

① 관료적 통제

- 관료적 통제는 베버(Weber)에 의해 정의된 관료적 특징들을 사용하며, 주로 행동을 공식화하고, 관료적인 업무를 평가하기 위해서 규정, 절차, 정책, 계층적 권한, 서류화된 문서, 표준화 등의 관료주의적 메커니즘을 활용하는 통제방식이다.
- 과거 베버는 대규모 조직을 통제할 수 있는 권한에는 합법적 권한, 전통적 권한, 카리스마적 권한이 있다고 설명하면서, 그 중 합법적 권한으로서 관료적 통제방식이 더 선호된다고 하였다. 즉, 대규모 조직에서는 합법적 권한으로서 발휘되는 관료적

통제방식이 운영의 효율성과 의사결정을 내리는 데 있어서 널리 사용되는 형태인 것이다.

② **시장 통제**
- 시장통제는 가격경쟁을 통해 한 조직 혹은 주요 부서나 사업부의 산출물 or 생산성을 평가하고자 할 때 발생하는 통제방식이다. 최고경영자는 항상 그들 기업의 성과를 측정하기 위하여 가격 메커니즘을 활용하고, 관리자들은 기업의 효율성 평가를 위해 객관적 지표로서 가격과 수익을 비교하여 측정한다.
- 조직 내부의 효율성에 의하여 발휘되는 가격경쟁력이 있을 때 시장통제가 가능하고, 제품 사업부 조직이나 네트워크 조직에서 시장통제를 통해 필요한 기능과 서비스 제공, 가격경쟁력을 제시하게 된다.

③ **문화 통제**
- 문화통제란 행동을 통제하기 위해 기업문화, 공유된 가치와 신념, 전통, 믿음과 같은 사회적 성격을 사용하는 것이다. 문화통제를 이용하는 조직은 종업원들 사이의 공유된 가치와 신뢰를 중시하는 강한 문화를 형성한다.
- 문화적 통제는 상황이 모호하거나 불확실성이 높을 때 더욱 중요하게 다가오는 방식이며, 소규모 비공식적 조직 혹은 강한 문화에서 흔히 사용된다. 일례로 소규모 학습조직의 경우 규칙과 규율에 의존하기 보다는 문화통제나 자기통제에 의하여 자주 활용되고 있으며, 문화통제는 개인이 사회화되는 과정에서 발휘되는 방식이라 할 수 있다.

(4) 계층적 통제와 분권적 통제

조직이 구성원을 관리하고 통제하는 방식을 계층적 방식과 분권적 방식으로 구분했을 때, 이러한 구분방식은 조직구조와 설계방식을 종적방식과 횡적방식으로 구분하는 것과 그 맥락을 같이 한다.

① **계층적 통제**

각종 규정, 정책, 권한, 문서를 통한 표준화, 기타 관료제적 메커니즘을 동원하는 통제기법이다. 베버(Weber)의 권한 분류에 따르면 합리적·법적 권한에 근거한 관료제적 통제수단이 이에 해당되며, 조직문화의 유형 중에서 관료문화가 이에 해당한다.

② **분권적 통제**

구성원들 각자의 자율과 전문성에 입각하여 업무를 진행하고, 그 결과에 대한 책임을 지는 방식이다. 현대의 애드호크러시적 조직운영방식과 맥락이 일치하며, 조직문화의 유형 중에서는 적응적 문화가 이에 해당된다.

(5) 행동통제와 결과통제

- 행동통제는 과정통제라 할 수 있으며, 그 사례로는 업무수행의 단계별 진행내용과 계획을 서로 비교·검토하는 작업이나, 우수한 행동방식을 사전에 정해두고 구성원의 실제 업무과정이 그에 얼마나 부합하는지를 살펴보는 행동중심의 인사평가방법 등을 들 수 있다.
- 결과통제는 성과통제라 할 수 있으며, 그 사례로는 경영활동의 결과물인 제품이나 서비스에 대한 고객의 평가나 매출규모를 검토하는 작업이나, 업무달성정도에 대한 구체적이고 합의된 목표를 설정해 두고 그에 따라 구성원의 역량과 성과를 판단하는 목표관리법 등을 들 수 있다.

5 조정의 개념과 수단

(1) 개념

- 조정(coordination)은 여러 사람과 부서들이 하나의 공동목표를 달성하기 위하여 서로 정보를 교류하고 협력하며 갈등을 해소해 나가는 현상을 뜻한다. 조직에서 부서간 분리의 정도와 조정의 강도를 살펴보면, 정보시스템을 통한 조정, 연결역할자를 통한 직접 조정, 태스크포스를 통한 조정 등으로서 구분할 수 있다.
- 횡적 조정은 상호의존성이 있는 수평적인 부서간의 효과적인 조정활동으로서, 조직 내에서 횡적 조정 역할을 용이하게 하기 위한 시스템이다. 환경의 불확실성이 높아질수록 변화와 예측불가능성에 대처하기 위한 횡적조정활동과 정보처리량이 증가하므로, 횡적 조정 수단의 필요성은 더욱 높아지게 될 수밖에 없다.

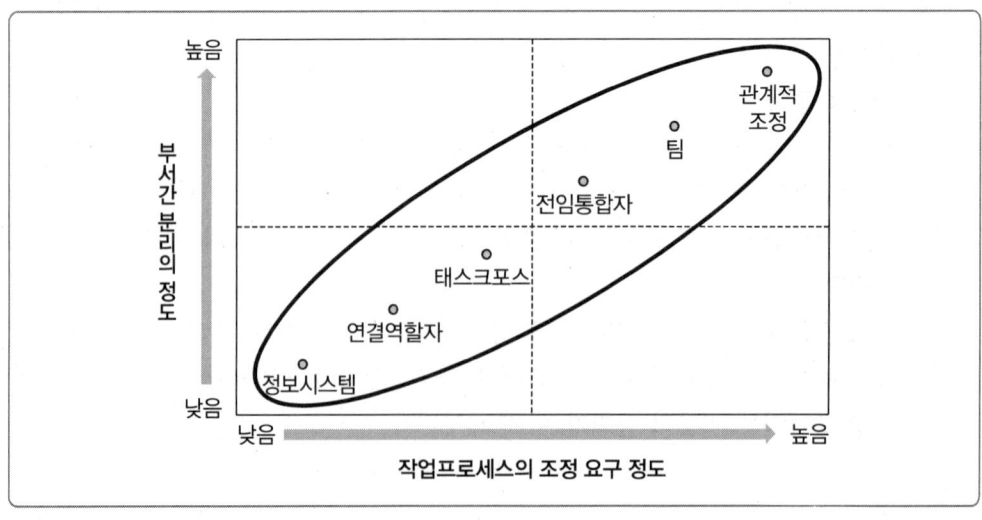

(2) 유형

① **정보시스템에 의한 조정**

정보시스템은 조직구성원들이 문제해결과 의사결정에 대한 정보를 교환할 수 있도록 해준다.

② **연락역할담당자**

이해당사자들간에 이루어지는 직접적 접촉으로서, 연결역할을 통하는 경우가 많은데, 공식적인 권한은 없으나, 비공식적 권한을 상당히 부여받아 업무를 수행하는 사람을 말한다. 이러한 연결역할자는 전문적인 지식을 갖고 있느냐 여부에 따라 성공 여부가 결정된다. 예를 들어서 기술부 직원이 현장에 파견되어 기술적인 업무를 처리하는 사례, 영업부 직원이 고객과 회사간의 영업중재를 통하여 영업실적을 올리는 사례에서 볼 수 있다.

③ **태스크포스**

태스크포스는 특정과업을 수행하기 위하여 소집되어, 과업이 해결된 경우에는 해체되는 제도이다. 2개 이상의 부서를 서로 연결시킬 필요가 있을 때 일시적 위원회 조직인 TFT(Task Force Team)를 사용하게 된다.

④ **전임통합자**

실질적인 권한을 갖고 연락역할을 수행하며, 각 부서가 조직전체의 목표와 상이할 경우 각 부서의 활동을 통합하여 효과적으로 조직전체의 목표가 달성될 수 있도록 한다. 전임통합자는 여러 부서의 정보흐름에 민감하여야 하고, 조직전체의 목표를 지향하며, 충분한 지식을 보유하여야 한다. 사람들에게 신뢰를 줄 수 있어야 하고, 각 부서의 의견을 수렴하여 종합적인 의사결정을 하는 역할을 한다. 프로젝트 관리자, 브랜드 관리자 등의 직함을 가지고 있고, 권한을 갖고 있는 전임통합자가 부서간 조정역할을 담당하는 경우이다.

⑤ **팀에 의한 조정**

비교적 오랜 기간 동안 강력한 조정이 요청될 때 교차기능팀의 형태로 운영될 수 있다.

⑥ **관계적 조정**

구성원들이 부서의 경계를 넘어 자유롭게 정보를 교환하고 지식을 공유하며 문제해결에 임하는 조정방식이다. 사우스웨스트 항공사의 팀 지체(team delay) 개념이 대표적인 사례이다.

제9장 기계적 조직구조와 유기적 조직구조

거시조직이론

1 기계적 조직구조 : 효율성을 위한 수직적 조직구조

수직적 조직구조는 일반적으로 과업의 전문화 정도가 크고, 다수의 엄격한 규칙과 경쟁의 논리로 구성원의 행동을 규율한다. 업무효율성을 중시하는 관료적 조직문화 영향 하에서 상명하복으로 상징되는 수직적 의사소통 및 보고체계가 중시되며, 조정의 역할보다는 통제가 우선시된다. 한 마디로 집권화된 조직이라 할 수 있다.

2 유기적 조직구조 : 학습을 위한 수평적 조직구조

수평적 조직구조는 종업원에게 권한위임이 폭넓게 이루어지는 분권화된 조직이라 할 수 있다. 여기서는 유연성을 중시하는 적응적 조직문화의 영향 하에서 과업의 공유와 수평적 의사소통 및 협력이 중시되며, 팀과 태스크포스를 통한 조정이 통제보다 우선시된다.

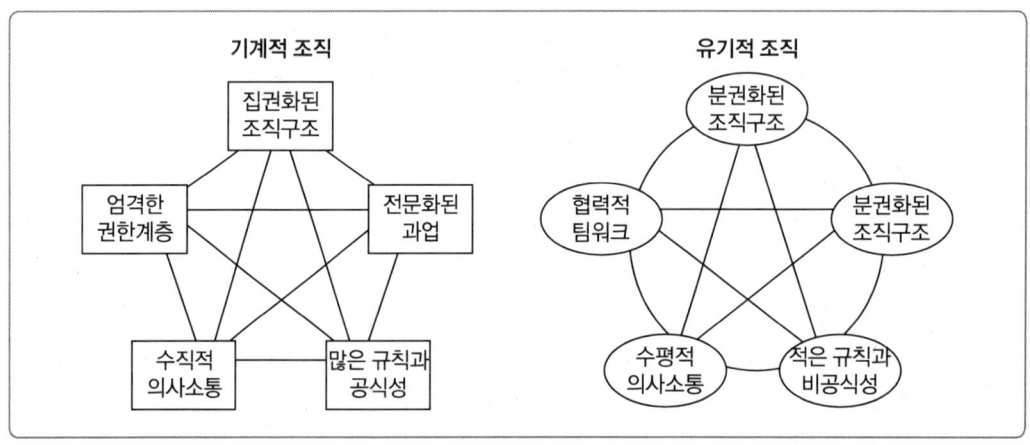

제10장 민쯔버그(Mintzberg)의 조직구조 유형 분류

거시조직이론

1 Mintzberg의 조직구조의 개념

　Mintzberg에 의하면 조직구조는 5각형으로 형성된 다섯 가지의 구성형태를 보이고 있고, 이 5각형의 내부에 실제 다양한 조직구조 형태와 조직이 직면하는 다양한 상황을 5각형의 모서리에서 발견할 수 있다고 주장했다. 또한, 조직에는 적어도 다섯 가지의 기본 부문이 있으며 각 부문별로 나름대로의 힘을 발휘하여 각각 자기 쪽으로 조직을 몰고 가려는 강한 힘이 작용한다고 하였고, 힘이 작용하는 방향에 있는 무게중심에 따라 조직의 형태가 달라진다고 하였다.

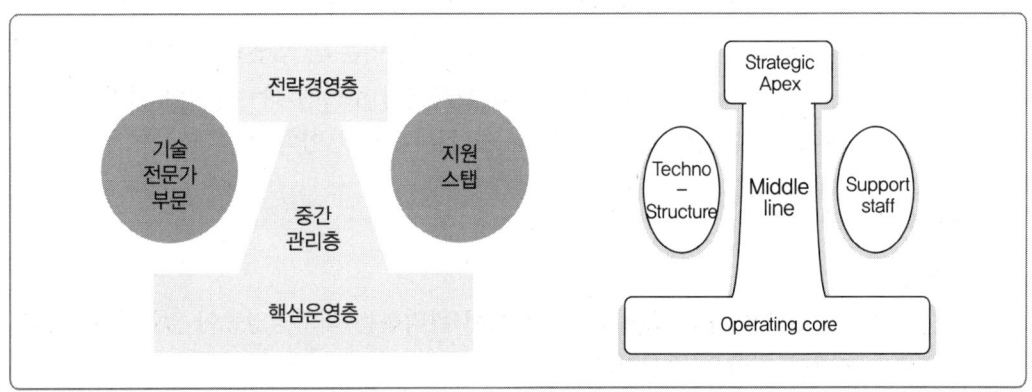

2 조직의 다섯 가지 기본부문

　조직은 다섯 가지 기본부분들의 힘을 동시에 경험하고 있으며, 서로 다른 힘의 배합을 통해, 어떤 한 방향으로의 힘이 가장 지배적일 때, 5가지 순수형 조직구조로 나타나게 되는 것이다.

거시조직이론

(1) 핵심운영 부문

① 개념

조직의 핵심이 되는 업무를 수행하는 곳이며, 조직의 제품이나 서비스를 생산해 내는 기본적인 일을 담당하는 곳이다. 제조업체에서는 생산부서가, 대학에서는 교수의 강의실, 병원에서는 진료활동이 일어나는 진료실이나 수술실이 여기에 해당한다.

② 조정압력 : 전문화와 지식·기술

조직에는 전문화하기 위하여 핵심운영측에서 행사하는 힘이 있고, 이 힘은 작업기술의 표준화에 의한 조정을 통하여 발휘된다.

③ 순수형 조직구조 : 전문적 관료제

- 핵심운영 부문에 강한 구조적 힘이 작용할 경우 전문적 관료제 구조로서 나타난다.
- 과업의 복잡성을 극복하기 위하여 상당한 지식과 기술력을 가진 전문가들이 스스로의 업무에 대하여 상당한 통제력과 재량권을 행사하는 조직이다. 연구소, 병원, 대학 등이 이에 해당하며, 작업활동 자체는 표준화 정도가 높고 안정적이지만, 그 내용의 복잡성이 커서 전문가의 직접적 통제를 필요로 하는 경우에 주로 사용된다.
- 이 구조는 공식적 조정기제와 작업표준화를 필요로 하므로 관료제의 한 유형이라고 볼 수 있지만, 아이러니컬하게도 업무를 수행하는 개별 전문가에게 의사결정권이 일부 위양되어 권한의 집중성은 크지 않게 된다. 이는 곧 집권화와 분권화가 조화를 이룬다는 의미이다. 일선 구성원들에게 재량권이 주어진다는 장점이 있지만, 조정 과정이 복잡해지고 갈등이 증가할 수 있다는 단점이 있다.

(2) 전략 부문

① 개념

전략부문은 조직을 가장 포괄적인 관점에서 관리하는 최고경영층이 있는 곳이며, 여기에서 조직의 전략을 수립한다.

② 조정압력 : 집권화와 직접감독

조직에는 집권화하기 위하여 최고경영층에서 행사하는 힘이 있는데, 이 힘은 직접감독에 의한 조정을 통하여 발휘된다.

③ 순수형 조직구조 : 단순구조

- 전략 부문이 강하게 추진될 경우 단순구조의 조직으로서 나타난다.
- 고도로 집권화된 유기적 구조로서 그 권한이 전략 부문의 최고경영자에게 집중되어 있으며, 지원스탭부문이나 기술전문가 부문 및 중간라인 부문이 미약하거나 없고, 조직의 기술시스템이 매우 단순하거나 리더십이 아주 강하기 때문이다.
- 단순구조는 동태적 환경에 적응하기 쉽다는 장점이 있지만, 경영자의 판단이나 성

향에 많이 의존한다는 점에서 단점이 있다.

(3) 중간라인 부문

① 개념

중간라인 부문은 전략부문과 핵심운영 부분 간을 직접적으로 연결시키는 라인에 위치한 모든 중간관리자로 구성된다.

② 조정압력 : 분권화와 산출물의 표준화

중간라인부문은 사업단위를 분할하기 위하여 중간관리층에서 행사하는 힘으로, 이 힘은 산출물의 표준화에 의한 조정압력이 작용한다.

③ 순수형 조직구조 : 사업부제 구조

- 사업부제 구조에서 강하게 작용한다.
- 제품이나 고객 또는 지역별로 분화해야 하는 필요성이 대두될 때, 권한을 부여받고 각 부문의 이익을 책임지는 자율적인 사업부들로 구성되는 분권형 조직이다. 사업부제에서는 중간라인부문의 역할이 강화되는데, 각 사업부의 활동이 조직의 다른 영역과 조화를 이룰 수 있도록 적절한 조정기제가 필요하며, 각 사업부 내의 조직구조는 표준화를 통한 성과목표의 측정에 용이하도록 기계적 관료제로 운영되는 경우가 많다.
- 사업부제는 위험을 분산하고 자원의 효율적 배분을 가능하게 한다는 장점이 있지만, 조직변혁 및 혁신이 어렵고 부문최적화에만 치중하다 전체최적화에 실패할 수 있다는 단점이 있다.

(4) 기술전문가 부문

① 개념

기술전문가 부문은 조직 내의 과업 과정과 산출물이 표준화되는 시스템을 설계하는 분석가들을 포함하고 있다.

② 조정압력 : 과업과정의 표준화

조직에는 표준화를 위해 기술전문가들이 행사하는 힘이 있으며, 이 힘은 과업과정의 표준화에 의한 조정을 통하여 발휘된다.

③ 순수형 조직구조 : 기계적 관료제

- 기술전문가 부문으로 강한 힘이 작용할 경우 기계적 관료제로서 나타난다.
- 베버의 관료제와 유사하며, 과업의 분업화 정도와 업무의 반복성이 높고, 조직의 공식성이 전반적으로 매우 강하다. 또한, 의사결정의 집중성이 크며, 관리구조가 라인과 스탭으로 명확하게 구분되어 있다. 과업과정의 표준화를 통하여 조정에 임하게

되므로 기술전문가부문이 조직운영의 핵심이 된다.
- 기계적 관료제 구조는 단순하고 안정적인 환경 규모가 크고 성숙기에 이른 조직의 경우 주로 선택되는 조직유형이다. 효율성과 신뢰성, 정확성이 높다는 장점이 있지만, 생산과정에서의 비인간화와 인간소외를 유발한다는 단점이 있다.

(5) 지원스탭 부문

① **개념**

지원스탭 부문은 기본적인 과업흐름 이외의 조직문제에 대한 지원을 제공하는 모든 전문가로 구성되어 있다. 이들은 인사부서, 홍보 부서, 법률고문 등 매우 다양하다.

② **조정압력 : 협력과 상호조정**

조직에는 협조 및 혁신을 하기 위하여 지원스탭에서 행사하는 힘이 있으며, 이 힘은 상호작용에 의한 조정을 통하여 발휘된다.

③ **순수형 조직구조 : 혁신구조**
- 지원스탭이 강하게 작용할 경우 혁신구조로서 나타난다.
- 효과적인 혁신을 위해서 서로 다른 분야의 전문가들이 유기적으로 연결시키는 구조이다. 이 조직의 가장 큰 특징은 행동의 공식화가 전혀 요구되지 않은 유연한 조직이라는 점이다. 여기서는 전문성에 기반한 수평적 직무전문화가 이루어지며, 조직은 이들 전문가들의 집단인 문제해결팀 또는 프로젝트팀으로 구성된다.
- 애드호크라시는 고객의 문제 해결을 위해 존재하는 운영애드호크라시와 조직 자체의 문제 해결을 위해 존재하는 관리애드호크라시로 나뉜다.

1) 단순 구조
- 최고 경영자 + 기술 핵
- 조직의 목표는 생존
- 공식화 전문화 낮음

2) 기계적 관료조직
- 규모 크고 성숙기에 들어간 조직.
- 위계질서가 높음.
- 공식화와 전문화가 매우 높음.

3) 전문적 관료조직
- 규모가 매우 큼. 기술핵이 힘을 가짐. (ex. 병원, 대학, 법률회사)
- 핵심 목표는 품질과 효과성.

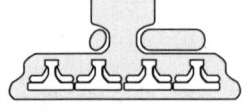

4) 사업부 조직
- 매우 크고 성숙되어 있음.
- 서비스가 제공되는 지역별 사업부로 분화.
- 개별 사업부들은 각기 독립적인 기술 핵과 관리 지원을 갖는 기계적 관료조직의 모습.

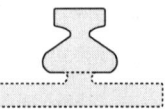

5) 혁신 조직(= 에드호크라시 조직)
- 특수상황에 만들어져 임시적, 즉흥적, 조직구조.
- 복잡하고 빠르게 변화하는 환경에 유리
- 조직 목표는 환경변화 대응 위한 혁신의 수행.

3 혼합형 조직구조

대부분의 조직은 일관된 순수유형의 조직구조를 갖기 보다는 하나 이상의 구조형태 특성을 동시에 나타내는 혼합형 조직구조를 지니고 있다.

(1) 복수의 구조형성 압력에 부응하기 위한 혼합형 조직구조

조직의 기능적 특성상 하나 이상의 힘에 반응해야 할 필요가 있기 때문에 혼합형 구조를 취하는 것이 논리적이고 타당할 경우가 있다. 예를 들어 고도로 훈련된 음악가들이 표준화된 기술로 연주를 하는 심포니 오케스트라의 경우 강력하고 때로는 독재적 지시와 감독을 필요로 하는 단순구조와 전문가 집단의 성격을 가지는 전문적 관료제 구조를 동시에 가질 수 있다.

(2) 하위 부문에서의 혼합형 구조

한 조직 내에서도 조직 내부의 여러 부문에서 서로 다른 구조가 혼재되어 있는 혼합형 구조를 생각할 수 있다. 예를 들어 신문사에서 편집부서는 혁신구조로 설계되고 인쇄부서는 기계적 관료제 구조로 운영될 수 있다.

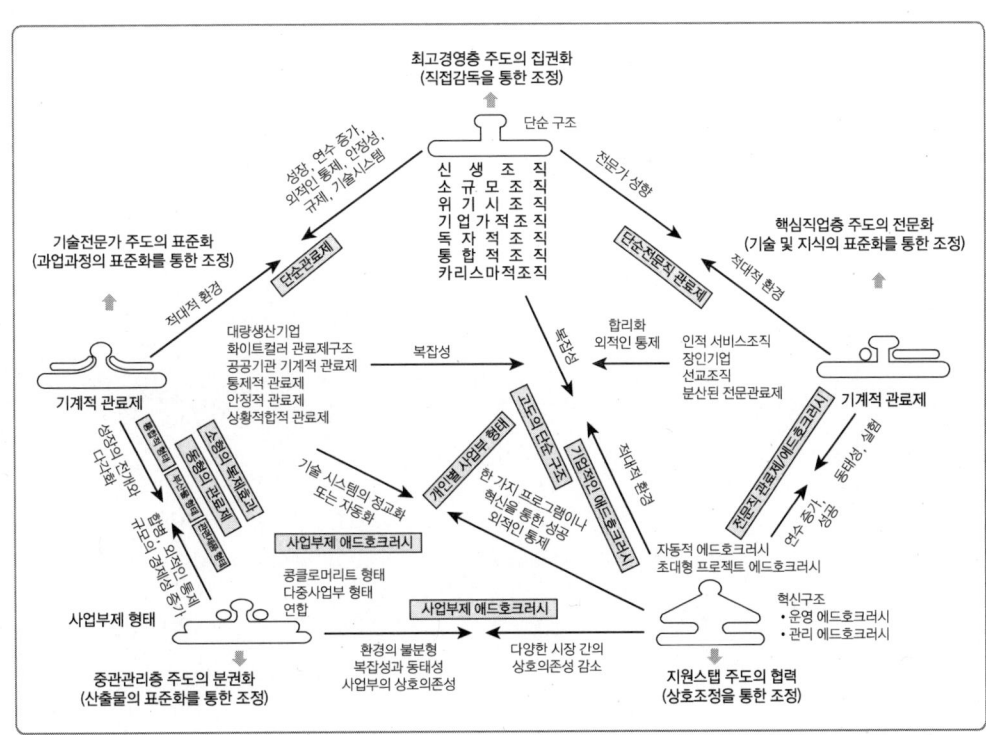

거시조직이론

4 조직의 성장경로

민쯔버그는 조직이 이상의 다섯가지 형태만을 취하는 것은 아니라고 보았다. 상황에 따라 또는 조직의 내부 특성에 따라 조직구조는 변화할 수 있으며, 둘 이상의 순수원형들이 결합된 혼합조직도 나타날 수 있다고 보았고, 이에 두 가지로 구분할 수 있다.

(1) 단순한 환경에서 탄생한 조직의 경우

단순 구조의 조직이 점차 시간이 지날수록 규제와 공식성을 요구하는 기계적 관료제로 변모하고, 이 조직이 수직적 통합과 제품 및 시장다각화를 통하여 사업부제로, 그리고 다시 사업부간 합병이나 통합을 거쳐 기계적 관료제로 회귀하거나 혁신을 지향하는 애드호크러시로 진화하는 경로를 뜻한다.

(2) 복잡한 환경에서 탄생한 조직의 경우

애드호크러시로 출발한 조직이 연령의 증가와 함께 보수화되어 기계적 또는 전문적 관료제로 진화하는 유형이다.

거시조직이론

제3편
조직구조 이해

제1장 기능식 조직

거시조직이론

1 기능식 조직의 의의

기능식 조직은 조직의 일차적인 분화가 생산, 영업, 관리 등 기능 중심으로 이루어진 조직구조이며, 내용이 유사하고 관련 있는 업무들을 결합시킨 조직설계방법으로 이루어진다. 직무전문화와 부문화로 이루어진 조직구조이다. 기능식 조직은 직능부제 조직이라고도 하며, 내용이 유사하고 업무관련성이 높은 라인 및 스탭 부문들을 전문적 기능들(인사,재무,생산,마케팅 등) 중심으로 결합하여 설계한 조직 형태이다. 주로 가치사슬을 구성하는 조직의 핵심기능요소를 기준으로 편성되는 경우가 많다. 여기서 각 기능부분의 관리자는 해당 업무와 관련한 대부분의 사항을 책임지고 관리하게 되며, 개별 기능관리자들이 최고경영자에게 업무를 보고하게끔 설계된다.

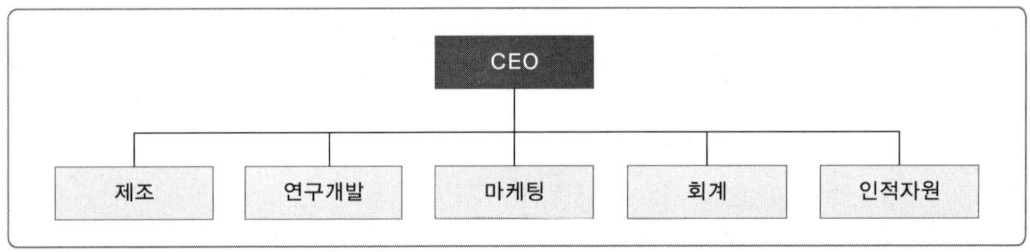

2 특징

(1) 효율성 도모

기능식 조직에서는 각 가치사슬별 업무활동의 분화가 일어나고, 각 기능관리자가 업무활동에 대한 주요 사항들을 최고경영진에 직접적으로 보고하도록 설계되어 있다. 따라서, 기능부문 내에서 업무효율성이 극대화될 수 있다.

(2) 조정기제의 필요성

해당 부문별 최적화가 곧 전체최적화로 이어지지 않을 수도 있으므로 가급적 공식적, 비공식적인 조정기제를 활용하여 갈등과 비효율의 가능성을 제거하도록 해야 한다.

(3) 적합한 상황

기능식 구조는 환경이 비교적 안정적이고, 각 부서간의 기술적인 상호의존성이 낮으며, 일상적인 기술이 사용되는 조직에서 적합하고, 조직규모는 작거나 중간정도일 때 적절히 활용될 수 있다.

3 장점과 단점

(1) 장점

기능식 조직의 가장 중요한 장점은 유사한 업무를 결합하여 생기는 전문화의 이점이며, 이러한 전문화된 업무 특성으로 규모의 경제 효과를 얻을 수 있다는 점이다. 또한, 유사한 기능을 담당하는 직원들이 동일한 장소에서 함께 근무하면서 기술개발이 용이하고, 자원과 노력의 낭비를 최소화하는 코호트 효과(cohort effect)를 노릴 수 있다. 또한, 업무에 필요한 기술을 동일한 부서 내에서 숙달시킬 수 있으므로, 짧은 시간 내에 효과적으로 기술을 익히는데 유리하다. 이는 동시에 조직분위기가 좋아져서 업무능률을 최대한 향상시킬 수 있고, 지식공유가 가능해진다는 장점이 있다.

(2) 단점

- 기능식 조직에서는 목표와 수단의 전치 현상이 나타나는데, 이것은 구성원은 자신이 속한 부서의 목표달성에만 집중하므로, 조직 전체의 목표달성에 대하여는 제한적인 시각을 갖게 되는 것을 말한다. 또한, 어떠한 결과에 대하여 단일 기능부서가 전적으로 책임을 질 수 없으므로, 과업수행의 책임소재가 불분명하게 되고, 급속히 변화하는 경영환경에서는 새로운 의사결정이 많아지고, 부서간 상호의존성이 증가할 수 밖에 없는 경영환경에서 단지, 종적관리 메커니즘만으로 효과적인 조직관리를 하기에는 매우 어렵다. 즉, 급변하는 경영환경에서 신속한 의사결정을 내리기 어려운 조직의 경직화 현상을 초래하게 된다.
- 미래를 일구어 갈 인재를 육성하는 차원에서 보면, 경영업무특성으로서 통합적인 관리와 기술을 배워야 하는데, 이러한 기술을 배울 직책이 없으므로, 조직전반적인 관리기술을 개발시키기가 곤란하다. 동일한 소속부서의 동료들과의 업무협조는 잘 되지만, 다른 부서와의 상이한 목표로 인하여 부서간의 조정이 매우 어렵다.
- 규칙과 절차에 치중한 기능식 조직의 분위기는, 구성원 개인의 창의적인 의견 제안을 방해하는 결과로 나타나고, 최고경영자의 의사결정이 지나치게 많으며, 혁신이 곤란하고, 전체 조직목표에 대한 제한적 시각을 갖게 된다는 단점이 있다.

제2장 사업부제 조직

거시조직이론

1 사업부제 조직의 의의

　규모가 커짐에 따라, 대규모 기능조직을 제품별/지역별 등으로 사업단위를 분할하여 독립채산제로서 운영하는 조직구조이다. 낮은 집권화와 높은 공식화를 특징으로 한다. 규모증대, 제품다각화 요구에 의하여, 기존의 직능부제 조직이 사업부제 조직으로 경영상의 필연성으로 나타나게 된다. 사업부제 조직은 최종생산물 또는 시장이나 고객을 기준으로 분할된 준독립적이며, 자기충족적(self-contained, 독자적인 생산과정과 이익책임주체)인 경영단위인 사업부로 구성된 조직형태이다. 대부분의 대기업은 사업부제를 채택하고 있다고 보면 된다.

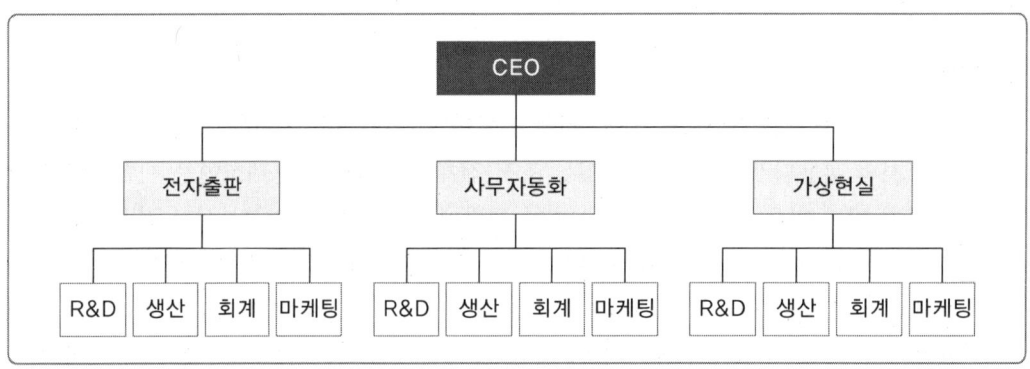

2 사업부제 조직의 특성과 유형

(1) 사업부제 조직의 특성

① 전략적 결정의 기업내 침투

　각 사업부는 독자적 이익, 책임을 갖는 자립적 경영단위로서 이루어져 있으며, '기업 가운데의 기업'으로서 역할을 하고 있다. 즉, 사업부 자체를 외부환경에 적응시켜 가기 위한 전략적 결정의 책임을 사업부제 조직의 장에게 배분하고 있다.

② 의사결정의 합리성 확보

이익책임을 갖는 경영단위로서 '이익기준'에 의한 합리적인 의사결정을 확보한다는 특징을 갖는다.

③ 혁신적 결정에 대한 모티베이션

사업부제 조직은 혁신적 결정을 자극하는 근무환경을 조성하는 조직설계의 요청에 의한 것이다. 여기서, '혁신'은, 새로운 생산공정, 새로운 시스템과 구조적 변화 등을 의미한다.

④ 시장경제 메커니즘의 기업 내 도입

각 사업부에 시장메커니즘이 도입되어 가격기구를 통해 자신의 이익을 최대로 할 수 있도록 최적의 의사결정을 한다.

(2) 유형

제품별 사업부제, 지역별 사업부제, 고객별 사업부제 유형이 존재한다.

3 사업부제 조직의 중심 역할

(1) 이익책임단위

독자적인 이익을 추구하는 권한과 책임을 갖고 있으며, 이를 위한 의사결정기준과 의사결정의 독립성을 가진다.

(2) 제품책임단위

독자적인 제품시장의 환경변화에 동태적이고 혁신적인 적응을 기하는 기업가적인 책임이 부여한다.

(3) 시장책임단위

각 사업부는 독자적인 고객별/지역별 시장책임의 중심점을 구하는 시장책임단위를 생각할 수 있다.

4 사업부제 조직의 문제점과 유의할 점

(1) 문제점
각 사업단위가 이익에만 집착하거나, 직원의 가치 및 운영측면의 사고를 결하였거나, 급진적인 변화를 시도하여 무차별적인 사업부제를 적용하는 등 문제점을 양산한다는 문제점이 있어서 중앙조정부서에 의한 통제관리가 필요하고, 적정규모를 유지해야 함이 바람직하다.

(2) 유의점
분권적인 이익관리를 행하는 데에는 본사의 종합조정기능을 강화하는 것이 필요하다. 분권적인 이익관리의 단위로서 사업부제 조직이 역할을 수행하기 위해서는, 자율성을 기할 수 있는 충분한 규모에 해당하여야 한다. 또한, 사업부제 조직의 제반 제도를 실현시킬 수 있는 구성원의 상호작용과 경영상황에 대한 이해가 전제되어야 하고, 사업부제 조직의 장에게 의사결정권의 부여, 관리통제권을 부여하여 본사 차원에서 지배와 지원을 동시에 신축적으로 수행할 수 있어야 한다.

5 장단점

(1) 장점
- 제품이나 서비스에 대한 모든 책임이 사업본부장에게 부과되어 전체적인 조직목표를 망각할 가능성이 있는 기능조직의 단점을 제거할 수 있다. 사업부제 조직은 목표달성 수단에 초점을 두지 않고 최종적인 조직성과를 강조한다는 특성을 갖는다. 또한, 환경변화에 신속한 대응으로서 사업 부문별 분권화된 형태로 운영되므로 환경변화로서 그때그때마다 대처할 수 있다는 장점이 있다. 사업부제 조직구조는 기능부서 간 조정이 원활하게 이루어지고 각 제품은 개별고객이나 지역특성에 따른 요구사항에 쉽게 대응할 수 있다.
- 사업부 내 기능 간 조정이 용이하여 여러 가지 기능부서가 한 사업부 내에 있기 때문에 기능 부서간 조정을 달성하는 데 탁월하고, 전통적인 수직적 계층을 통해서는 더 이상 적절히 통제할 수 없는 경우, 조직목표가 적응과 변화를 지향하는 경우 적합하다. 사업부마다 다른 제품과 서비스를 생산해 내므로 시장 특성에 적절히 대응하므로, 고객들의 만족 효과까지 가져올 수 있다. 제품의 차별화와 제품에 대한 책임의 명확화로 소비자 만족을 증대할 수 있다.

- 최고경영층이 일상적인 업무에서 벗어나 장기적인 전략 수립에 집중하여 환경변화에 대응할 수 있으며, 포괄적인 업무수행이라는 특성은 최고경영자의 육성에도 적합하다.

(2) 단점

- 규모의 경제로부터 얻는 이점을 갖지 못하여 모든 제품단위마다 설비를 갖추어야 하므로, 자원 활용 측면에서 비경제적이고, 제품 라인이 독립적으로 분리되어 있고, 라인 간 협력을 위한 인센티브가 거의 없기 때문에 제품 라인 간의 조정이 곤란하여 제품의 호환성이 없거나, 각 부서 사원들 간의 조정절차 숙지 부족으로 소비자의 불만이 증가할 수 있다.
- 기능이 여러 사업부로 분산되기 때문에 기술의 기능별 전문화가 어렵다. 또한, 연구개발 인력은 전체 조직에 이익이 될 수 있는 기초 연구를 수행하기 보다는 자신이 속해 있는 제품라인에 이익을 낼 수 있는 사업에만 주로 수행하게 되기 때문이다. 또한, 제품라인 통합/표준화 곤란한데, 구성원들은 관련 부서의 제품라인에만 관심을 집중하여 전체 조직차원에서 기술의 통합과 전문화가 어렵다는 점이다.

[사업부제 조직의 장단점]

장점	단점
① 불안정한 환경에서 신속한 변화에 적합 ② 제품에 대한 책임과 담당자가 명확하여 고객 만족도 제고에 적합 ③ 기능부서 간 원활한 조정이 가능 ④ 제품, 지역, 고객별 차이에 신속하게 적응 가능 ⑤ 다수의 제품을 취급하는 대규모 기업에 적합 ⑥ 분권화된 의사결정	① 기능부서에서 규모의 경제 효과 감소 ② 제품라인 간 조정이 약화될 수 있음 ③ 특정 분야에 대한 지식과 능력의 전문화가 곤란 ④ 제품라인 간 통합과 표준화가 곤란

※ 임창희, 조직이론

매트릭스 조직

1 매트릭스 조직의 의의

- 매트릭스 조직은 계층적인 기능식 조직에 수평적인 사업부제 조직을 결합한 형태로 양자 간의 균형을 추구하는 것이다. 이 구조는 기능식 구조이면서 동시에 전략적 사업(또는 전략적 프로젝트)을 가진 것이며, 제품과 기능 또는 제품과 지역을 동시에 강조하는 다초점이 필요한 경우 통제관리가 잘 작동되지 않을 때 효과적이다.
- 최근 현대 경영환경은 치열한 경쟁과 다양한 소비자의 욕구, 각종 정부규제 등으로 인하여 다양하고 혁신적인 제품을 생산하여야 될 뿐만 아니라, 양질의 우수한 고품질의 제품생산도 요구되고 있다. 이러한 경우 제품시장과 기술적인 전문성을 분리하여 정보를 처리하여야 하는데, 이러한 상황에 적합한 조직구조가 바로 매트릭스 조직이다.
- 원래 대부분의 조직에서는 명령일원화, 즉 한 명의 상사에게 보고하는 시스템을 갖추고 있으나, 매트릭스 조직은 전통적인 명령일원화의 원칙에서 벗어나는 예외적 형태의 조직이다.

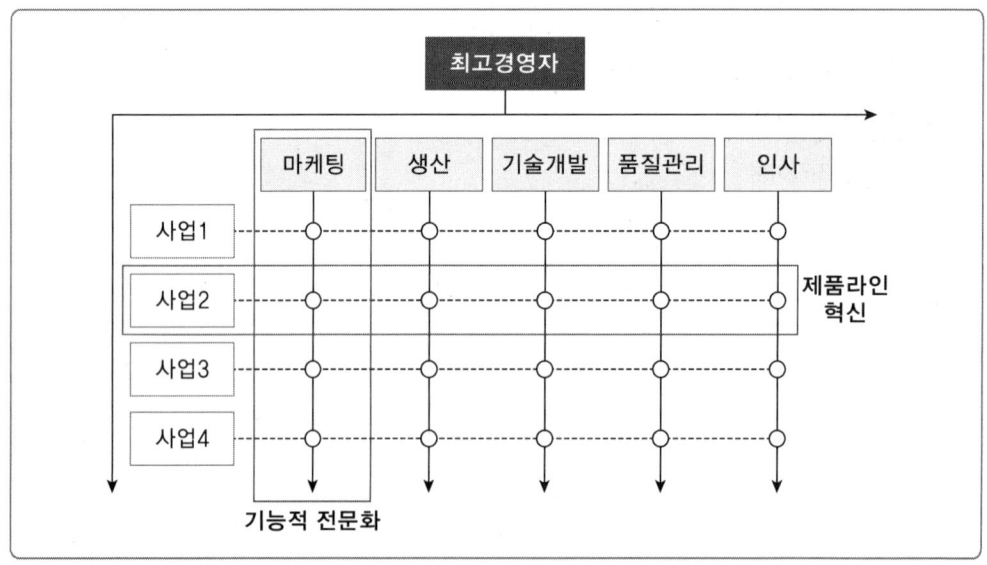

2 매트릭스 조직의 본질

(1) 특징

① 강한 수평적 연결 형태

매트릭스 조직구조는 수평적 연결이 강한 형태의 조직구조이다. 매트릭스 구조의 독특한 특징은 제품부분과 기능부문이 동시에 구성되어야 한다는 점이다.

② 두 조직구조 간의 관계 보완

매트릭스 조직구조는 전통적인 계층구조에 의한 관계와 제품별 사업부제 구조에 의한 관계를 서로 보완해 주는 것이 필요하다. 보완관계는 협의에 의한 상호작용으로 기능의 횡적 역할로 나타난다. 따라서, 중간관리자를 통한 조율기능, 태스크포스팀 등의 임시조정기관, 기능구조에 추가되는 연결장치 등의 다양한 조정기제가 필요하다.

③ 2명의 상사 시스템

매트릭스 조직은 전통적인 명령일원화의 원칙을 위반하고 있는데, 매트릭스 조직 자체가 각 구성원이 기능조직과 매트릭스 조직구조에 동시에 속하도록 되어 있기 때문에 한 명의 구성원은 2명의 상사를 가지게 되는 특징을 가진다. 이때, 제품관리자와 기능관리자는 조직 내에서 동등한 권한을 가지고 있고, 구성원들은 2명의 상사에게 보고해야 한다.

(2) 적합한 상황

① 환경, 기술, 규모 측면

- 매트릭스 조직구조는 환경의 불확실성이 매우 높고, 조직의 목표가 기술의 전문성과 제품라인의 혁신 모두를 중요하게 생각할 경우로서 경영환경의 변화에 적응해야 할 때 적합하다. Perrow 관점에서 살펴볼 때, 비일상적인 기술일 조직이 사용할 때 적합하고, Thompson 관점에서 보면 기능 내부의 상호의존성이 높을 때 매트릭스 조직이 적합하다.
- 규모 측면에서는 소수의 제품라인을 갖고 있는 보통규모의 조직일 때 가장 효율적으로 기능을 발휘한다. 단일제품은 매트릭스가 필요하지 않으며, 매우 많은 종류의 제품을 생산하는 조직에서는 부문 간의 조정이 어려워 사용이 곤란하다.

② 제품라인들간에 희소한 자원을 공유해야 하는 경우

중간 정도의 규모 회사에서 여러 제품을 생산하고 있는데, 이때 각 제품마다 전문 엔지니어를 배치할 만큼 조직이 크지는 않을 경우 각 엔지니어들이 여러 제품이나 프로젝트에 파트타임으로 참여할 수 있다. 이때 매트릭스 구조가 만들어진다.

거시조직이론

③ 두 가지 이상의 목표가 존재하는 경우

구체적으로 심층된 기능적 지식을 개발하는 동시에 제품개발이라는 이중적 요구를 동시에 균형 있게 충족시켜야 하므로, 이중권한체계를 특징으로 하는 매트릭스 조직의 효용이 커진다.

3 장점

(1) 기술의 전문성과 제품라인의 혁신이 동시에 필요한 경우

조직이 기술의 전문성과 제품라인의 혁신을 동시에 필요로 하는 경우 매트릭스 조직구조는 두 측면을 모두 만족시킬 수 있다. 지식공유가 빠르게 나타날 수 있으므로 특정 프로젝트를 통해 얻은 지식과 경험을 다른 프로젝트에 활용하기 용이하고, 프로젝트 또는 제품별 조직과 기능조직간에 상호견제가 이루어지므로 고객이 요구하는 이중적인 요구사항을 충족할 수 있다.

(2) 조직 내부 자원을 효율적으로 사용하면서 외부환경에 신속하게 적응

조직의 내부자원을 각 제품 라인에 효율적으로 사용할 수 있으며, 외부환경의 변화에 신속하게 대응할 수 있다. 매트릭스 조직의 특성상 시장과 고객의 요구에 적극적인 대응을 할 수 있을 뿐만 아니라 최고경영진에게도 해당 정보가 빨리 전달된다는 장점이 있다.

(3) 경영자로서의 자질 함양

조직구성원들에게 양 부분의 관리기술을 습득할 기회를 제공하여 경영자로서의 자질을 함양하게 한다.

(4) 조정을 용이하게 하는 역할

조직이 다수의 복잡하고 상호의존적인 활동을 수행하고 있을 때, 제 활동 간의 조정을 용이하게 할 수 있다. 구성원이 복수의 상사로부터 통제와 평가를 받게 되어 상이한 요구를 수행하기 위해 노력하는 과정에서 그들의 다기능화가 자연스럽게 진행되므로 인적자원관리의 융통성도 꾀할 수 있다.

(5) 규모의 경제 이익

전문기술을 가진 사람들이 특정 기능부서나 사업부에 전속되지 않고, 다양한 분야의 업무를 수행하게 됨으로써, 규모의 경제로부터 오는 이익, 즉, 최소의 인원으로 최대한의 제품생산에 전문성을 투입할 수 있는 효과를 추구할 수 있다.

 **단점**

(1) 2명의 상사 시스템에 의한 갈등 문제

명령일원화라는 전통적인 관리원칙에서 벗어나 두 명의 상사를 갖는 구조로 인하여, 역할갈등 문제가 발생할 수 있다. 이를 조직구조가 다원화되면서 나타나는 조정의 문제이기도 하면서 권한이나 주도권에 대한 다툼의 문제이기도 하다.

(2) 관리비용의 증가

관리자들이 원활한 의사소통을 위한 활동을 할 수 있도록 많은 시간을 필요로 한다는 문제, 다양한 인간관계 기술에 의한 교육훈련이 필요하다는 문제, 빈번한 회의와 갈등 조정 과정으로 인해 많은 시간과 커뮤니케이션 비용이 소요된다는 문제, 매트릭스 조직구조에 대한 설명을 구성원들이 이해할 때까지 해야 한다는 문제 등이 있다.

(3) 매트릭스 조직을 잘 이해하지 못할 경우

매트릭스 내의 사람들이 정보와 권한의 공유에 대하여 적응하지 못하는 경우 조직이 제 기능을 발휘하지 못한다. 또한, 종업원들이 매트릭스 구조의 특성을 잘 이해하지 못하거나 적응하지 못할 경우 제대로 작동하지 못한다는 한계가 있다. 또한, 조직구성원은 자신의 위치가 불명확하게 되므로 조직에 대한 몰입도나 충성심이 저하될 수 있다.

제4장 애드호크러시 조직

거시조직이론

1 의의

〈애드호크러시〉는 문제해결을 위하여 다양한 기술을 갖는 이질적인 전문가집단으로 구성되며, 복잡하고 급변하는 경영환경에의 대응과 문제해결을 지향하는 적응적이고 일시적인 시스템이다. 조직의 유연성을 강조하는 애드호크러시는 제2차 세계대전 중에 특수임무를 맡았던 임시특수부대인 애드호크팀(ad hoc team)에서 유래하였는데, 특정한 임무수행이나 문제해결을 위해 뭉쳤다가 그 달성 이후에는 해산하는 특징을 가지는 일시적 전문가 집단이다. 따라서, 상하관계나 명확한 부서가 나타나지 않는다는 점에서 탈관료제적 성격을 지니는 민주적 수평조직의 일종이다.

2 애드호크러시의 특징

(1) 낮은 수준의 복잡성, 집권화, 공식화

애드호크러시 조직은 높은 수준의 수평적 분화, 낮은 수준의 수직적 분화의 특징을 갖고 있으며, 신속하고 탄력적인 적응력을 위하여 분권화된 의사결정의 특징을 보인다. 높은 수준의 전문성으로 인하여, 낮은 수준의 공식화를 나타내며, 규칙과 규정이 별로 없고, 설사 존재한다 하여도 느슨한 형태를 띠거나 비문서화되어 있다.

(2) 고도의 유기적 구조

일체의 표준화에 의한 통제를 거부하고, 급격하게 변화하는 경영환경에 신속하고 탄력적으로 대응하기 위하여, 고도의 유기적인 특성을 발휘한다. 즉, 복잡하고 역동적인 환경에 직면하여 효과적인 의사결정 도출을 중시하므로 유기적 구조를 가지게 되며, 각 구성원이 보유한 전문성의 정도가 매우 높다.

(3) 기능부문과 목적부문의 공존

기능조직으로서의 성격과 특별한 과제의 달성을 목표로 하는 프로젝트 팀 조직의 특성을 같이 공존하여 갖고 있다. 대표적인 사례로 매트릭스 조직구조를 들 수 있다.

(4) 연락장치의 설치

애드호크러시는 조정의 수단으로서, 전문가간의 상호조정 수단을 택하는데, 이에 시도되는 것이 연결장치(liaison device)의 설치 및 활용이다. 이러한 연결장치로서 역할 담당자는 구체적으로 프로젝트 매니저, 통합관리자 등이 있음.

(5) 사례

- 매트릭스 조직, 팀 조직, 프로젝트 조직, 학습조직, TFT팀, 네트워크 조직 등이 있다.
- 〈프로젝트 조직〉은 동태적인 환경변화에 따라 전략적으로 중대한 문제해결이나 목표달성을 위해 일시적으로 조직 내의 인적/물적 자원을 결합한 조직형태이며, 소기의 목표가 달성되면, 해체됨을 특징으로 한다.
- 〈매트릭스 조직〉은 기능조직의 장점인 능률성과 프로젝트 조직의 환경적응성을 결합한 조직구조이며, 항구적이고 이중상사시스템을 특징으로 한다.

3 애드호크러시의 장단점

(1) 장점

① 동태적이고 복잡한 환경에 적합

애드호크러시는 동태적이면서 복잡한 경영환경에는 유기적이고 분권화된 조직구조가 적합하게 움직일 수 있다는 장점을 발휘한다. 이질적인 요소가 병존하고 있는 경영환경, 제품의 빈번한 변화, 신생조직, 정교하고 자동화된 기술체계가 있는 경영환경에 적합하다. 애드호크러시에 소속된 구성원의 자율적인 업무수행과 책임감을 강조하기 때문이다.

② 규모의 경제

제품과 시장이라는 두 이질적인 요소를 반드시 고려해야 하는 경영환경에서, 특히 매트릭스 조직구조는 최소의 투입으로 최대의 산출을 볼 수 있다는 효과를 거둘 수 있다.

(2) 단점

① **역할모호성**

애드호크러시는 명백한 상하관계가 없고, 권한과 책임이 모호하며, 업무가 명확히 구분되어 있지 않아 역할모호성이 발생하기 쉽고, 표준화된 작업의 이점이 결여되기 쉽다.

② **구성원간의 갈등**

애드호크러시는 창의적인 사람에게는 흥미를 끌지만, 그렇지 못한 사람에게는 심한 갈등을 야기한다. 또한, 상이한 전문기술을 가진 전문가들이 모여 프로젝트를 진행하게 되는 과정에서 인간관계 갈등, 커뮤니케이션 갈등 등이 발생한다.

③ **비용의 비효율성**

애드호크러시에서는 표준화된 비용절감이 용이하지 않다. 자원비용, 커뮤니케이션 비용, 귀중한 시간 비용, 인건비 낭비 등을 초래한다.

4 뷰로크러시와 애드호크러시의 관계

- 현대 경영조직에서의 위치에서 살펴보면, 애드호크러시의 등장이 뷰로크러시의 소멸을 의미하지 않다는 것이다. 하나의 조직에 뷰로크러시와 애드호크러시는 동시에 보유할 수도 있는 것이고, 모든 조직이 뷰로크러시만 적용할 수는 없으며, 마찬가지로 애드호크러시로만 적용할 수 없다. 뷰로크러시와 애드호크러시는 동시에 함께 존재한다는 것이다.
- 상호 유기적 조화의 필요성에서 보자면, 애드호크러시는 지속적인 조직구조로서 존재하기 보다는 뷰로크러시에 활력을 불어넣는 임시적 조직으로서 활용되는 경우가 많다. 이러한 경우로서 볼 때, 두 이론의 상호 유기적인 조화의 필요성에서 양자의 한계를 극복하고 장점을 발전시키는 조직구조 설계가 요구된다 하겠다.

제5장 프로세스 조직

1 프로세스 조직의 의의

리엔지니어링(BPR)에 의하여 기존의 업무처리절차를 재설계하여 획기적인 경영성과를 도모하도록 설계된 조직이며, 고객과 시장에 대한 정보가 중요해지고 있는 오늘날에는 의사결정이 정보에 가장 밀착된 현장에서 바로 이루어져야 하는데, 이러한 업무와 관련된 빠르고 신속한 의사결정으로 BPR을 접목하여 비용, 품질, 서비스, 업무속도 측면에서 변혁이 있는 것을 말한다(M.Hammer). 시장에서 고객의 중요성이 증가하면서 조직의 운영도 생산자 중심에서 소비자 중심, 이용자 중심으로 변해야 한다는 취지에서 제품과 서비스를 생산하는 과정을 근본적으로 재설계해야 할 필요성이 증대되었다. 고객의 기대가치를 가장 이상적으로 반영할 수 있도록 조직전체의 업무 프로세스를 고객에 맞게 재설계되어야 할 것이 중요해 졌기 때문이다.

2 프로세스 조직의 특징

프로세스 조직의 근본적인 목표로서 고객가치를 가장 이상적으로 반영한다는 것으로 전체적인 업무 프로세스를 재설계했다는 점에서 과거의 단순한 업무 프로세스와는 다르다. 일례로 손해사정인의 경우 고객으로부터 전화를 받으면, 전화로 해결할 수 있는 사항을 즉시 알려주고, 이후 현장조사를 위하여 즉각 약속을 잡고 몇 시간 내에 일을 처리하는 과정으로 이루어져 있다.

(1) 팀 단위의 자기완결적 업무수행

프로세스 팀은 하나의 프로세스를 완수하기 위하여 함께 일하는 사람들의 집합이며, 하나의 완결된 팀 업무를 위하여 서로 다른 기술과 기능을 보유한 사람들로 구성되어 있다. 이들은 하나의 조직구조를 구성하는 최소한의 단위가 되는 것으로 프로세스팀의 형태로서 운영된다.

(2) 서로 다른 기술과 기능을 보유한 종업원들로 구성

프로세스 조직에서는 서로 다른 기술과 기능을 보유한 종업원들이 일련의 업무과정을 처리하며, 부가적인 업무는 제거되고 프로세스가 단순하게 이루어져 있다. 이러한 단순화

거시조직이론

된 업무처리과정에서 구성원 하나하나는 프로페셔널한 전문적인 기술과 기능을 보유한 질적으로 높은 수준의 과업을 수행하게 된다. 따라서, 복합적인 과업을 수행하는 다기능공 또는 다기능 보유자가 요구된다.

(3) 프로세스 결과에 대한 총체적인 책임

프로세스 팀원은 하나의 과업에 대하여 각자가 책임을 지는 것이 아니라, 프로세스 결과물에 따라 팀 전체가 책임을 지며, 맡은 일은 서로 다를 수 있지만, 팀원 모두가 결과에 대한 총체적인 책임을 진다는 특징이 있다.

(4) 고객의 요구에 대한 신속한 대응

리엔지니어링을 통하여 고객의 요구에 신속하게 대응할 수 있다. 예를 들어 손해보험회사의 경우 고객으로부터 사고 신고를 접수하는 부서, 고객 요청사항의 세무내용을 전담하는 부서, 피해규모를 조사하여 보험액수를 산정하는 부서 등 서로 다른 기능·기술이 다 같이 움직여서 신속하게 빠르게 고객이 결과를 확인할 수 있도록 하고 있다.

(5) 조정비용의 감소

프로세스 팀제가 되면, 통제를 줄이고, 부가적인 업무를 제거함으로써 기존의 엄격한 통제로 인한 지나친 조정비용 등을 줄일 수 있다. 프로세스 팀은 독립적이면서 자기 완결적인 프로세스를 담당함으로써 과거 전통적 기능조직에서 요구되던 조정비용 및 통제비용이 필요하지 않다.

3 프로세스 조직의 구축 조건

(1) 설계

기업 내 주요 핵심 업무와 업무흐름을 파악한 다음, 프로세스를 재설계하는데, 이때 부가적이고 불필요한 것은 제거한다. 이후 새롭게 설계된 프로세스에 대한 비용-효과 분석이 효율적이라고 판단되면, 이를 작업장 내 정착하는 것으로 최종 확정한다.

(2) 전체 시스템 차원에서 접근

개별 기능 차원이 아니라, 전체 시스템 차원에서 접근하여 과업을 계획, 조정, 통제하는 부서와 실제 업무를 실행하는 부서를 굳이 별도로 둘 필요가 없다고 판단된다면 조직 전체를 자율성을 가지는 고객 중심의 팀으로 재편함으로써 전체 시스템 관점에서 통제비용을 절감할 수 있게 해야 한다.

(3) 식별 가능한 프로세스 존재

프로세스 조직은 관료제 조직의 혁신을 위하여 실시되는 경우가 많고, 식별 가능한 업무 흐름 등 프로세스가 있는 경우 그 흐름도를 작성하여 문제점을 분석하고 해결책을 모색할 수 있다.

(4) 정보통신 등 다양한 기술 필요

다양한 기술의 활용을 통해 보다 유연하고 기민한 조직구조를 만들 수 있다.

4 적합한 환경

① 기술적 환경의 불확실성이 상대적으로 낮을 때 안정적인 프로세스를 토대로 혁신을 시도할 수 있다. 프로세스 리엔지니어링은 일을 하는 과정의 혁신이지 업무자체의 혁신은 아니기 때문이다.
② 내·외부 고객니즈에 신속하고 유연한 대응을 할 수 있으므로 고객이 차별적 특성을 갖고 있어 강한 교섭력을 가지는 환경에 처한 기업에 적합하다.
③ 규모가 크고 오래되어 조직의 수평적 분화와 관료제화가 심한 성숙기의 대기업에 효과적이다. 이 경우 부문간 장벽으로 프로세스 단절이 심하고 조정에도 어려움이 있기 때문에 프로세스 혁신의 효과가 크기 때문이다.

5 장단점

(1) 장점

프로세스 조직은 고객의 관점에서 업무를 처리하기 때문에 고객에 대한 유연하고 신속한 대응을 할 수 있고, 고객중심의 가치를 창출하고, 조직목표에 대한 폭넓은 시각을 형성하여 고객이 불편해 하는 사항이나 궁금한 사항 등을 팀웍과 협력으로 해결을 도모하는 책임감을 공유한다는 장점을 지니고 있다.

(2) 단점

- 업무 과정에서 핵심 프로세스 규명에 시간이 소요된다는 점인데, 원자재 등의 투입에서부터 제품과 서비스의 창출까지 소요되는 과정을 전반적으로 인식하여 가장 중요성을 가진 업무과정과 부가적인 업무 등을 구분하여 인지하는데 시간을 투자해야 한다는 부담이 있다. 즉, 종업원에 대한 업무훈련에 소요되는 훈련기간이 필요하다.

거시조직이론

- 프로세스 팀이 효율적으로 운영되기 위해서는 조직문화, 직무설계 등과 보상시스템 개선이 필요하고, 실무자의 업무에 대한 재량과 책임이 수반되어야 하므로 관리자의 권력과 권한이 감소한다는 단점이 있다.

[프로세스 조직의 장단점]

장점	단점
① 고객에 대한 유연하고 신속한 대응 ② 모든 종업원의 관심사가 고객을 위한 가치창출과 제공에 집중 가능 ③ 모든 종업원들이 조직목표에 대한 폭넓은 시각을 보유 ④ 팀워크와 협력 증진 ⑤ 종업원들에게 책임감 공유, 의사결정참여, 조직목적에 기여할 수 있는 기회를 제공함으로서 삶의 질 개선	① 핵심프로세스를 규명하는 것이 어렵고 시간이 오래 걸림 ② 조직문화, 직무설계, 경영철학, 정보와 보상시스템 등에 대한 개선 필요 ③ 관리자는 권력과 권한이 줄어든다는 생각으로 좌절감 경험 ④ 종업원들이 효과적으로 작업하기 위해서는 상당한 훈련이 필요 ⑤ 전문적인 기능 개발에 한계

※ 임창희, 조직이론

6 성공조건

(1) 복잡한 직무를 수행할 만한 인재 요구

하나의 구성원이 여러 기능과 질적으로 높은 수준의 과업을 수행할 수 있도록 복합적인 직무를 효과적으로 수행할 수 있는 사람이 요구된다. 그러므로, 이를 위한 교육이 이루어져야 한다.

(2) 프로세스팀별 평가와 보상

프로세스 조직에서 개별 프로세스는 독립적이므로 프로세스팀별로 창출한 가치를 평가하여 보상을 해주어야 한다.

(3) 프로세스 관리자는 코치 역할

프로세스 조직의 관리자는 코치가 되어 직원들이 보다 질적으로 우수한 직무를 수행할 수 있도록 도와주어야 한다.

제6장 프로젝트 조직

1 프로젝트 조직의 의의

- 동태적인 환경변화에 따라, 전략적으로 중대한 문제의 해결과 목표달성을 위하여, 조직 내 인적자원과 물적자원을 일시적으로 결합한 조직형태이다. 프로젝트 조직은 특정한 과업의 계획과 집행을 위해 비교적 소수의 구성원으로 편성된 기동성 있는 조직을 의미하며, 기존의 구직구성원 가운데 프로젝트 수행에 필요한 사람들로 프로젝트 팀을 구성하며 임무가 수행되면 해당 팀은 해산하게 된다.
- 조직을 둘러싼 환경이 복잡해지고 변화의 폭이 커짐에 따라 직능식 분화에 근거한 기능구조의 한계(의사소통의 제약, 경직된 분위기 등)가 대두되었고, 이를 극복하기 위한 대안으로서 문제해결을 목표로 하는 유연성 있는 프로젝트 조직의 필요성이 대두되었다.

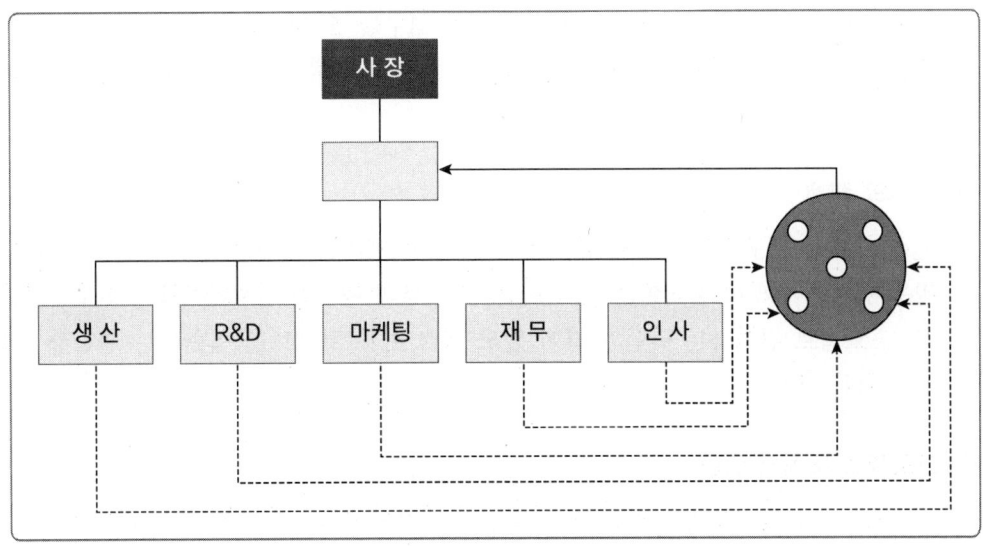

거시조직이론

2 프로젝트 조직의 등장배경

(1) 기존의 전통적인 조직만으로는 조직유효성에 한계

전통적 조직인 직능부제 조직은 분업을 통한 직무전문화, 계층별 위계조직, 계층적 권한구조, 규칙과 절차를 통한 업무수행으로 발전을 도모하였지만, 그러나 조직을 둘러싼 환경조건이 다양해지고 변화의 폭이 증가함에 따라 기존의 기능식 분화에 의한 조직구조로서는 효율적인 의사결정을 할 수 없고, 조직효과성 측면에서 한계에 봉착하게 되었다.

(2) 전문성과 신축성 추구

종래 기능조직이 갖고 있던 환경변화에 유연한 대처에 약한 경직성을 제거하고, 업무기술의 전문성과 환경변화에 대한 신축적 대응을 추구하는 프로젝트 조직을 등장시켜 전략적으로 중대하고 종합적인 노력을 필요로 하는 과제 달성을 위하여 등장하였다. 프로젝트 조직은 독자적인 조직으로서 일시적, 잠재적, 동태적 조직의 성질을 갖는다.

3 프로젝트 조직의 특징

(1) 시스템으로서의 조직, 일시적·잠정적 조직

프로젝트 조직은 특정 과제 중심으로 필요한 업무를 종합화한 조직이므로, 여러 직능을 종합화한 시스템으로서의 특징을 갖고 있고, 과제 프로젝트가 완료되면 해산하는 일시적이고 잠정적인 동태적 조직이다.

(2) 직무의 체계

권한의 계층적 구조라는 성격 보다는, 직무의 체계라는 성격이 강하게 나타나며, 조직 활동이 계층에 의해 움직이는 것이 아닌, 직능상의 횡적인 상호관계에서 업무를 진행한다. 프로젝트 관리자는 라인의 장이 맡고 있으며, 프로젝트를 실현하는 책임과 권한을 보유한다.

(3) 프로젝트 조직의 권한

프로젝트 조직의 권한은, 프로젝트의 합법성 내에서 존재한다. 즉, 공식적인 권력은 거의 없으나, 프로젝트라는 합법성 내에서는 각종 권한과 책임을 갖고 있다.

(4) 프로젝트 조직의 형성

프로젝트 관리자 개발 방법으로 주로 OJT기법이 사용되고, 팀원 선발은 가능한 모든 후보자들을 평가하여 상위관리자와 함께 최종결정을 내리는 방식으로 선발하여 운영된다.

4 프로젝트 조직의 장단점

(1) 장점

프로젝트 조직 설계 및 운영 시 ① 풍부한 자원과 정보를 검토할 수 있고, 업무수행이 효과적이다. ② 팀의 목표가 명확하여 강한 동료의식과 책임감을 불러일으킬 수 있으며, ③ 특정 목표 달성, 이익 목표 달성을 위해 모든 의사결정을 프로젝트 수행 중에 하기 때문에 조직의 기동성을 높일 수 있다. 프로젝트 조직의 구성원은 비교적 ④ 프로젝트 팀원들이 높은 지식과 경험으로 다져진 유능한 인재들이기 때문에 인력구성상 고도의 전문성을 발휘할 수 있다.

(2) 단점

① 기존 부서의 리더 및 동료들과 프로젝트 조직으로 차출된 구성원간 인간관계의 손상이 우려되고, ② 기존 부서에서 우수한 인력을 프로젝트 조직으로 보내야 하기 때문에 원 부문의 업무 및 인원계획에 차질이 발생한다는 부담이 있다. 선발된 자의 자만심을 조장하여 조직의 관심이 프로젝트에 집중되기 때문에 ③ 원부서의 구성원들의 사기저하를 가져올 수 있다. ④ 프로젝트의 성공여부가 프로젝트 관리자의 수완에 의존하는 경우가 많다.

5 직능부제 조직과 프로젝트 조직의 차이

(1) 직능부제 조직의 의의

직능부제 조직(또는 기능식 조직)이란 조직의 일차적인 분화가 생산, 영업, 관리 등 기능 중심으로 이루어진 조직구조이며, 업무내용이 유사하고 관련 있는 업무들을 결합시킨 조직설계방법이다. 기능식 조직구조는 직무전문화와 부문화로 이루어진 조직구조이며, 업무의 일관성, 안정성, 규모의 경제 효과라는 장점이 있지만, 환경변화에 대한 경직된 조직구조, 목표와 수단의 전치, 구성원의 창의성 저해라는 단점도 갖고 있다.

거시조직이론

(2) 프로젝트 조직과 기능식 조직의 차이점

① **라인-스탭의 이분원리**
〈프로젝트 조직〉에서 라인의 역할은 프로젝트 과업을 지원하는 위치에 있으며, 권한과 책임의 연결망이 존재한다. 그러나, 〈기능식 조직〉에서 라인 기능은 목표달성에 직접적인 책임을 갖고 있기 때문에 라인은 수직적 관계에서 지시하고, 스탭은 조언을 하는 역할을 한다.

② **계층상의 원리** : 수평적 흐름 vs 수직적 지시
〈프로젝트 조직〉은 수평적·대각적인 업무흐름을 강조하고, 프로젝트 과업의 정당성에 따라 업무가 수행된다는 특징을 갖지만, 〈기능식 조직〉에서 권한의 계층관계는 상위자와 하위자가 연결되어 수직적 계층의 상위에서 하위로 지시되어 수행된다.

③ **상하관계** : 동반자관계 중시 vs 서열관계 중시
〈프로젝트 조직〉은 동료간, 관리자와 전문기술자 간의 파트너 관계에 기반을 두고 있으며, 이 관계가 프로젝트 과업의 수행에 활발하게 활용되지만, 〈기능식 조직〉은 상하관계의 서열에 따른 피라미드 구조의 지시명령체계에 의하여 업무가 수행된다.

④ **조직의 목표** : 다변적 vs 일방적
〈프로젝트 조직〉의 관리는 비교적 독립된 많은 부문의 조인트 벤처이며, 따라서, 목표는 다변적으로 설정된다. 그러나, 〈기능식 조직〉에서 조직의 목표는 상위측에 의하여 일방적으로 설정되어 하위자 조직의 집합체로서의 구성원들에게 지시하는 체계로 이루어진다는 점에서 다르다.

⑤ **지시, 명령체계** : 라인을 가로지르는 협업 vs 관리자의 위계
〈프로젝트 조직〉의 관리자는 공통목표를 달성하기 위하여 기능식 조직의 라인을 가로질러 업무를 수행하는 협업 중심이지만, 〈기능식 조직〉은 관리자가 동일한 실행계획을 가진 구성원들의 장으로서 위계관계에서 지시명령을 한다는 점에서 다르다.

⑥ **권한과 책임** : 책임이 권한을 초과 vs 권한과 책임 일치
〈프로젝트 조직〉의 관리자는 책임이 권한을 초과하는 경우가 많지만, 〈기능식 조직〉의 관리자의 권한과 책임은 일치하는 특징을 나타낸다.

⑦ **존속 기간** : 한정적 vs 영속적
〈프로젝트 조직〉에서 프로젝트 과업은 일정기간 내에 완료되어야 하기 때문에, 그 존속기간이 한정되어 있지만, 〈기능식 조직〉의 업무는 영속적이라는 점에서 다르다.

	프로젝트 조직	기능식 조직
1. 라인-스탭	라인 : 지원적 역할 위치	라인 : 목표달성에 직접적 책임 스탭 : 조언 역할
2. 계층원리 / 상하관계	수평적인 관계	수직적인 계층관계
	동료 간의 관계, 전문작업자들 간의 관계로서 존재	상급자에 의한 지시명령체계
3. 조직의 목표	다변적	상위층에 의해 일방적으로 설정
4. 권한과 책임	프로젝트 관리자의 경우, 책임이 권한을 초과	프로젝트 권한만큼 책임도 동일하게 발생
5. 존속기간	한정되어 있음.	영속적임.

※ 방송통신대학교재, 조직이론

6 프로젝트 조직 설계 시 유의점 : 관리자에의 시사점

(1) 팀웍 형성

프로젝트 팀원들은 대부분 공식적 절차의 부족, 역할정의의 부족으로 자신의 지위에 불안을 느끼고, 자신의 지식과 기술을 프로젝트에 소비해 버린다는 위험으로 승진이 늦게 됨을 걱정하기도 한다. 이에, 회사는 인사관리상의 불안감을 해소하여 주고, 서로 신뢰할 수 있도록 하면서 과업을 수행할 수 있도록 팀웍 강화에 관심을 가져야 한다.

(2) 탁월한 관리자 선정

프로젝트 조직은 종합적인 직무체계로서 비일상적인 업무를 처리해 나가기 위해서는 다른 어떤 조직보다도 관리자의 능력에 많이 의존하게 된다는 특징을 갖기 때문에 프로젝트 조직에서는 폭넓은 지식과 통솔력을 가진 프로젝트 관리자를 요구한다.

(3) 기존 직능부제 조직과의 조정

프로젝트 조직은 기존 직능부제 조직에서 구성원이 선발되므로, 기존 조직과 프로젝트 조직 사이의 결원에 의한 업무조정을 하여야 한다.

제7장 네트워크 조직

거시조직이론

1 네트워크 조직의 의의

- 네트워크 조직은 업무적인 상호의존성이 큼에도 불구하고 자본적으로 연결되지 않은 조직들이, 서로의 자원을 내부 자원처럼 활용하기 위하여 조직 간 상호의존적인 협력관계를 형성하는 조직을 말한다. 조직 간 관계에 대한 협력적 관점에 의하면, 다른 조직에 대한 의존은 위험을 감소시키고, 더 높은 가치를 달성하게 한다는 점에서 협력관계를 잘 나타내는 조직구조이다.

- 급속한 기술발전과 치열한 경쟁환경으로 기업의 생존을 위한 혁신을 단독으로 수행하기 어렵기 때문에 새로운 제품개발에 수반되는 위험과 거래비용을 감소시키기 위하여 '전략적 공생(co-evolution)'을 시도할 수밖에 없고, '세계화의 진전'과 '정보통신기술의 발전'으로 조직의 외부협력자들과 실시간 정보교류와 의견교환을 할 수 있게 되었다. 게다가 관료제의 비능률, 조직의 비대화와 경직성 증대로 핵심업무는 내부화하고, 부가적인 업무는 외부화하여 슬림화를 추구하는 '한계사업 구조조정'에 의한 '조직혁신이 필요'하게 되었다.

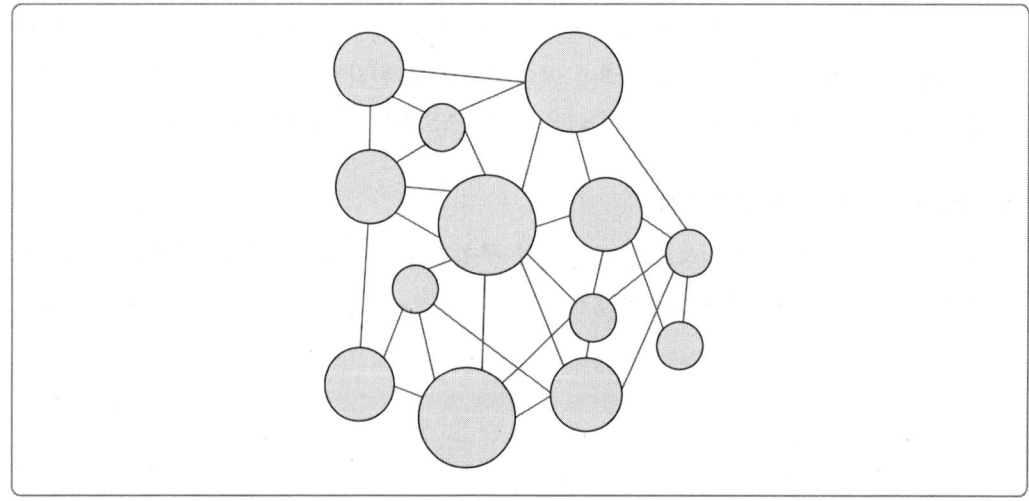

2 이론적 배경

(1) 거래비용

- 윌리암슨(Williamson)은 1960년대 이후 미국 기업들에 대한 연구결과를 바탕으로 거래비용이론을 집대성 하였다. 그에 따르면 기업이 필요로 하는 자원이나 서비스를 시장에서 별도의 거래비용 없이 용이하게 구할 수 있다면 시장에서 거래가 이루어지지만, 만약 자원이나 서비스를 제공하는 상대기업이 시장에서 기회주의적 행동을 하여 거래비용을 상당히 높이는 경우에는 시장실패가 발생하므로 이로 인한 불확실성의 제거를 위하여 기업은 그 자원을 스스로 생산하거나(내부화) 서비스를 제공하는 기능을 조직 내부의 위계구조로 흡수한다. 이러한 내부조직화가 환경의 불확실성을 줄일 수 있지만, 조직비대화에 따른 규모의 비경제와 각종 경직성 등으로 인한 조직실패를 초래할 수도 있다.
- 결론적으로 기회주의적 행동으로 인한 시장실패와 조직의 비대화에서 오는 조직실패를 모두 해결하려는 시도가 바로 신뢰를 바탕으로 운영되는 네트워크 조직이라 할 수 있다.

(2) 신뢰

거시적 관점에서 신뢰는 어떤 공동체 안에서 구성원들이 보편적 규범에 의하여 규칙적이며 정직하고 협동적인 행동을 할 것이라는 기대이다. 신뢰는 크게 두 가지 요인에 의하여 형성된다. 첫째, 사회문화적 배경이 기회주의적 행동을 제어하고 있는 경우로서, 일본의 몰입형 인사풍토에 의한 기업간 관계가 그 사례에 해당한다. 둘째, 기업이 시장에서 보였던 과거 행동과 다른 조직과의 관계에서 나타난 평판과 대외적 이미지 등이 신뢰를 형성한다.

3 네트워크 조직의 장단점

(1) 장점

- 과업환경에 민감하게 반응하는 개방적이고 열린 조직으로 관리능력을 배양할 수 있고, 조직은 핵심역량 강화 부분을 특화하고 나머지 부분은 네트워크 형식으로 운영하므로 조직 비대화를 개선하는 조직 슬림화를 할 수 있다. 또한, 네트워크 조직 설계는 경계 간의 수평적 연계관계 구축에 역점을 두고 기능 간의 횡적 통합화 능력을 배양하게 되고, 소규모의 독립적인 조직으로 분권화되므로 조직구성원들에게 자율과 책임에서 오는 적극적인 참여정신과 창의성 발휘 등을 고무시켜 대단한 동기부여 효과를 기대할 수 있다.

- 네트워크 조직은 기술개발을 위한 전략적 제휴나 새로운 사업영역을 개척하기 위한 사내벤처의 경우 네트워크 조직은 최신 기술습득이나 창의성 발휘로 지속적인 혁신을 이루어 <u>시장경쟁력을 제고</u>하게 된다는 긍정적인 효과도 기대할 수 있다.

(2) 단점

- 네트워크 내 관련된 조직들의 압력으로 새로운 전략이나 행동을 하고자 하여도 <u>네트워크 관계에서 비롯되는 제약</u>을 받을 수 있다는 단점이 있으며, 상대 특유적인 투자의 성격을 가지고 있어서 상대방에 대한 <u>의존성 문제</u>가 발생하고, 이러한 관계가 한번 형성되면 장기화되어 구성원은 고정화되므로, 상호간의 행동제약으로 인하여 네트워크 관계 전체가 폐쇄화될 수 있다. 또한, 네트워크 관리가 철저하지 않을 경우 기술, 경영 노하우 등 지식이 일방적으로 유출되어 네트워크 파트너가 <u>경쟁자로 둔갑</u>할 위험이 있다.
- 네트워크 안의 조직은 효율성이 극대화되지만, 네트워크 영역 밖의 조직에 대해서는 폐쇄적이므로 <u>사회전체의 효율성이 감소</u>할 수 있고, 각 네트워크 사이에 극심한 경쟁을 초래할 수 있다. 이러한 네트워크 조직 간 경쟁 심화로 더 나은 전략적 제휴 등의 새로운 네트워크 관계 형성을 저해하여 사회전체의 효율성을 감소시킬 수 있다는 단점이 있다.

4 네트워크 조직의 유형

네트워크 조직의 유형은 형성범위와 방향을 기준으로 다음과 같이 분류할 수 있다.

(1) 내부적 네트워크

시장거래적인 경쟁과 기업가정신을 기업 내에 도입하려는 시도에서 출발하여 조직 내에 소규모의 자율적 사업단위를 구축하고 사업운영에 대한 권한을 철저히 위양하여 자율적 사업단위들 간에 경쟁과 협조를 동시에 추구함으로써 전략적 시너지를 창출하려는 조직형태이다. 사업을 운영하는 단위 조직의 자산소유권은 기업이 내부화하되, 이들 단위조직간의 거래는 인위적 이전가격 대신 시장가격으로 이루어지도록 함으로써 능률 향상을 도모한다.

① 수직적 내부 네트워크

가치사슬상의 연구개발, 생산, 판매 등의 기능 중 일부는 자산은 본사가 소유하지만, 경영을 독립시키는 네트워크 조직이다. 대표적으로 소사장제도가 있다.

② **수평적 내부 네트워크**

기업이 새로운 영역에 진입하기 위하여 사내 독립적 조직을 사내벤처나 분사의 형태로 설립하여 관리하는 네트워크 형태이다. 이러한 형태의 조직을 형성함으로써 기업은 적절한 네트워크 확보를 통한 고객 및 공급자와의 원활한 소통이 가능해진다. 또한, 핵심역량에만 집중하고 기타 부문은 네트워크 형태로 운영할 수 있으므로 조직 슬림화에도 도움이 된다. 독립적인 벤처조직의 특성상 구성원들에 대한 폭넓은 임파워먼트가 가능해지며, 혁신을 통한 조직경쟁력의 제고도 기대할 수 있다. 그리고, 종업원의 경영참여로 인한 노사분규 감소 효과도 부수적으로 얻을 수 있다.

(2) **외부적 네트워크**

환경변화의 속도가 빨라지고 불확실성이 심화됨에 따라 기업이 모든 활동을 내부적으로 수행하는데 한계를 갖게 되었다. 이러한 상황변화는 기업으로 하여금 외부공급자와의 전략적 제휴나 네트워크 구성을 진지하게 고려하게 만들었다.

① **수직적 외부 네트워크**

가치사슬상의 기능인 생산 또는 판매를 위하여 중심기업 산하에 수직적으로 연결된 여러 기업간 네트워크를 뜻한다. 이러한 형태를 모듈기업이라 하는데, 이는 자사의 능력을 지적 집약도가 높은 분야에 특화하고, 부품제조나 유통, 정보처리 등을 모듈로 구분하여 외부 전문기업에 전략적으로 외주하는 방법이다. 중심기업의 성격에 따라 생산자 주도형과 구매자 주도형으로 나뉜다.

② **수평적 외부 네트워크**

조직간의 전략적 제휴를 의미하며, 구체적 유형으로서는 제휴목적에 따라 전략적 기술제휴, 전략적 사업제휴, 협력 네트워크 등이 있다. 전략적 기술제휴는 경쟁관계에 있는 기업들이 공동으로 기술을 개발하기 위하여 연합을 형성하는 것으로 대표적으로 LG전자와 일본의 알프스전자회사가 전략적 기술제휴를 맺는 사례이다. 전략적 사업제휴는 독과점 기업들이 새로운 시장에 진출하기 위한 제휴로서 대한항공과 노스웨스트항공사가 항공코드를 공유하는 사례를 들 수 있다.

(3) **지역적 네트워크**

기술과 기능이 광범위하게 분산되어 있는 특정 지역 내에 있는 기업들이 지식 공유, 부품 공급 및 하청관계 등을 통하여 연결되어 외부효과를 누리는 네트워크를 뜻한다. 미국의 실리콘밸리가 대표적 사례에 해당한다.

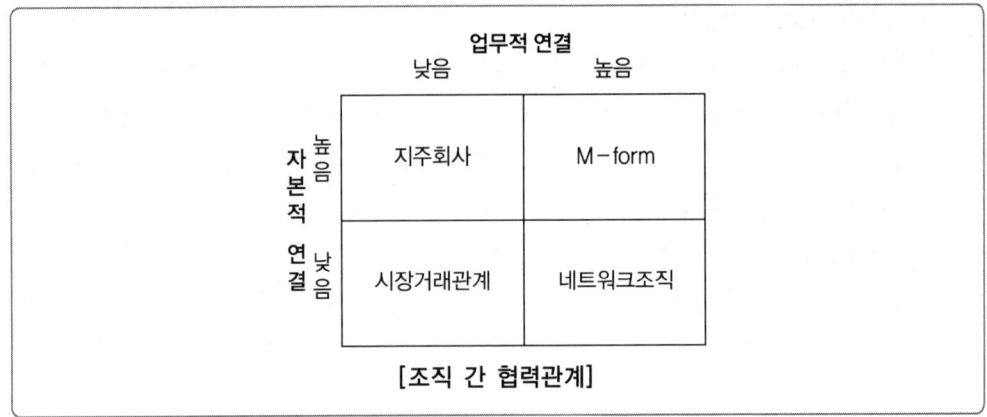

※ 김인수, 거시조직이론

5 네트워크 조직의 성공적 관리방안

- 네트워크를 주도하는 중심조직의 관점에서 타 조직과의 네트워크를 효과적으로 관리하기 위한 방안을 정리하면, 우선, 네트워크 조직의 형성을 쉽게 그만둘 수 없는 장기적 관계 설정을 뜻하므로 상대조직을 신중하게 선택하여야 한다.
- 네트워크 형성 초기뿐만 아니라, 관계의 진행 과정에서도 신뢰를 유지·발전시킬 필요가 있다.
- 네트워크 조직의 원만한 관리를 위해서는 정보통신기술의 발달에 따른 하드웨어와 소프트웨어의 유지·보수가 필수적이다.
- 네트워크의 형성과 유지 과정에서 필요한 전문능력과 권력 및 신뢰와 유대감 등은 개인 특유적이므로 인적자원관리에 신경써야 한다.
- 네트워크 형성의 가장 중요한 동기는 지식의 획득과 창출에 있으므로 형식지와 암묵지를 포함한 지식공유가 이루어지기 위한 장을 지속적으로 마련할 필요가 있다.
- 네트워크를 관리할 때는 개별 관계를 독립적으로 생각하는 것도 필요하지만, 시너지 창출을 위해 네트워크 관계 전체를 포트폴리오의 관점에서 포괄적으로 관리할 필요도 있다.

제8장 역피라미드 조직

거시조직이론

1 의의

역피라미드형 조직은 소비자주도형 조직으로 조직구조가 경영자에 의한 명령보다는 고객의 요구에 따라 설계되고 운영되는 조직을 말한다.(Galbraith & Lawler) 고객요구가 빠르고 다양화됨에 따라 기업간 경쟁이 격화되어 고객만족이 기업생존을 좌우하는 핵심과제가 되고 있으며, 이로 인해 종래 조직의 외부자로 인식해왔던 고객을 기업의 내부자로 인식하도록 조직도를 재개념화한 것이 역피라미드 조직이다.

2 등장배경 : 고객지향적 조직화 필요

기업의 모든 활동에 고객의 욕구와 가치를 중시하도록 조직을 설계하는 것을 말한다. 즉, 조직이 추구해야 할 지향가치로서 고객의 욕구를 충족시킬 수 있는 새로운 제품과 서비스 개발 등을 통하여 고객생활의 질 향상을 지향하는 조직을 설계하고 운영하는 것이다.

3 사례

노드스톰(Nordstorm) 백화점은 조직도에 사원들을 맨 위에 배치함으로써 사원들의 중요성을 상징화하였음. 이는 경영자가 구성원을 통제하기 보다는 서비스를 제공하는 직원들을 뒷받침하는 사람이라는 것을 상징적으로 나타내고 있다.

거시조직이론

4 역피라미드 조직의 특징

고객중심의 조직문화를 갖는 역피라미드 조직은 고객과의 직접적인 접촉에 의해 원하는 바에 따라 서비스를 제공하는 책임을 가짐. 이때 경영자는 군림하는 지위가 아니라 고객에 대한 서비스를 향상시키는 데 필요한 자원과 정보를 제공하는 등 지원적 역할을 수행한다는 특징을 가진다.

5 성공적 운영방안

- 잭 웰치는 "관료제 조직에서는 직원들이 상사에게는 스마일한 얼굴을 보여주고, 고객에게는 지저분한 엉덩이를 디밀게 된다."라고 이야기한 바 있으며, 이에 역피라미드 조직에서 고객과의 접점에 있는 종업원들은 주인의식과 주도성을 갖고 고객의 필요충족이라는 관점에서 바라볼 수 있어야 한다.
- 중간관리자는 현장실무자들이 제대로 뛸 수 있도록 교육훈련 지원, 수평적인 의사소통, 참여적이면서 후원적인 리더십을 발휘해야 함이 바람직하다. 경영자는 고객중심의 문화 풍토 조성을 위하여 경영마인드를 함양하고, 이에 기준한 규정과 규칙 제·개정으로 밀도 있는 제도적 적용을 추진해야 할 것이다.

제9장 양손잡이 조직

1 의의

혁신에 적합하나 조직유형으로 소위 양손잡이 조직은 효율성을 추구하는 오른손잡이 조직과 혁신을 추구하는 왼손잡이 조직의 운영원리를 적절하게 혼합하여 활용할 수 있는 조직으로서, 전통적 조직역량에 부가적으로 창의적이고 도전적인 HR시스템, 개방적인 문화, 장기적인 평가시스템 등이 구축되어 있다는 특징을 가진다.

※ **효율성을 추구하는 오른손잡이 조직** : 기존 조직의 성공경로를 활용하여 활용(exploit)으로 효율적인 업무 정착
※ **혁신을 추구하는 왼손잡이 조직** : 시장경쟁의 근본을 뒤흔들 수 있는 새로운 경로, 탐색(explore)으로서 지속적인 창의적 탐색 위주의 업무를 정착

2 상황조건

고객에게 어필하는 제품과 서비스 생산을 위해서는 외부 이해관계자의 입장을 반영하는 조직이 필요할 경우 양손잡이 조직이 등장하게 된다. 부서의 전문성 확보에 따라 발생하는 매너리즘을 해결할 수 있는 조직이 필요할 경우 양손잡이 조직구조를 사용하는 것이 적절하다. 혁신의 적극적 실행을 도모할 수 있는 조직이 필요할 때 역시 양손잡이 조직의 활용가능성이 커진다.

3 설계방안

- 오른손잡이 조직이 초점을 맞추고 있는 활용은 기존 제품의 품질향상, 원가절감에만 초점을 맞춘다. 이에 비하여 왼손잡이 조직의 주된 초점인 탐색은 CEO의 확고한 지원하에서 보다 창의적이고 도전적인 인력, 개방적인 문화, 장기적인 평가시스템 등을 가지는 방향으로 설계되므로 오른손잡이 조직과는 차별화된다.

거시조직이론

- 혁신 과정에서 조직 내의 축적자산에만 의존하지 말고, 조직 안팎의 자산을 광범위하게 활용해야 한다. 혁신 과정에서 대학, 벤처기업, 심지어 경쟁자와의 협력도 고려할 필요가 있다.
- 안정적 성장을 위해서 필수적인 위계질서 및 기존의 조직 운영 원리에 대하여, 자율과 창의를 존중하고 다양한 아이디어를 내 놓을 수 있는 분위기를 형성할 수 있도록 해 주는 팀 조직이나 매트릭스와 같은 다차원 경영이 가능하도록 조직역량을 증대할 필요가 있다.

제10장 혼합형 조직

1 의의

기능조직과 제품조직을 혼합적으로 사용하여 설계한 조직형태이며, 두 조직의 특성을 적당히 혼합하여 조직의 효율성을 높이고자 한 조직이다. 혼합형 조직의 특성은 기업의 규모 증대로 성장가도를 달리면서 제품의 종류가 많아지고, 시장이 다양해지면, 기업의 주요한 기능이 분산될 수 있으므로, 몇몇 기능들을 집중화하여 각 사업부와 별도로 운영되는 본사의 기구로 남기는 형태를 갖추고 있다.

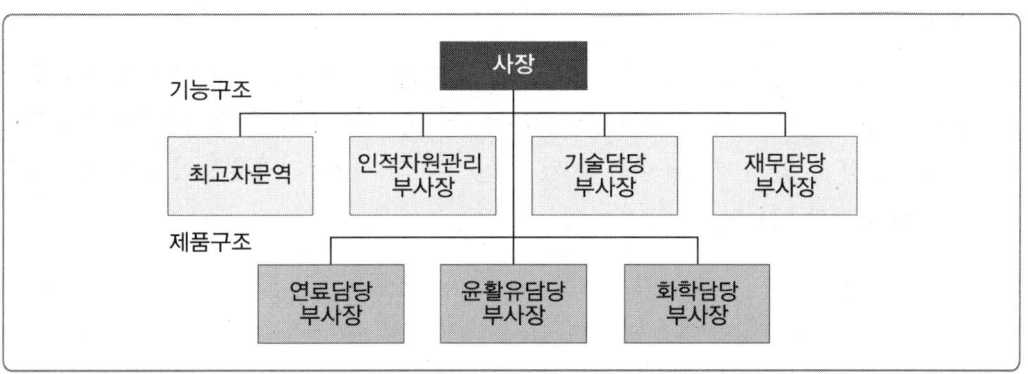

2 적합한 상황

(1) 환경, 기술 측면

시장진입이라는 외적 효율성과 혁신을 중시하는 제품조직으로서 불확실한 환경, 소비자 욕구가 급변하는 상황에 적합하고, 일상적이거나 비일상적 기술을 사용하는 기업, 기능과 제품부분의 상호의존성이 존재하는 상황에서 적합하다.

거시조직이론

(2) 규모

비교적 큰 규모의 조직에서 제품사업부 간 자원의 중복으로 이를 제거할 필요가 있거나, 조직의 목표가 각 기능부서에 대한 효율성과 고객의 다양한 욕구 충족, 혁신을 필요로 하는 상황에서 적합하다.

3 장단점

(1) 장점

기능부서의 ① 규모의 경제 효과, ② 전문화의 이점에 의한 효율성을 유지하면서 제품부서의 환경에 대한 적응성과 시장진입의 효율성을 추구할 수 있다. 뿐만 아니라, ③ 제품조직의 특성에서 오는 각 사업부 내에서 기능간 조정이 가능하면서, 주요 기능부서가 본사에 남아 업무를 수행하기 때문에 조직목표와 제품조직으로서의 목표를 조화롭게 유지할 수 있다.

(2) 단점

각 제품사업주를 감독하기 위한 스탭 수의 지나친 증가로 인한 ① 관리경비가 낭비될 수 있고, 이렇게 관리감독층의 비대화로 인하여 각 제품 사업부가 ② 환경변화에 효과적으로 대응을 할 수 없는 지경에 이를 수 있고, ③ 본사와 사업부간의 갈등이 있을 경우 조정에 대한 과제가 남는다.

제11장 팀 조직

1 팀 조직의 의의

팀 조직은 소수의 사람이 상호 보완적인 업무기술을 가지고 공동의 목표를 달성하기 위하여 공동의 작업방식으로 스스로가 상호책임을 가지고 협동적으로 직무를 수행하는 집단이다. 팀 활성화는 팀 구성원들 사이 혹은 집단 간 관계를 보다 긍정적이고 상호보완적으로 만듦으로써 집단 수준에서 이루어지는 모든 집단행위가 자율기반의 구축에 이바지 하도록 하는 제반활동을 말한다.

2 4가지 유형의 팀제

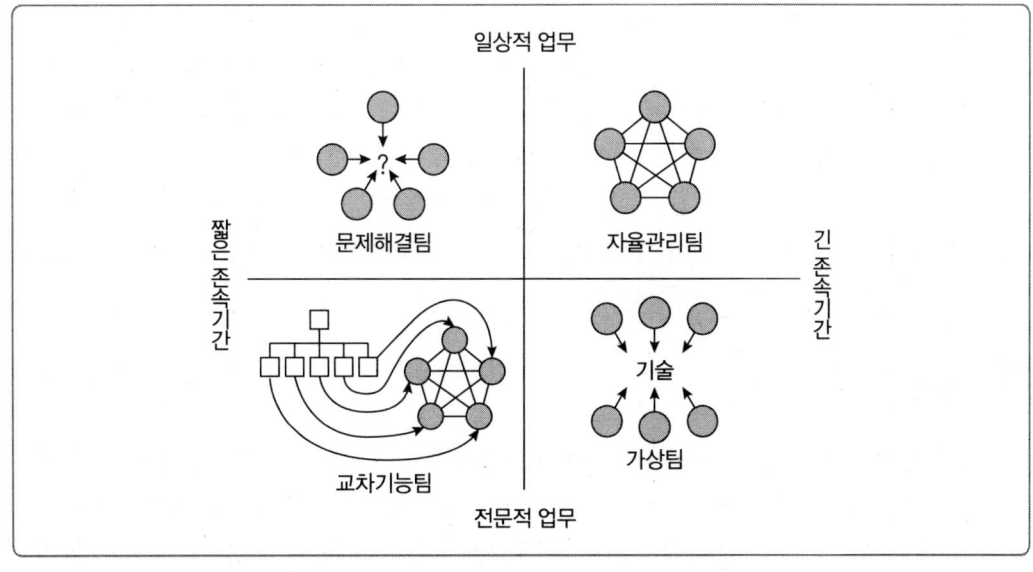

거시조직이론

(1) 문제해결팀

회사의 다수 특수 프로젝트를 수행하거나 직면한 문제를 해결하기 위해 관련된 사람들 몇 명이 주기적으로 혹은 일정기간 동안 모여서 정보와 의견을 서로 나누면서 해결책을 찾아내는 팀으로 품질관리분임조, 품질개선팀, 경영효율화팀 등이 있다.

(2) 자율관리팀

상부로부터 전권을 위임받아 스스로 계획을 세우고 실천하고 통제와 감독까지 맡아하는 팀 형태로, 심지어는 팀원의 선발과 평가도 팀 자율로 하기 때문에 종래의 관리자나 감독자는 역할이 줄어들거나 아예 없어지기도 한다.

(3) 교차기능팀

특수한 일이든지 반복적인 일이든지 직무수행을 위해 각 방면에 소속되어 있던 서로 다른 기능을 가진 사람들이 모여서 팀 작업을 하는 것을 말한다. 군대에서의 공병, 포병, 보병 등으로 구성된 수색대팀은 대표적인 교차기능팀이다. 이때 수색이라는 특정한 과업을 수행하기 위해 만든 팀으로 원래는 TF팀이라고 했는데, 이는 교차기능팀의 임시적 형태에 불과함. 교차기능팀이라면 좀 더 장기적이고 안정적인 이미지를 가진다.

(4) 가상팀

팀 구성원들이 시간, 공간 또는 조직의 경계를 초월하여, 주로 전자통신을 통하여 커뮤니케이션을 하면서 과업을 수행하는 다기능팀을 의미한다. 예를 들어서, 미국의 한 소프트웨어 개발업체는 개발의 일부를 미국에, 일부는 인도에, 그리고 나머지는 영국에 배치하여 24시간 개발업무를 수행토록 한다. 즉, 미국에서 퇴근할 때쯤이면 인도가 출근을 하고, 인도에서 일하다 퇴근시각이 되면 개발하던 것을 웹상에 올려놓고 퇴근하면 영국 팀원들이 출근하는 시간이 되어 끊이지 않고 24시간 개발체제를 운영할 수 있다는 것이다.

3 장점

팀제의 장점은 ① 환경의 변화에 유연하게 대처하면서 의사결정을 신속하게 할 수 있다는 점, ② 부서를 융통성 있게 신설, 확장, 추가, 해체할 수 있기 때문에 인력을 효율적으로 활용할 수 있다는 점, ③ 조직 내 정보교환이 원활하다는 점, ④ 계층이 수평적으로 되어 있어서 멤버들의 창의적인 아이디어가 발굴되고, 의사결정에 참여시킴으로써 동기부여가 된다는 점이 있다.

4 단점

① 조직의 인력규모를 축소하고 조직의 구조를 수평 조직화하는 과정에서 중간계층을 회사에서 퇴출시켜야 하기 때문에 중간관리자와 기능전문가에게 위협이 될 수 있고, ② 기존의 명령·지시에 의한 통제 개념의 전환이 필요하며, ③ 자원이 중복 사용될 수 있다는 점, ④ 수평적인 관계에서 팀을 관리하는 능력이 필요하며, ⑤ 잘못된 과정 정의로 비효율이 발생할 수 있음. ⑥ 잘못 운영하면 멤버 간 상호경쟁만을 강조하게 될 수 있다는 단점이 있다.

5 전통적 조직과의 비교

	전통적 조직	팀 조직
조직구조	계층적	수평적
목표	상부에서 주어짐	스스로 찾아냄
리더	강하고 명백한 지도자	리더십 역할 공유
지시/전달	상명하복, 지시	상호 제안, 전달, 토론
정보흐름	폐쇄, 독점	개방, 공유
보상	개인주의, 연공주의	팀, 능력주의
책임	개인 책임	공동 책임
업무통제	관리자가 계획, 통제, 개선	팀 전체가 계획, 통제, 개선

제12장 사내벤처·분사 조직

거시조직이론

1 사내벤처·분사 조직의 의의

- 사내벤처·분사조직은 '기업가적 조직'이라고도 하며, 조직구성원에게 기업가 정신을 고취하게 함으로써, 조직 내/외부에 기존 사업과는 이질적인 신규 사업을 위한 자율적인 사내기업을 설치/운영하여 지속적인 혁신과 조직변화를 촉진하려는 조직이다.
- 최근 지식정보화 시대로의 변화는 기업으로 하여금 끊임없는 자기혁신과 자기개발을 요구하고 있고, 치열한 경쟁과 불확실한 경영환경에서 경영조직이 유지 발전되기 위해서는 새로운 사업 발굴해야 할 필요가 있으며, 지속적인 조직활성화 추구를 위한 새로운 방안으로 등장하였다. 이러한 상황에서 사내벤처·분사 조직은 도전적이고 창의적인 인재육성에 적합한 조직구조이다.

> **대표적인 사례**
> - 삼성SDS의 사내벤처는 네이버
> - LG데이콤의 사내벤처는 인터파크
> - 인터파크의 사내벤처는 G마켓
> - 아모레퍼시픽의 사내벤처는 espoir

2 사내벤처·분사 조직의 목적과 특징

(1) 사내벤처·분사조직의 목적

경영다각화와 사업재구축의 효율적인 추진과 신제품과 신규사업개발의 효율화 및 위험(risk) 최소화, 조직활성화와 기업체질 개선, 그리고 도전적이고 창의적인 인재육성을 목적으로 하였다.

(2) 특징 – '중소기업의 장점과 대기업의 장점을 통합'

사내벤처·분사조직은 중소기업의 장점과 대기업의 장점을 통합한 조직이다. 즉, 중소기업의 혁신적이고 신속한 의사결정 장점과 대기업의 풍부한 자금력, 강한 기업권력을 발휘하는 장점을 다 같이 갖고 있다.

3 조직유형과 도입효과

(1) 조직유형
① 기존 사업의 일부 혹은 신규사업부분을 본사로부터 독립시켜 독립법인화하는 형태
② 대규모 기업 속에 독립적인 소사업 단위가 무수히 존재하는 형태
③ 새로운 제품 아이디어를 가진 독립적인 창업법인이 본사와 다른 분사들과 유기적인 연결관계를 구축하는 형태

(2) 기대효과

대기업의 경우, 인사적체 문제의 해결을 통한 중간관리자들의 사기진작이 가능하고, 자기 책임하에 움직여지기 때문에 불량률을 크게 낮추고, 품질향상과 원가절감 효과를 기대할 수 있다. 조직구성원의 창의력과 도전의욕을 높여 조직의 지속적인 혁신성향을 높일 수 있고, 그 외에도 정년 연령의 유능한 인재를 계속 활용할 수 있다는 측면, 혁신적인 사업영역에 젊은 인재를 투입하여 활용할 수 있다는 측면 등은 노사관계관리에 대한 부담을 줄일 수 있다는 점 등 긍정적인 효과를 기대할 수 있다. 또한, 새롭게 진출하려는 시장의 성격이나 윤곽이 불확실한 영역에서의 실험장치 내지 학습장치로서의 효과를 기대할 수 있다.

4 유의점

(1) 본사와의 갈등관리

사내벤처·분사의 자율권과 본사의 경영방침이 충돌하는 경우 갈등이 야기되기도 한다. 이에 조직의 전반적인 목표와 비전달성을 위한 사내벤처·분사조직의 위상을 명확히 하여, 운영되어야 함이 바람직하다.

거시조직이론

(2) 제한된 사업영역

모든 사업영역에 사내벤처·분사 조직을 적용하는 것 보다는 제한된 사업영역에 활용하는 것이 유리하다.

(3) 구체적인 청사진 제시

본사는 소사장 기업 육성에 대한 구체적인 청사진을 제시하여, 근로자들과의 신뢰할 수 있는 분위기를 조성해야 함이 바람직하다.

제13장 학습조직

거시조직이론

1 지식의 의의와 중요성

〈지식〉이란 조직이나 개인이 얻은 경험을 체계적으로 정리한 정보로서, 의사결정이나 경영활동에 효용가치를 발휘할 수 있도록 하는 실력, 노하우, 기술정보 등을 총망라한 것이다. 토지, 노동, 자본, 정보 등의 경영자원에 더하여 최근 지식이 제5의 경영자원으로 떠오르고 있다. 지식은 개인이 갖고 있는 숙련기술, 전문기술 뿐만 아니라 연구개발, 자격증, 이미 등의 지적능력 모두를 포함하고 있으며, 이에 기업의 부가가치 창출은 노동이나 자본, 재화 등의 능력보다는 지식의 획득, 창조, 공유 및 활용능력에 의해 더 좌우될 것으로 예측하고 있다.

2 지식의 유형

(1) 형식지

〈형식지〉란 객관적으로 측정·관찰할 수 있는 논리적이고 체계적인 지식을 말하며, 언어나 숫자로 표현할 수 있고, 쉽게 공유할 수 있는 객관적이고 구체적인 지식이다.

(2) 암묵지

〈암묵지〉란 개인의 독특한 노하우와 주관적 경험으로 구성된 감성적이고, 주관적이면서 직관적인 지식을 말한다. 학습과 체험에 의해 개인에게 습득되어 있지만, 겉으로는 드러나지 않는 추상적인 지식을 말한다.

거시조직이론

3 지식의 변환

(1) 사회화(socialization)
암묵지에서 암묵지로 변환되는 것으로 업무노하우의 공유, 사무실 내에서의 OJT, mentoring 등이 이에 해당한다.

(2) 외부화(externalization)
암묵지에서 형식지로 변환되는 것으로서, 머릿속에 담아두었던 암묵지를 신제품으로 창출하여 생산해 내는 사례를 들 수 있다.

(3) 내부화(internalization)
형식지를 암묵지로 변환하는 것으로 예를 들면 Learning by doing으로 개인에게 내재화시키는 지식이 있고, 요리책에 나와 있는 요리법을 반복 연습하여 머리와 손에 숙달시키는 경우도 이에 해당한다.

(4) 결합화(또는 조합화 combination)
형식지를 형식지로 변환시키는 것으로 새로운 시스템적 지식을 또 다른 새로운 형태로 체계화 시키는 것이다.

4 지식의 증폭작용 : 나선형식 지식확장

노나카(Nonaka)는 나선형식 지식확장이라 하여 조직 안에서 이것이 효율적으로 이루어진다면 지식은 기하급수적으로 확장될 것이며, 점점 커지는 나선형처럼 지식확장의 소용돌이를 일으킬 것이라고 하였다. 나선형식 지식확장은 개인 속에 잠재된 암묵지가 외부화를 통해 형식지가 되고, 이것이 조합화를 통해 새로운 지식으로 결합화되어 체계화되며, 이것을 개인의 잠재력 안에 내부화하고, 그 다음 이것을 사회적으로 공유하는 형태로 지식은 점점 나선형식 확장을 통해 불어난다고 하였다.

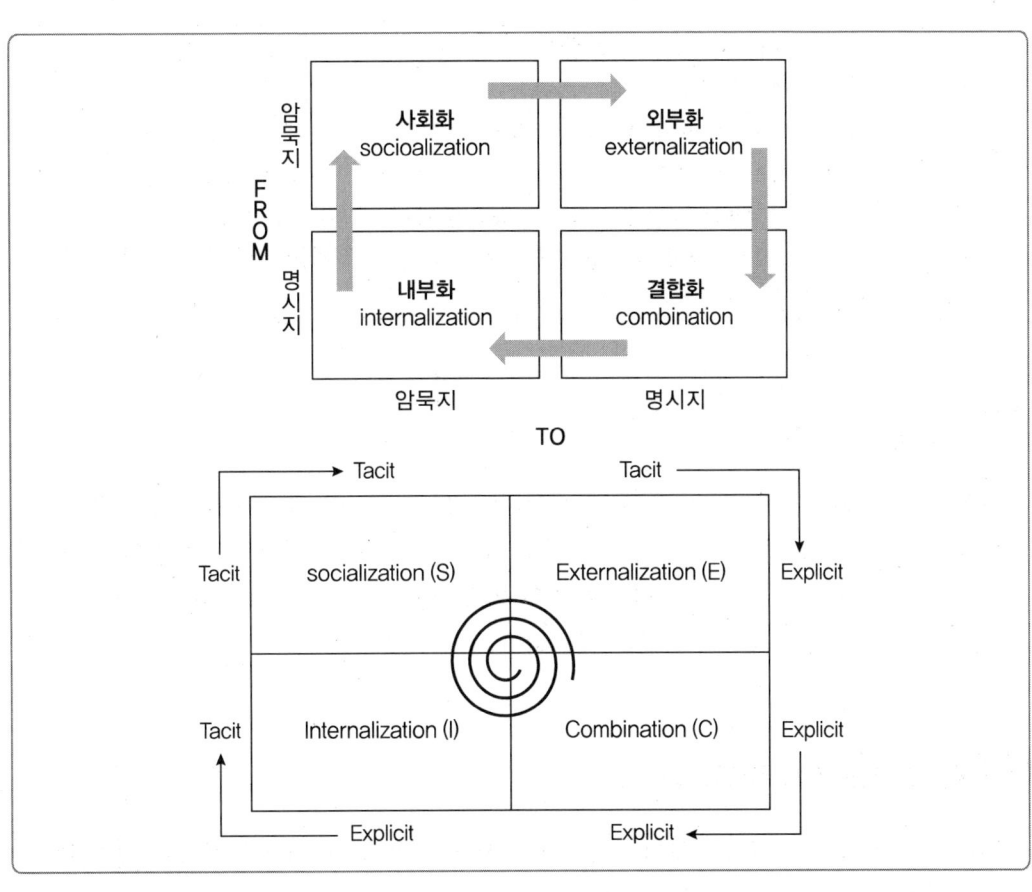

5 학습조직의 의의

〈학습조직〉이란, 지식을 창출하고, 획득하여, 이전 보급하는데, 새로운 지식과 통찰력을 반영하여 조직의 전반적인 행동을 변화시키는데 능숙한 조직이다. 조직의 흥망성쇠를 좌우하는 근본적인 원인은, 조직학습능력의 결여에 있으며, 새로운 시대의 거대한 경제적/사회적 압력에 살아남으려면, 기업은 '학습조직이 갖는 무한한 가능성'이라는 강력한 힘을 구비하여야 한다.

[지식경영과 학습조직의 비교]

	학습조직(센게)	지식경영(노나카)
정의	선행적으로 지식창고, 습득, 변화에 통찰력을 기초로 조직행동을 변화시키는 조직	지식획득, 확산, 공유, 재창출로 생존력과 경쟁력을 높이는 창조적 조직과정
기본전제	자기가 원하는 것을 창조할 역량 확장, 열린사고, 열망 표출	창조적 욕구와 감정이 스며든 공유된 비전 제시, 원동력 표출

거시조직이론

학습개념	공유된 비전, 사고모형, 시스템적 사고, 개인적 숙련, 팀 학습	형식지와 암묵지의 진화과정
성공요인	시스템 사고를 통한 비전, 전략, 구조의 연계성과 통합적인 변화관리	지식관리를 위한 정보인프라와 지식창조를 위한 기업문화
공통	• 개인, 팀, 조직 전반에서 학습이 공유될 때까지 지식경영이 성립 • 학습과 지식은 동전의 양면(변화관리와 창의성 경영의 핵심인 학습조직의 역량에서 출발, 지식경영으로 발전)	

6 학습조직의 형태

학습조직은, 개인 스스로 학습을 하는 개인학습, 팀원간 지식과 경험을 공유하는 집단학습, 그리고, 조직학습으로 형태를 구분할 수 있다. 조직학습 수행에 필요한 구체적인 요소에는 적절한 구조, 기업의 학습문화, 권한과 능력의 위양, 환경분석, 지식의 창출과 이전, 학습기술, 품질, 전략, 지원 분위기, 팀웍과 네트워킹, 비전 등이 있다.

7 학습조직으로서 변화과정

학습조직으로서 구성원의 태도와 업무행동의 변화과정에는 해빙-변화(순응, 동일화, 내면화)-재동결의 과정을 거쳐서 적응하게 된다.

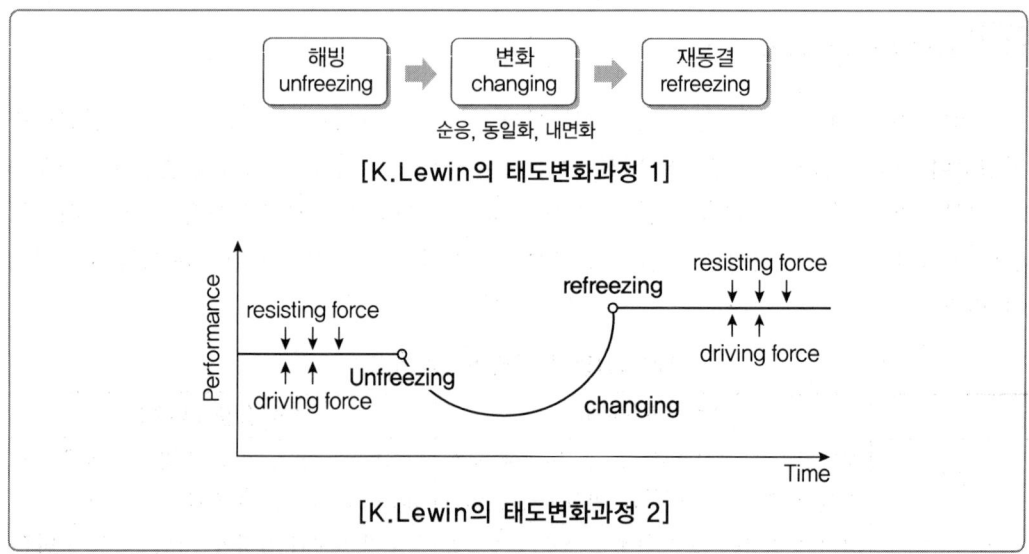

[K.Lewin의 태도변화과정 1]

[K.Lewin의 태도변화과정 2]

8 학습조직의 설계

학습조직의 설계는 미들업다운 관리에 의한 설계로서, 중간관리자가 주도가 되어 학습조직을 운영하고 관리되어야 효율적이고, 하이퍼텍스트 조직에 의한 조직 전체의 역량 지원적인 형태로 존재하여야 한다고 설명한다.

(1) 미들업다운 관리

중간관리자는 최고경영진에 의해 창출된 비전과 목표를 현장 종업원들이 잘 이해하고 실행할 수 있도록 구체화시켜 전달해 주고, 현장의 기술과 제품, 시장을 가장 잘 알고 있는 종업원들의 정보나 지식을 통합/변환시켜 최고경영진에 제시한 비전과 목표를 달성할 수 있도록 한다. 이때 중간관리자는 지식창출팀의 리더로서 최고경영층과 실무작업층을 연결하는 통합과 변화관리자로서의 역할을 수행한다.

(2) 하이퍼텍스트 조직

노나카와 다케우치는 미들업다운 관리가 효과적으로 이루어질 수 있는 가장 적절한 조직으로 하이퍼텍스트 조직을 제시하였다. 하이퍼텍스트는 컴퓨터 화면에 여러 창들이 동시에 나타나 있는 형태를 의미하는데, 조직에서는 세 가지 층(사업단위, 프로젝트팀, 지식기반)으로 구성하여 운영되는 조직이다.

9 학습조직의 장애요인

관료주의, 지나친 경쟁분위기, 빈약한 커뮤니케이션, 부족한 리더십, 경직된 계층구조 등은 활발한 학습조직의 진행에 장애되는 요인으로서 작용할 수 있으므로 유의해야 한다.

10 학습조직의 실천전략

(1) 체계적인 문제해결

학습은 계획-실행-점검을 통하여, 이에 수반되는 과학적 방법으로 문제해결을 해나가야 한다.

(2) 실험을 통한 시범적 적용

학습활동은 체계적으로 새로운 지식을 습득하여 이를 체계화하는 것이며, 외부로부터 익힌 지식과 기술을 조직으로 가져와서 이상적인 작업에 적용해 보는 것이다.

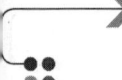
거시조직이론

(3) 과거의 경험으로부터의 학습

조직은 학습조직 구축전략으로서, 성공과 실패를 재검토하고, 이를 체계적으로 평가하여 구성원들이 공개적으로 활용할 수 있도록 얻은 교훈을 기록해 나가야 한다.

(4) 벤치마킹에 의한 학습

벤치마킹은, 기업이 경쟁력 제고를 위하여 타사에서 배워온 혁신기법을 적용하는 것이며, 복제나 모방과는 다른 개념이다. 학습은 자기반성과 분석만으로 이루어지는 것은 아니며, 타사의 모범사례를 조직의 특성에 맞게 적용하는 전략적 적용으로서 이루어져야 한다.

(5) 정보지식의 이전

새로운 지식과 정보, 아이디어, 의견 등은 몇 사람의 손에 쥐어져 있는 것 보다는, 폭넓게 공유될 때, 최대의 효과를 가져오는 것이다.

11 센게(P.Senge)의 학습조직모형

(1) 의의

피터 센게는 학습조직 이론의 창시자이자 경영혁신 분야의 선구자로 손꼽히는 인물로, 기업이 사라지는 현상은 하나의 '증상'에 불과하다고 말하면서 "교육 시스템을 바꾸지 않고는 관리 시스템을 결코 바꿀 수 없다"며, "그 과정에 있어서는 심오한 의미의 '지식'이 필요한 법인데, 우수한 개개인이 모인 것과는 별개로 조직 차원의 학습이 전혀 이루어지지 않고 있는 것"이라고 설명하였다. 변화하는 경영현실에 부단히 적응할 능력을 갖춘 '학습하는 조직'을 만들기 위한 다섯 가지 '규율(Discipline)'을 제시하였으며, 이때 말하는 규율은 '실천에 옮기기 위해 반드시 배우고 숙달해야 하는 일련의 이론과 기법의 집합체'를 뜻하는데, 이는 '시스템 사고', '개인적 숙련', '정신모델', '공유 비전 구축', '팀 학습'임. 이 다섯 가지는 서로 영향을 주고받으며 조화롭게 발전되어야 하고, '모든 학습 규율의 결합체'라고 강조하며 가장 많은 지면을 할애하는 핵심 규율은 바로 '시스템 사고'라고 하였다.

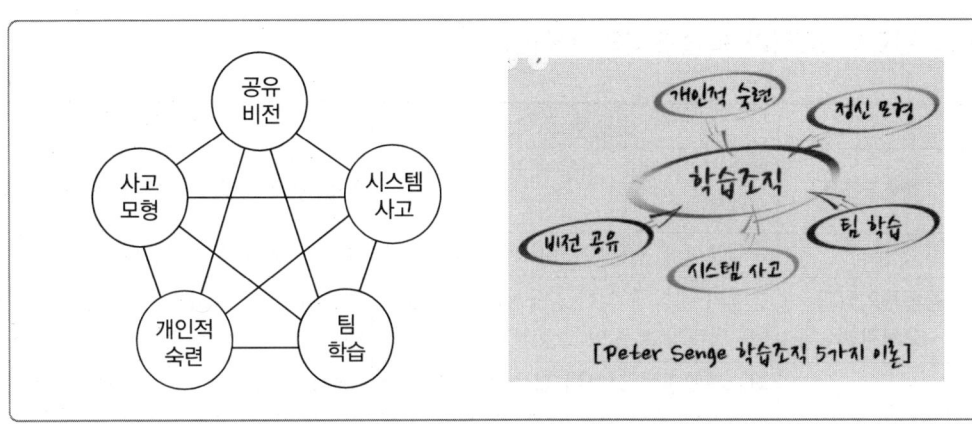

(2) 학습조직모형에서 5가지

① 시스템 사고(system thinking)

시스템적 사고는, 현상을 단편적으로 이해하는 것이 아니라, 전체를 보고 전체에 포함된 각 부분들 사이의 상호작용, 인간관계를 이해하는 문제해결의 수단이다. 이것은 부분이 아니라 전체를 보고, 수동적인 반응자의 자세를 취하는 것이 아니라 능동적인 참여자의 자세를 취하는 것이며, 요컨대 현실에 소극적으로 반응하기보다 적극적으로 미래를 창조하는 태도를 취하는 데 유용한 사고로서, 이러한 시스템 사고가 없으면 다섯 가지 학습 규율을 통합하지도, 실천하지도 못하기 때문에 다섯 가지 규율 중 가장 중요하다고 보았다.

② 개인적 숙련(personal mastery)

개인적 숙련은, 현재의 자기능력을 심화시켜 나가는 행위이며, 진정한 본질적인 가치를 지향하기 위하여, 자신감, 임파워먼트, 동기부여, 축적된 지식 등이 되어야 한다.

③ 사고 모형(mental model)

사고모형은, 인간이 경험하는 현상들을 이해하는 체계 또는 준거의 틀이다. 이러한 사고모형을 기반으로 부단히 성찰함으로써, 새로운 사고의 전환을 도모하여야 한다.

④ 공유된 비전(shared vision)

공유비전은, 조직이 추구하는 방향이며, 그것이 왜 중요한 것인지에 대하여 구성원들이 공감대를 형성하는 것이다.

⑤ 팀 학습(team learning)

팀 구성원들이 바람직한 결과를 얻기 위하여, 의도적이고 체계적으로 지속하는 학습행위를 말한다. 팀 학습을 위해서는, 타인의 관점이나 의견을 존중하면서 자신의 의견을 밝히는 가운데, 서로의 생각을 유연하게 교감할 수 있는 상호작용이 중요하다고 보았다.

거시조직이론

12 관료제 조직과 학습조직의 차이점

	관료제 조직	학습조직
계층구조	계층 수가 많고, 기능에 의한 수직적인 형태를 보임.	계층 수가 적고, 수평적인 형태를 지님.
전문성	단일분야에 집중된 업무전문성을 발휘	다양한 분야의 전문성이 필요함.
공동체의식과 상하관계	통제와 지식에 의한 공동체로서 형성되어, 명령과 복종의 고용관계를 형성함.	신뢰와 목표 공유에 의한 공동체로서, 대등한 관계에서 커뮤니케이션을 함.
권한과 책임	최고경영진에 권한이 집중되었으나, 작업결과가 좋지 않을 경우 그 책임을 전가하려는 성향으로 나타남.	구성원에 골고루 권한이 분산되어 있으며, 작업결과가 좋지 않을 경우, 자발적으로 그 책임을 다하려고 함.
정보의 활용과 흐름	경영층에 정보가 독점되어, 공식적 의사소통 채널을 통하여 정보를 공유	정보의 공유와 이전을 중요하게 생각하여, 공식적이고 비공식적 채널을 통하여 정보를 접할 수 있도록 함.
변화에 대한 적응	경영환경변화에 경직적인 자세를 취함.	유연하고 신속하게 반응하려고 함.
지식창출 담당자	최고경영진	모든 구성원

거시조직이론

제4편
조직수명주기, 조직쇠퇴

제1장

거시조직이론

퀸과 카메론의 조직수명주기

1 조직수명주기의 의의

조직수명주기는 조직이 탄생하면서부터 변화되고 또 소멸되기까지의 일련의 과정을 지칭하는 개념으로서, 거의 모든 조직에서 반복되어 나타나는 경향에 주목하여 이를 주기(cycle)라는 용어를 사용하여 나타낸 것이다. Quinn과 Cameron에 의해 정립된 4단계 성장모형에서 조직의 성장과정을 어떻게 묘사하였는지 살펴보고, 조직수명주기의 취지로서 기업이 성장하는 과정에서 각 단계마다 나타나는 경영상의 문제를 해결하고, 변화하는 상황에 적합한 전략을 구축하는데 있어서 유용한 해결책을 제시한다는 점을 알아둘 필요가 있다.

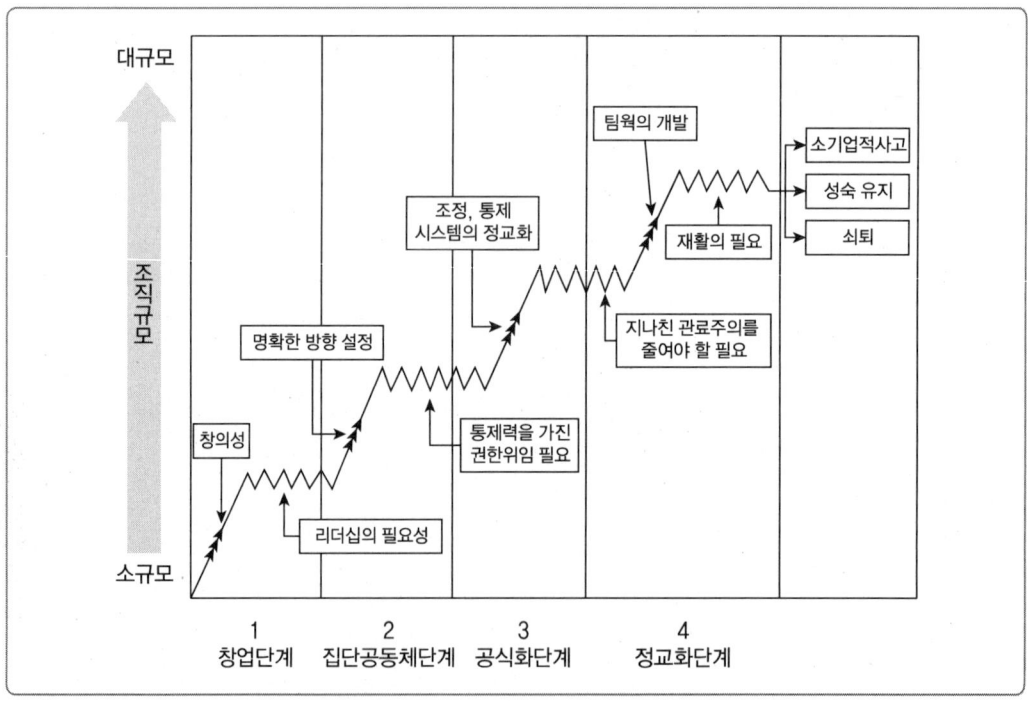

2 성장단계별 조직의 특성과 위기

(1) 창업단계

① 의의

경영자의 창의력을 바탕으로 조직이 처음 생겨나는 단계이며, 이 단계에서 조직은 창조적 신제품에 주력하거나, 새로운 시장진입을 목표로 한다는 특징을 가진다. 자사의 핵심상품이 시장에 널리 알려지게끔 하는 것이 관리의 우선순위이므로, 경영자가 자신의 재량에 의한 혁신성과 아이디어로 승부할 필요가 있다. 창업자는 생산과 마케팅에 총력을 기울이며, 성장의 원동력을 창조적 제품과 서비스에 두고 있다.

② 조직 특성

최고경영자와 소수의 인원이 결합되어 조직되어 극도로 "비공식적"이고, "비관료적"인 특징을 가진다. 즉, 종업원에 대한 보상이나 통제는 경영주 개인의 "직접 감독"에 의존하고 있으며, 계획, 조정, 공식화를 위한 체계적 시스템이 거의 없기에 단순구조에 가깝다고 할 수 있다.

③ 위기

창업단계에서 나타나는 위기는 점차 조직이 확대되고 안정화되면서 한 명의 리더만으로 조직관리를 수행하기에는 어렵다는 문제로서 리더십 결여에 의한 위기에 직면하게 된다는 것이다.

(2) 집단공동체 단계

① 의의

조직구성원들이 가족애를 갖고 협동하여 조직목표에 일체감을 갖고 직무에 몰입하는 단계이며, 리더십 위기의 극복과정에서 조직구조의 관료제화가 진행됨에 따라 관리의 초점도 비용 감소와 이익 극대화로 옮겨간다. 이 과정에서 조직의 명확한 목표와 방향의 설정이 이루어진다.

② 조직구조

조직의 성장이 가속화되고 규모가 차츰 증가하면서, 창업 단계의 비공식적 구조로부터 점차 관료제의 비중이 늘어나면서 복잡성과 직무의 분업화가 진행되고, 몇몇 공식적인 시스템이 등장한다. 계층이 증가하고 역할의 세분화가 진행된다.

③ 위기

성장과정에서 복잡성이 증가함에 따라 구성원 각각이 자율성의 보장을 요구하게 되고, 자신의 업무에 확신을 가진 하위계층 관리자들이 회사의 리더에게 재량권을 요구하는 등 의사결정의 위임과 자율권을 요구하게 되는데, 이를 자율성의 위기라고 한다.

> 거시조직이론

경영진은 관료적 통제의 권한을 놓지 않으려 하면서 권한위임의 필요성이 대두된다.

(3) 공식화 단계

① 의의

조직 내부의 안정성과 효율성을 위하여, 제도와 규칙, 절차, 통제시스템을 사용하는 단계이다. 자율성의 위기 극복 과정에서 직접 통제의 한계를 느낀 최고경영자가 의사결정권한을 하부로 위임하는 동시에 보다 밀도 있는 통제를 위하여 공식적 규정과 절차 및 관리회계 등의 내부통제시스템을 도입함으로써 권한위임형 사업부제가 등장한다. 이 단계에서 종업원의 의사소통은 대부분 공식적으로 이루어지며, 조직은 통제와 업무효율을 강조하는 특성을 갖는 단계이다.

② 조직구조

관료주의적 속성이 강화되면서 스탭이 늘어나고, 절차의 공식성이 증가하며, 위계에 따른 업무분담이 명확해 진다. 내부소통은 주로 공식적 수단을 활용하여 이루어지며, 효율성과 수익창출을 중시한다. 구성원간의 전반적인 커뮤니케이션은 공식화됨을 특징으로 한다. 통제시스템은 공식화된 규칙, 계획, 업무 스케쥴에 의하여 질서정연하게 이루어지며, 상부는 공식적인 커뮤니케이션에 의해 보고받는다.

③ 위기

공식화된 내부시스템과 프로그램은 구성원들을 억압하는 수단으로 작용하여 혼란이 발생됨. 지나친 공식화는 관료제를 유발하여 점차 조직은 관료화되고, 중간관리자와 스탭진과의 잦은 의견충돌이 발생한다. 즉, 시장 확대 과정에서 점차 조직을 구성하는 제 분야에서 혁신이 일어나지 않고 효율과 규정만을 중시함에 따라 관료주의 위기에 봉착하게 되고, 규정과 절차에 얽매이는 형식주의가 지나쳐서 생기는 문제가 자주 발생하게 된다.

(4) 정교화 단계

① 의의

정교화 단계에서 구조적 경직성에 빠진 조직이 활력을 되찾기 위하여 통합과 조정이 강조되는 구조(팀제, 사내벤처 등)로 조직을 재설계한다. 획일적 조직구조보다는 다양한 상황에 적합한 유연한 구조의 설계를 통해 환경에 세밀하고 적절하게 대처한다는 의미에서 정교화 단계라고 부른다. 정교화 단계는 이제까지 쌓아왔던 조직의 명성을 유지하고 조직체계를 완성하는 단계로서 성숙화 단계에 접어든 조직의 성공을 위해서는 구성원의 협력 등 팀웍이 크게 기여한다.

② 조직구조

방대한 통제시스템과 규칙 및 절차가 구축되면서 나타나는 문제점을 극복하기 위하여 팀제를 도입하는 동시에 상호 협동의 달성을 위하여 수평적 조정기제를 강화하는 등의 시도를 하게 된다. 태스크포스나 팀제 혹은 매트릭스 조직 등을 만들어 부문간 협력을 강조한다. 그래서 이 단계를 협력화 단계라 부르기도 한다. 즉, 정교화 단계는 더 이상 진행되는 관료제를 막기 위하여 새로운 조직구조로서 팀제 등으로 전환하여 활력을 부여하고, 조직 내부의 적합성과 조직외부의 환경유연성을 동시에 추구하는 단계이다.

③ 위기

팀 육성에 의한 방법으로 활력을 회복하였다 하더라도 성숙기에 도달한 이후에는 일시적 쇠퇴기에 진입하게 된다. 이는 조직규모가 점차 증가하고 관성이 증가함에 따라 혁신과 구조조정을 필요로 하기 때문인데, 이의 극복과 조직재활을 위해서는 문제해결과 혁신을 강조하는 참여형 조직 운영방식이 요청된다.

3 각 단계별 비교

	창업단계	집단공동체 단계	공식화 단계	정교화 단계
목표	생존	성장	안정	조직 고유성
조직형태	단순구조	준 관료제	관료제	초 관료제
리더십	카리스마	카리스마	통제, 위임	참여적, 서번트
경쟁가치모형	개방체계	인간관계	내부프로세트, 합리적 목표	개방체계

제2장 민쯔버그의 조직성장경로

거시조직이론

1 민쯔버그의 조직구조

민쯔버그(Mintzberg)에 의하면 조직구조는 5각형으로 형성된 다섯 가지의 구성형태를 보이고 있고, 이 5각형의 내부에 실제 다양한 조직구조 형태와 조직이 직면하는 다양한 상황을 발견할 수 있다고 주장하였다. 이 모형에서 각각의 조직구조 형태는 5각형의 모서리에 위치하고 있다. 또한, 조직에는 적어도 다섯 가지의 기본 부문이 있으며 각 부문별로 나름대로의 힘을 발휘하여 각각 자기 쪽으로 조직을 몰고 가려는 힘이 작용한다고 하였다. 따라서, 다섯 부문 중 어디에 무게중심이 있는가에 따라 조직의 형태가 달라진다고 하였다. 조직의 다섯 가지 기본 부문은 조직을 둘러싼 다양한 상황에 따라서 각 기본부문에서 우선적으로 요구되는 힘이 달라지며, 이 힘의 방향에 따라 조직설계가 달라진다는 것이다.

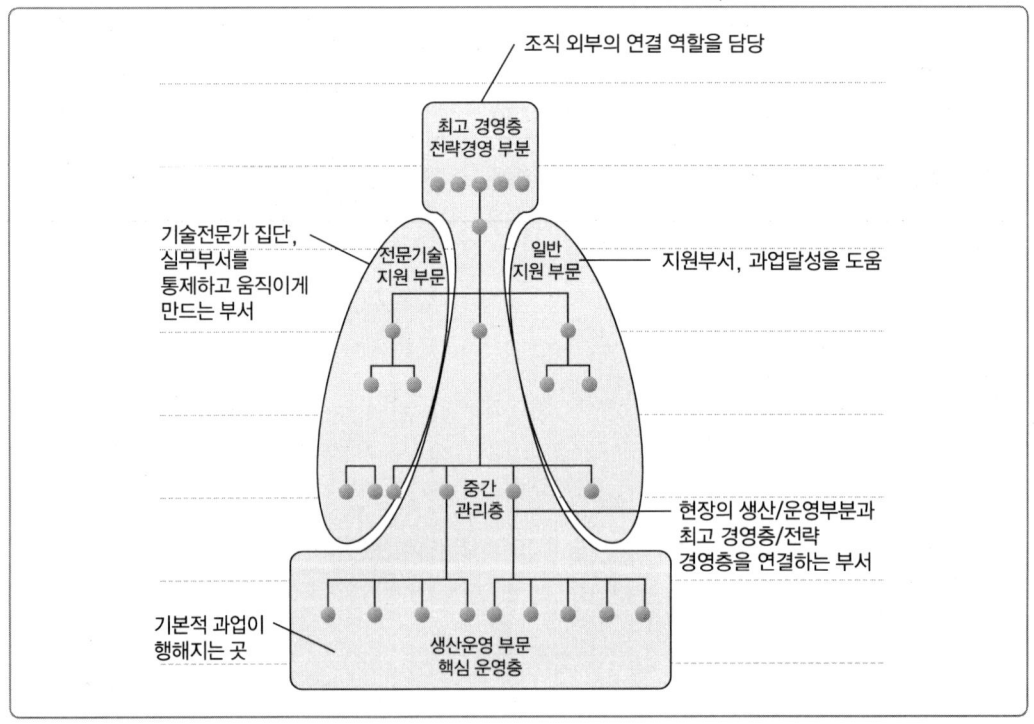

2 조직의 다섯 가지 기본부문

(1) 핵심운영 부문

조직의 핵심이 되는 업무를 수행하는 곳이며, 조직의 제품이나 서비스를 생산해 내는 기본적인 일을 담당하는 곳이다. 제조업체에서는 생산부서가, 대학에서는 교수의 강의실, 병원에서는 진료활동이 일어나는 진료실이나 수술실이 여기에 해당한다. 이때 전문화하기 위하여 핵심운영측에서 행사하는 힘이 있는데, 이 힘은 〈작업기술의 표준화〉에 의한 조정을 통하여 발휘되고 〈전문적 관료제 구조〉에서 이 힘이 강하게 작용한다.

(2) 전략 부문

전략 부문은 조직을 가장 포괄적인 관점에서 관리하는 최고경영층이 있는 곳이며, 여기에서 조직의 전략을 수립한다. 조직에는 집권화하기 위하여 최고경영층에서 행사하는 힘이 있고, 이 힘은 〈직접감독〉에 의한 조정을 통하여 발휘되고, 〈단순구조〉의 조직에서 이 힘이 강하게 작용한다.

(3) 중간라인 부문

전략부문과 핵심운영 부분 간을 직접적으로 연결시키는 라인에 위치한 모든 중간관리자로 구성되며, 사업단위를 분할하기 위하여 중간관리층에서 행사하는 힘으로, 이 힘은 〈산출물의 표준화〉에 의한 조정을 통하여 발휘된다. 〈사업부제 구조〉에서 강하게 작용한다.

(4) 기술전문가 부문

기술전문가 부문은 조직 내의 과업 과정과 산출물이 표준화되는 시스템을 설계하는 분석가들을 포함하고 있다. 조직에는 표준화를 위해 기술전문가들이 행사하는 힘이 있으며, 이 힘은 〈과업과정의 표준화〉에 의한 조정을 통하여 발휘되고, 〈기계적 관료제〉에서 이 힘이 강하게 작용한다.

(5) 지원스탭 부문

지원스탭 부문은 기본적인 과업흐름 이외의 조직문제에 대한 지원을 제공하는 모든 전문가로 구성되어 있고, 이들은 인사부서, 홍보 부서, 법률고문 등 매우 다양하다. 조직에는 협조 및 혁신을 하기 위하여 지원스탭에서 행사하는 힘이 있다. 이 힘은 〈상호작용〉에 의한 조정을 통하여 발휘되고, 〈혁신구조〉에서 이 힘이 강하게 작용한다.

3 순수형 구조

민쯔버그의 5개의 부서 중에서 어느 부서가 가장 지배적인 것인지, 또는 힘의 방향에 따라 조직설계가 달라지는데, 이러한 지배력 또는 힘의 방향에 따라 다음 다섯 개의 전형적인 조직모델이 된다고 한다.

(1) 단순구조

① 의의

단순구조의 특징은 단순함에 있으며, 권한이 최고경영자에게 집중되고, 핵심운영부서가 비공식적이며 유기적이다. 지원부서나 중간라인계층도 거의 존재하지 않아서 집권화된 유기적 구조의 특징을 갖는다. 대표적으로 벤처기업, 중소기업같은 소규모 조직에서는 사장이 독자적으로 조직을 운영하며, 비공식적이고 중앙집권화된 조직형태를 띠는 것을 볼 수 있다.

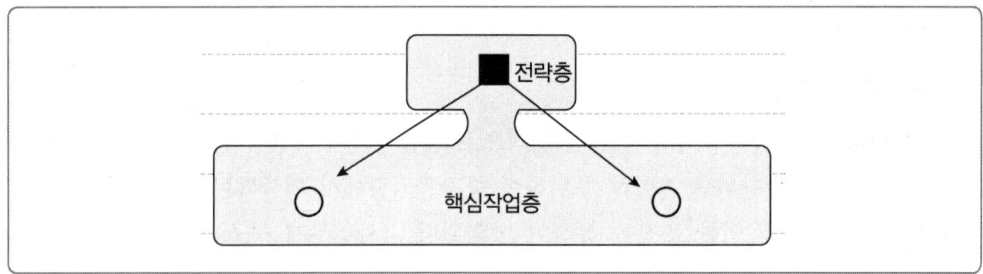

② 적합한 환경

환경이 단순하나 동태적인 경우, 조직이 사용하는 기술시스템이 복잡하지 않은 경우, 카리스마, 독재적 리더십과 같은 강력한 리더십이 필요한 경우, 창업시, 위기시, 국면전환시의 경우 선택한다.

③ 전략

경영자는 조직을 환경으로부터 보호받을 수 있는 틈새에 위치시키는데, 전략에 초점을 두고 있으며, 비전제시형 리더십을 발휘한다.

④ 효과 및 유의점

신속하고 유연성이 있으며, 유지비용이 적게 들어 동태적 환경에 적응할 수 있다는 장점이 있지만, 그러나, 기업주 개인에 의해 조직의 성패가 좌우될 수 있다는 위험이 있다.

(2) 기계적 관료제 구조

① 의의

베버의 관료제 조직구조에 가까운 형태로 작업이 반복적으로 수행되며, 매우 높은 공식화를 보이는 구조이다. 조직에 많은 규제와 규칙이 존재하며, 의사소통도 매우 공식화되어 집권화된 형태의 의사소통을 보인다. 정부기관, 공공기관처럼 복잡하고 공식적이며, 지위계층의 구분이 수직적으로 높은 경우가 해당된다.

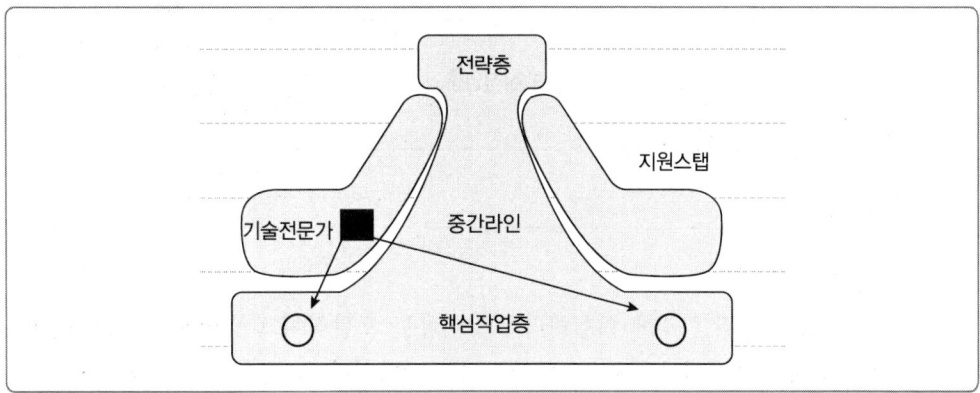

② 적합한 환경

단순하고 안정적인 환경, 규모가 어느 정도 크고, 성숙기에 이른 조직의 경우, 대량생산과 대량서비스를 산출해야 하는 경우, 정부조직 등에 적합하다.

③ 전략

명시적인 전략계획을 갖고 있으며, 오랜 기간 인정되어 왔던 단순구조의 조직형태에 대하여 급진적 변화를 시도한다는 점에서 전략적인 특징을 발휘한다.

④ 효과 및 유의점

효율성, 신뢰성, 정확성, 일관성을 토대로 기술적 합리성을 추구할 수 있다는 장점이 있으나, 생산현장의 비인간화 문제가 야기되고, 라인과 스탭간의 조정문제가 발생하여 환경변화에 적응력이 떨어지기도 한다.

(3) 전문적 관료제 구조

① 의의

전문적 관료제 구조는 과업의 복잡성으로 인해 고도의 기술이나 지식을 소유한 전문가들이 작업일선에서 자신의 업무에 대하여 상당한 통제력과 재량권을 행사하는 조직이며, 집권화 되면서 동시에 분권화 형태를 갖추고 있다. 병원, 대학처럼 복잡한 조직이지만, 실무자들이 전문가들이기 때문에 결정권한이 실무자에게 위임되어 있는 형태에서 전문적 관료제 구조를 찾아볼 수 있다.

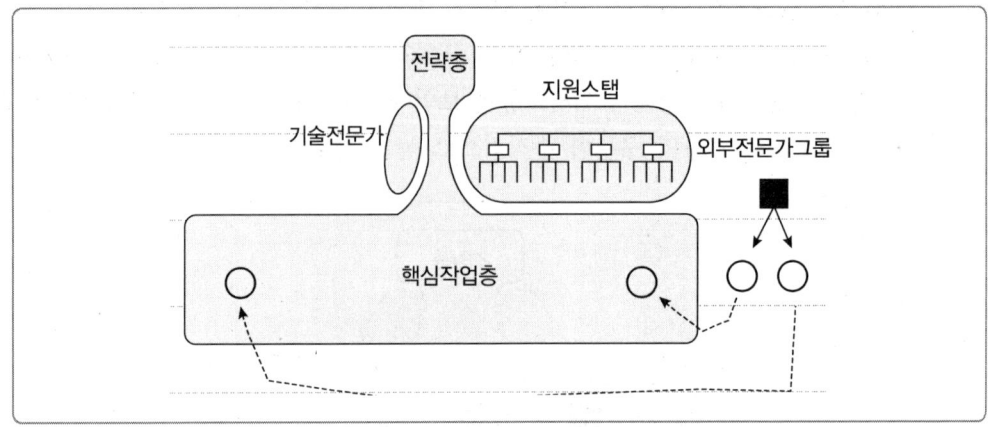

② 적합한 환경

복잡하고 안정된 환경에 적합하다. 그 이유는 포괄적이고 광범위한 프로그램에 의해서만 문제가 해결되어야 할 만큼 환경이 복잡하지만, 표준화된 지식과 기술 및 운영절차를 사용할 수 있을 정도로 안정되어 있는 환경이기 때문이다.

③ 전략

대부분의 전략을 소수 전문가들의 판단, 특정이익단체의 집단적 선택, 그리고 조직상층부의 승인 등 여러 요인들 간에 혼돈스러운 모습으로 계획되고 추진된다.

④ 효과 및 유의점

민주적 구조이며, 구성원들에게 폭넓은 재량권이 주어진다는 장점이 있으나, 지원부서와의 조정, 전문가들간의 조정, 전문적 재량권의 남용에 따른 혁신에서의 문제 등이 발생한다는 단점이 있다.

(4) 사업부제 구조

① 의의

각각의 사업부는 산출품이 표준화하는 성과통제시스템을 토대로 각기 독자적으로 운영됨. 중간관리층이 조직의 핵심부문으로 등장하고, 각 사업부는 독립적이다. 구체적으로 국제기업처럼 여러 부문으로 구성된 중간관리층이 실권을 쥐고 있는 모습을 찾을 수 있다.

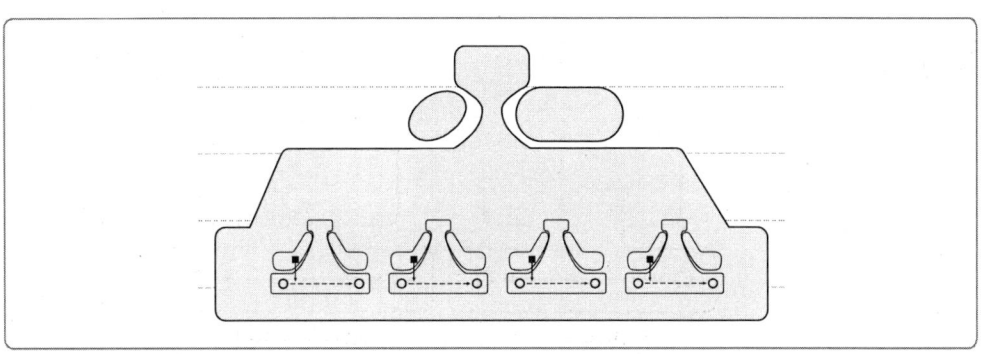

② **적합한 환경**

제품 및 서비스의 다양성이 존재하는 경우, 기술시스템이 사업주의 특성에 따라 분화될 수 있는 경우, 다각화의 필요성을 느끼는 성숙기에 다다른 조직의 경우에 적합하다.

③ **전략**

개별사업들에 대한 포트폴리오관리를 통해 기업전략을 수행하고, 개별사업 자체에 대한 전략을 통해 사업전략을 수행한다.

④ **효과 및 유의점**

자원의 효율적 배분이 가능하고, 관리자들을 전반적으로 훈련시킬 수 있으며, 사업부간 영향이 크지 않아 위험을 줄일 수 있다는 장점이 있다. 그러나, 성과통제 시스템은 질적인 측면을 무시하고, 양적이고 재무적인 성과에만 치중하여 혁신능력을 저하, 조직의 반사회적인 행동이나 무책임한 행동을 양산하기도 한다.

(5) 혁신구조

① **의의**

혁신구조는 행동의 공식화가 전혀 요구되지 않은 유연한 조직이며, 고도의 수평적 직무전문화가 이루어져 있고, 과업의 수행이 프로젝트팀으로 이루어지는 경향이 있다. 컨설팅회사나 광고회사처럼 고객과의 계약을 통하여 업무를 수행하는 경우, 화학회사나 우주항공회사처럼 조직체의 문제를 해결하기 위한 혁신을 수행하는 경우가 해당한다.

② **적합한 환경**

첨단기술의 개발, 경쟁에 따른 잦은 제품변화, 한시적인 대규모 프로젝트 수행 등 복잡하고 동태적인 환경에서 주로 채택된다. 또한, 조직의 연령이 낮거나, 해당 산업이 태동기에 있을 때 적합하다.

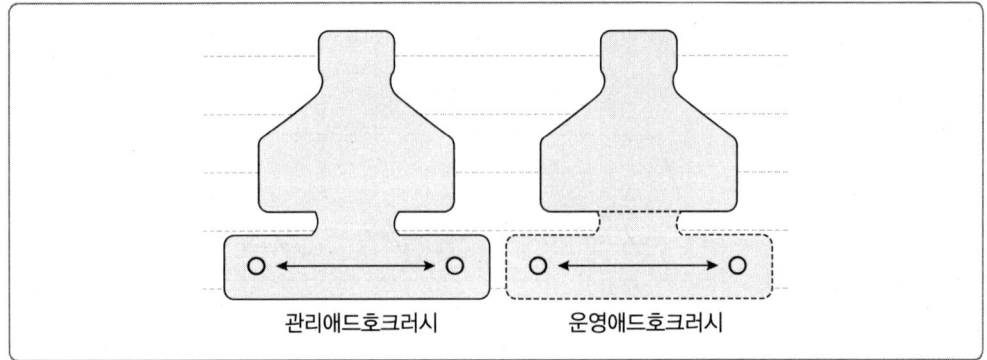

③ **전략**

전략적 초점이 끊임없는 수렴과 발산의 싸이클로 나타나고 있으며, 이 과정에서 전략의 실행은 경영층의 명령이나 지시에 의해서보다는 밑으로부터의 학습과정에 의하여 진행된다.

④ **효과 및 유의점**

구성원의 능력과 재능을 최대한 발휘하게 함으로써, 혁신을 유도하는 민주적 구조이며, 변화에 유연하게 대응할 수 있다는 장점이 있다. 기능부서와 프로젝트관리자간의 권력투쟁으로 인한 갈등과 개인의 역할과 책임 및 권한의 모호성, 스트레스와 심리적 긴장으로 인한 조직 내부의 비효율성 극복에 유의해야 한다.

제3장 Weitzel & Jonsson의 조직쇠퇴 모형

거시조직이론

1 조직쇠퇴의 의의

〈조직쇠퇴〉란 오랜 기간에 걸쳐 나타나는 절대적이고 상당한 조직자원기반의 감소, 즉, 인적자원과 물적자원, 재무자원, 정보자원 등의 감소를 수반하면서 조직의 생존이 어렵게 되어 도태하거나 소멸하는 현상을 말한다. 조직쇠퇴는 관리자로서 항시 유의하여야 하는 것이며, 조직쇠퇴 과정에서 해결방향을 미리 알고 있다면 조직이라는 거대한 함선이 침몰하는 사태는 예방할 수 있을 것이므로 반드시 알아두어야 할 필요가 있다.

2 조직쇠퇴의 원인

(1) 조직의 구조와 문화

조직구성원들의 조직의 어딘가에서 잘못을 발견하고 다른 행동을 취하려 해도, 조직의 구조와 제도에 의해 제약을 받게 되는 경우이다. 오랫동안 성공가도를 달린 조직이 성공관습에 젖게 되어 타성을 갖게 되고, 주변의 경영환경이 변화하여도 좀처럼 과거습관을 바꾸려 하지 않는데 기인한 조직구조와 문화의 타성에 원인을 찾을 수 있다.

(2) 환경부적응으로 인한 퇴화

대부분의 조직은 개방시스템으로서 외부환경에서 자원을 투입하고 산출물로 외부의 수요를 충족시키면서 영위해 가는데, 조직으로 투입되던 자원이 갑자기 감소한다든지 조직의 산출물에 대한 수요가 감소하면 그런 조직은 당연히 존재의 필요성을 상실한다.

(3) 경쟁의 심화

동종업계의 경쟁이 극심화되어 여기에서 낙오되는 기업이 생기기 때문에 쇠퇴하게 되는데, 예를 들어 중국의 저가 제품이 시장에서 우월하게 되면 중국의 제품에 밀려 국내 기업은 쇠퇴기에 이르게 되는 것이다.

(4) 취약성

자원이 부족하거나, 변화에 대처할 능력이 부족하거나, 인재가 부족해도 살아남기 힘들며, 중소기업은 대기업에 비해 시장정보 수집이나 환경변화에 대한 전략적 대응에 취약하기 마련인데, 결국 이를 이겨내지 못하고 쇠퇴하는 경우가 많다.

(5) 규모의 경제

규모의 경제는 최소의 비용으로 최대의 효과를 거두어야만 생존할 수 있다는 원칙이며, 만약 무모한 규모 확장과 맹목적인 다각화를 행할 경우 쇠퇴를 불러오기도 하는데, 왜냐하면 경험이 부족한 곳에 과도한 설비투자나 자원을 쏟아 부었다가 기존의 튼튼했던 자원마저 소진하게 되는 사태가 발생되는 경우가 있기 때문이다.

(6) 경영진의 잘못된 의사결정

최고경영진의 능력과 결정은 조직의 성공과 소멸에 직접적인 영향을 미치는데, 그 이유는 최고경영자의 개인적 특성과 시각에 따라 조직의 전략이 수립되고 실천될 가능성이 크기 때문이다. 환경의 압력을 잘 못 인식하여 그 대응이 늦으면 조직은 크게 타격을 받을 수밖에 없다.

3 Weitzel & Jonsson의 조직쇠퇴

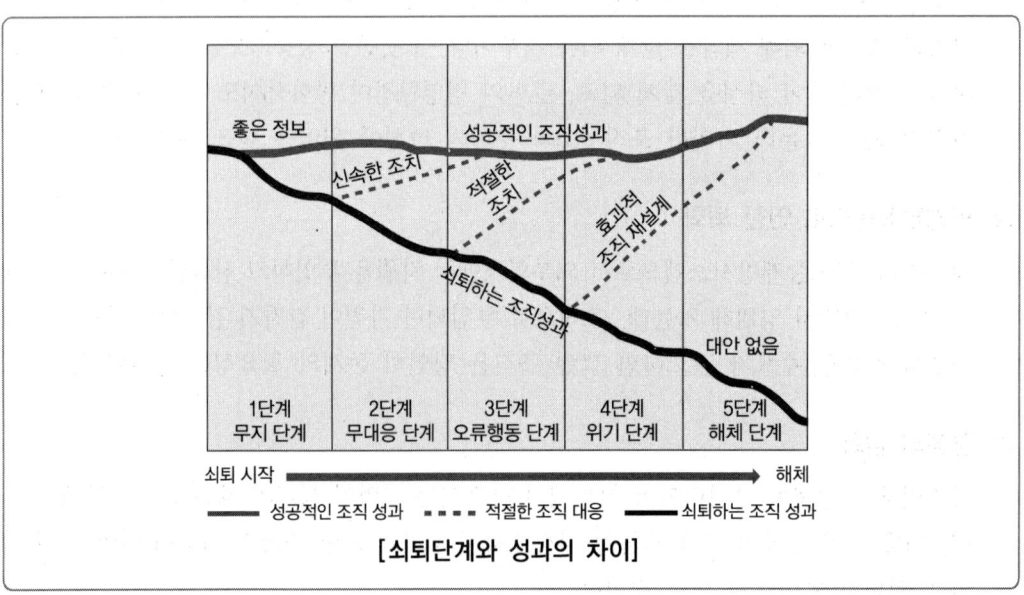

[쇠퇴단계와 성과의 차이]

※ Weitzel & Jonsson

(1) 무지단계(blinded stage)

① 의의
조직의 장기적 생존을 위협하는 내/외부의 변화가 있고, 조직은 여기에 신중하게 접근을 해야 하는데, 이에 대하여 무지하고 둔감한 상태를 말한다. 이 단계에는 과도하게 많은 임원, 번잡한 절차, 고객과의 잦은 충돌 같은 문제들이 상존하고 있다. 경영자는 이 시기에 쇠퇴신호를 놓치게 되는 경우가 많다.

② 해결방안
이에 대한 해결책은 조기경보체계를 구축하는 것이다. 즉, 시기적절한 조기경보와 이에 대한 조치로 조직을 다시 본 궤도에 올려놓을 수 있는 시기에 해당한다.

(2) 무대응 단계(inaction stage)

① 의의
조직쇠퇴의 두 번째 단계는 각종 성과악화라는 경고에도 이를 부인하며 나타나는 무대응 단계이다. 이때, 경영자는 직원과 주주들에게 모든 것이 잘 되고 있다고 설득하려 하며, 어떤 경우에는 분식회계로 성과문제를 은폐하려는 경향으로 나타난다.

② 해결방안
이 단계의 해결은, 쇠퇴가능성을 인정하고, 조직을 재활성화하기 위한 신속한 조치를 위하는 것이다. 새로운 문제해결 접근법, 참여의사결정의 확대, 무엇이 잘못되었는지 파악하려는 노력을 하는 리더십이 필요하다.

(3) 오류행동 단계(faulty action stage)

① 의의
조직이 심각한 문제를 겪게 되고, 저조한 성과지표들을 무시할 수 없게 되는 단계이며, 이 단계의 쇠퇴 소용돌이를 조절하지 못하면, 조직 실패로 이어진다. 이러한 심각한 상황에서 리더는 중대한 변화를 고려하여 사원감축을 포함한 긴축조치가 취해질 수 있다.

② 해결방안
리더들은 가치를 명확히 하고, 정보를 제공함으로써 구성원들의 불확실성을 줄여나가야 한다. 이 단계에서 경영자의 중대한 실수는 조직의 회생기회를 감소시킨다는 것이다.

거시조직이론

(4) 위기 단계(crisis stage)
① 의의
  조직이 여전히 쇠퇴단계에서 효과적으로 대처하지 못하여 공황상태에 놓여 있는 단계이다. 이 단계에서 조직은 혼란을 겪게 되고, 기본으로 돌아가려는 노력, 급격한 변화, 그리고 분노를 경험하게 된다.
② 해결방안
  경영자에게 위기단계로 엄습하는 사태를 방지하는 최선의 방법은, 전면적인 재조직, 최고경영자의 교체, 전략/문화의 혁신적 변화, 중대한 변화, 극심한 인력감축이 필요하다.

(5) 해체 단계(dissolution stage)
① 의의
  해체 단계의 쇠퇴는 돌이킬 수 없는 단계이다. 조직은 시장의 명성과 최고의 직원들을 모두 잃고 자본이 고갈되어 있다.
② 해결방안
  이 단계에서 유일하게 실천 가능한 전략은 질서정연한 방법으로 조직을 닫는 것이다. 또한, 직원들의 직장상실로 인한 충격을 줄여야 한다는 것이다.

제4장 Miller의 조직쇠퇴 모형

> **이카롯스 패러독스(Icarus Paradox) – 성공의 적은 성공이다.**
>
> 그리스 로마 신화에 나오는 이카롯스는 새의 깃털로 날개를 만들어서 탈옥하는데 성공했다. 하늘로 두둥실 떠오르는 순간 이카롯스의 마음 한편에는 오만함이 슬며시 머리를 쳐들게 되었다. 이제 이 세상 그 누구보다도 더 높이 날 수 있다는 생각에 탈옥이라는 당초의 목적을 잊은 채, 가능한 높이 날아오르는 데만 열중하게 되었다. 하늘 높이 오르기만 하던 이카롯스는 결국 추락해 죽고 만다.
> 강렬한 태양빛에 깃털을 이어 붙인 밀랍이 녹아내렸기 때문이다.
> 이카롯스 패러독스는 많이 알려진 이야기다. 기업을 비롯한 다른 모든 개인과 조직도 한때의 성공이 자만심과 관성, 과잉과 폐쇄성을 야기하여 급격한 실패로 연결될 수 있다는 교훈을 좋은 사례이다.
> — 캐나다, 대니 밀러(Danny Miller) 교수

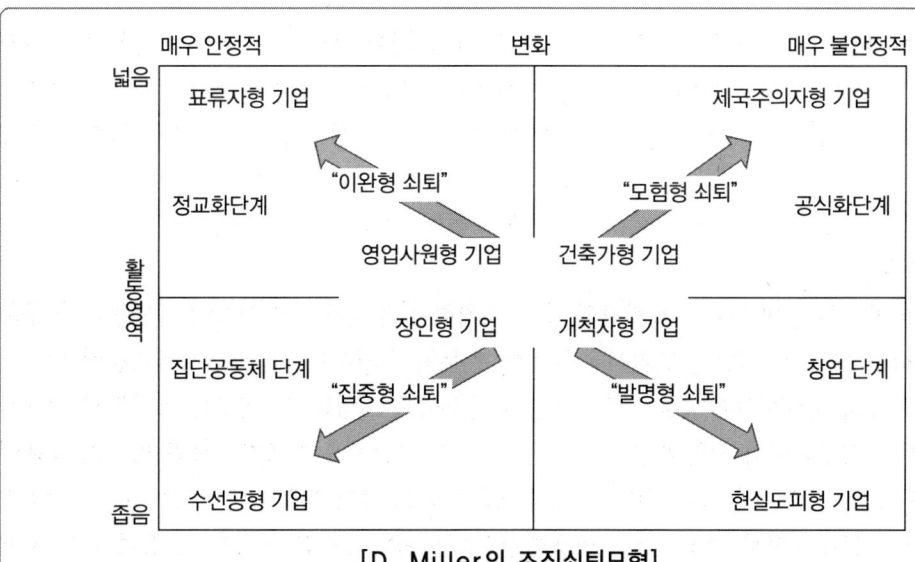

[D. Miller의 조직쇠퇴모형]

거시조직이론

1 발명형 쇠퇴(창업단계)

(1) 의의

발명형 쇠퇴는 개척자형 기업이 현실도피형 기업으로 변신하면서 쇠퇴하는 유형이다. 즉, 기술혁신을 통하여 시장에서 선두위치를 점했던 기업들이 소비자의 욕구 무시, 경제적 한계 무시하면서까지 기술혁신만을 강조하는 근시안적인 전략(소비자에게 필요 없는 기술혁신)을 수행하는 현실도피형 기업으로 전락한 경우이다.

(2) 극복방안

소비자의 욕구에 부응하는 기술혁신과 상품개발, 시장을 다양하게 개척하여 적극적인 판촉활동을 하고, 경제적인 기술혁신을 해야 하며, 기업의 운영목표의 변화로서 새로운 기술의 우위확보에서 '가치 있는 제품과 서비스 창출'로 전환하고, 현실과 동떨어져는 안 되기 때문에 부서간 긴밀한 의사소통이 있어야 하며, 외부환경과에 대응하기 위해 부서간 조정체계가 있어야 한다.

2 집중형 쇠퇴(집단공동체 단계)

(1) 의의

장인형 기업이 수선공형 기업으로 변신하면서 쇠퇴하는 유형이며, 완벽한 제품을 출하시키려고 하는 장인형 기업이 극도의 비용절감을 강조하다가 품질을 손상시키고 기술혁신을 도외시하며, 결국 소비자들로부터 외면당하는 수선공형 기업으로 쇠퇴하게 되는 유형이다.

(2) 극복방안

권력을 공유하고 하급자와 소비자의 말을 경청하는 경영자를 선임하여 경영철학과 문화의 변화를 도모해야 하며, 도외시된 부문이 있는지 유의하여야 하고, 각계각층에 의견기회를 균등하게 배분해야 한다. 관료적인 통제방식을 지양하고, 새로운 의사결정 형태를 도입하여 경영참여와 권한위양을 해야 한다. 원가절감만을 강조하다보면 싸구려 제품이 출시되므로, 품질 또는 원가추구 전략의 재확립하고 고객욕구를 반영해야 하고, 제조와 기술에만 몰두하면서 상대적으로 소홀했던, 소비자와의 밀접한 접촉, 경쟁력을 갖춘 제품생산, 제품 및 시장 다각화에 관심을 가져야 한다. 창의적인 연구를 강조하면서 폭넓은 정보원천으로부터 다양한 정보수집, 열린 공개적 토론을 통한 의사결정기회가 있어야 한다.

3 모험형 쇠퇴(공식화 단계)

(1) 의의

모험형 쇠퇴는 건축가형 기업이 제국주의형 기업으로 변신하면서 쇠퇴하는 유형이다. 즉, 기업가정신을 갖춘 최고경영층이 시장의 유망한 분야를 발견하고 지속적인 사업확장을 도모하는 건축가형 기업이, 무차별적인 다각화를 함으로써, 폭발적으로 늘어나는 업무의 복잡성을 통제하지 못하는 제국주의자형 기업으로 쇠퇴하는 경우이다.

(2) 극복방안

전망 없는 사업은 정리하고, 핵심사업 및 관련 사업에만 집중하여 경영을 할 수 있는 전문경영인을 선임하여야 하며, 경쟁우위가 약한 사업단위는 매각하고, 핵심사업부문 경쟁우위를 재확립하는 지혈전략을 사용해야 한다. 신제품 및 생산을 강조하여, 신제품개발과 생산부서 확충에 초점을 두어야 한다.

4 이완형 쇠퇴(정교화 단계)

(1) 의의

이완형 쇠퇴는 영업사원형 기업이 표류자형 기업으로 변신하면서 쇠퇴하는 유형이며, 뛰어난 판매전략과 폭넓은 유통망을 가진 영업사원형 기업이, 제품의 질이나 소비자의 욕구보다는 제품포장에만 치중하여, 각 부서들이 구심점 없이 흩어져 전략실행이 불가능한 표류자형 기업으로 전락한 경우이다.

(2) 극복방안

통일된 판매전략을 수립하기 어렵다면, 본사 차원에서 상호 연결망을 구축하여 정보교환과 공생전략을 설정해야 한다. 시장확대에만 치우친 결과 기업이 시장에서 표류하지 않기 위해서는, 제품개발, 생산분야에 대한 관심과 정책적 배려, 품질개선, 시장요구에 기민하게 대처하는 판매활동, 생산공정을 단순화해야 한다. 조직전체를 중심가치에 응집시키기 위하여, 지역별, 제품별, 고객별로 나누어 이에 적합한 강력하고 다양한 리더십이 필요하다. 권한을 하부에 위양하여 경영환경에 신축적이고 기민한 대처를 하도록 해야 하며, 부서간 갈등해소를 위해, 제품별/지역별/소비자 유형별로 각 부서를 연결하여야 한다.

제5장 글로벌 조직설계

1 조직구조의 상황변수로서의 세계화

세계화는 국제사회에서 상호의존성이 증가함에 따라 세계 각국이 단일한 체계로 나아가고 있는 현상을 의미한다.

2 세계화의 동인

(1) 규모의 경제

해외진출을 통해 기업은 더 많은 수요를 확보할 수 있으며, 대량생산을 통해서 단위비용을 절감할 수 있다.

(2) 범위의 경제

세계화를 통해 기업이 취급하는 제품 및 서비스의 종류가 많아진다면, 이들간의 시너지를 창출하는 것이 가능하다. 또한, 다양한 국가의 다양한 소비자층으로부터 다방면의 정보를 수집하여 새로운 시장기회를 얻을 수 있다.

(3) 시장개방, 기회활용과 위험분산

자본, 인력, 기술의 이전이 점차 쉬워지고 있는 개방경제 시대를 맞이하여 전 세계 시장의 동질화 현상이 나타나면서 기업의 해외진출이 활발해지고 있다. 각 국가별 경영환경이 상이하므로 한 나라에서의 수요 감소나 원료 공급 중단 등의 위험에 대비하여 복수의 대체안을 가질 필요가 있다.

(4) 경제성과 합리성

국제적 대규모화는 원료구입비용과 일체의 생산원가 절감을 통해 자원조달의 최적화를 추구할 수 있다.

3 세계화 발전단계

	1. 국내기업단계	2. 국제기업단계	3. 다국적기업 단계	4. 글로벌기업 단계
전략적 지향	국내중심	수출중심의 다국가적	다국적	글로벌
발전단계	조기 해외시장 진입	해외시장에서의 경쟁적 입지	폭발적 성장	글로벌
조직구조	국내시장 중심 구조 + 수출부서	국내시장 중심 구조 + 국제사업부	세계적이며 지역적 특성을 지닌 제품	매트릭스, 초국가적 구조
시장잠재력	보통, 대부분 국내시장	큼, 복수 해외시장	매우 큼, 다국적	전 세계

4 세계화 전략의 유형

(1) 글로벌 전략과 현지화 전략

조직이 세계화에 대응하는 과정에는 크게 두 종류의 요구에 직면하게 된다. 하나는 세계적 통합의 추세에 부응하기 위해 가치창조활동이 세계적 차원과 국가단위 모두에서 조정·운영되어야 한다는 것이고(글로벌 통합에의 압력), 다른 하나를 세계 각지의 현지에 걸맞도록 적응할 필요가 있다는 것이다(현지국가별 대응에의 압력).

(2) 이러한 글로벌 전략과 다국가적 전략을 기준으로 글로벌 기업은 ① 수출전략, ② 글로벌 전략, ③ 다국가적 전략, ④ 혼용전략을 취할 수 있다.

거시조직이론

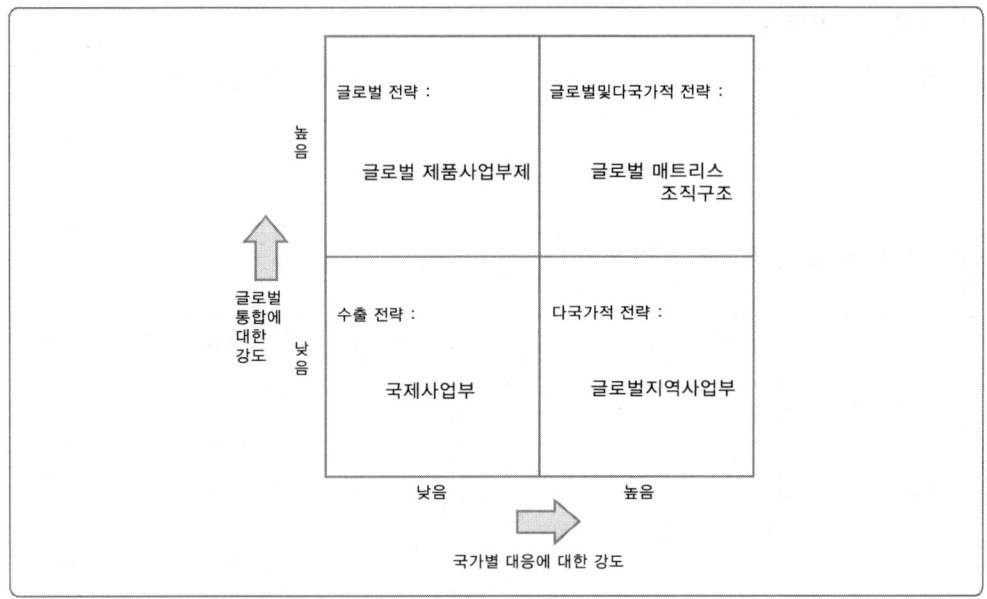

※ Daft, 조직이론과 설계, 국제적 경쟁우위와 적합성 모형

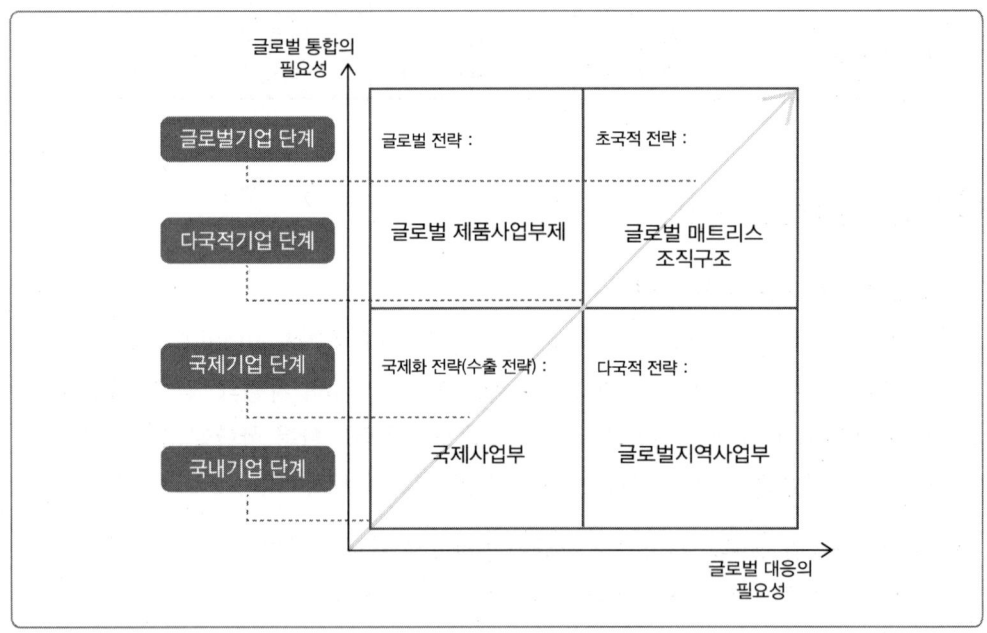

5 세계화와 조직구조

(1) 국제사업부 조직 : 국제화 전략

① 의의 및 특징

두 압력 모두가 작은 경우에는 국제화 전략이 필요한데, 이는 국내 사업부문들과 동일한 위상의 국제사업부를 두고 수출 중심의 세계화 전략을 추진하는 것을 뜻한다. 국제화 전략에 부합하는 조직구조는 국제 사업부 구조이다. 이는 해외시장의 진출을 위해 본국에서 해외부문을 담당하는 수출 부서 등을 따로 형성하는 것이다. 기업 전체의 관점에서 해외활동을 전개하여 객관적 위치에서 다양한 자회사를 관리하고, 해외자회사의 활동계획을 수립, 필요한 자원(자본과 인력)을 국제사업부로부터 지원받는다.

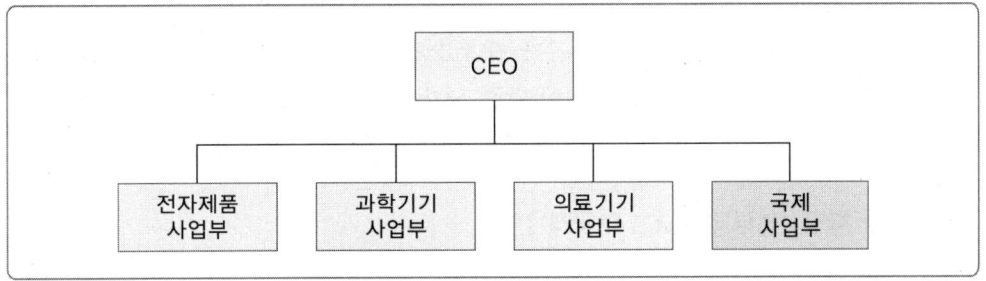

② 장단점
- [장점]본사에 의한 응집성과 통일성을 제공, 자원의 집중, 해외시장에 대한 개발을 촉진
- [단점]국내부문과의 협조를 약화/갈등 발생, 기능과 제품에 대한 지식공유 곤란, 자원할당과 사용의 비효율성 초래

(2) 글로벌 제품사업부제 구조 : 글로벌 전략

① 의의 및 특징
- 글로벌 통합 압력은 높은데 현지 지향 압력은 작은 경우에는 글로벌 전략을 통한 원가절감이 필요하다. 이는 모든 국가의 소비자들에게 표준화된 제품을 제공하되, 활동의 조정과 운영 측면만 개별 국가단위로 수행하는 것을 뜻한다.
- 글로벌 전략에 부합하는 조직구조는 글로벌 제품사업부제 구조이다. 이는 특정 제품을 전 세계에 걸쳐 단일한 관리방식으로 생산·판매·유통하기에 적합한 구조로서, 글로벌 통합에의 압력을 소화하기에 용이한 구조이다. 특정 제품과 관련된 해외활동을 그 제품 부문에서 독립적으로 총괄하면서 각 제품 부문은 독자적으로 해외담당임원, 수출부, 제조공장, 판매와 마케팅 부서를 가진다.

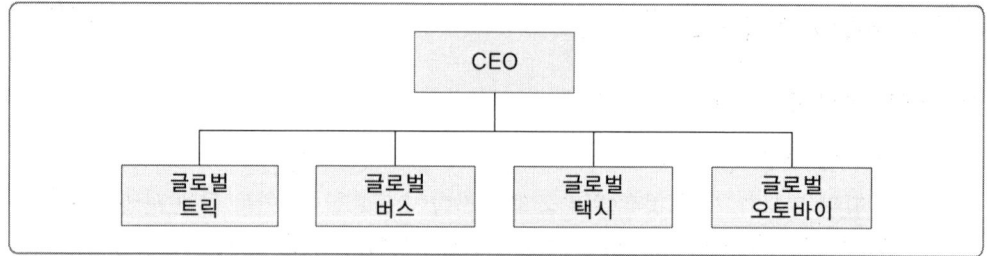

② 장단점
- [장점]제품과 마케팅의 통합 용이, 유연한 제품라인 확장 및 새로운 시장기회 활용으로 시장기회에 유연성 있게 대처 가능, 다양한 제품, 최종 소비재시장, 기술을 통합하는 데 유용, 빠른 성장을 하고 있는 기업에 유용
- [단점]해외경험이 단편적이고 분산되어 있기 때문에 해외지역에 대한 지식이 부족하거나 불충분, 다양한 제품공장 간 보고관계, 자원할당, 이익상의 책임에 관한 문제 야기 ③ 지역적 조정문제 야기(한 국가에서도 상이한 여러 제품과 관련하여 이질적인 활동이 나타날 수 있어 본사로 하여금 일관된 관리를 하기 어렵게 만듦)

(3) **글로벌 지역사업부제 구조 : 다국적 전략**

① 의의 및 특징
- 글로벌 통합 압력은 낮은데 현지 지향 압력은 높은 경우에는 다국적 전략을 통한 현지 차별화가 필요하다. 이는 각 국가별로 커스노마이징(customizing)된 제품과 서비스로 승부를 거는 전략임이다.
- 다국적 전략에 적합한 조직구조는 글로벌 지역사업부 구조이다. 이는 특정 국가에 적합한 방식으로 재화나 용역을 생산·판매·유통하기에 적합한 구조로서, 현지 적응에의 니즈를 충족하기에 용이한 구조가 된다. 제품이 상당히 표준화되고 낮은 수준의 기술을 요구하는 경우, 기업이 고도의 마케팅 지향적이고 판매수익의 대부분이 표준화된 최종 소비재시장으로부터 출발하여 기업의 주요 목적에 해당하는 현지 시장의 니즈를 충족하는 것에서 나타난다. 현지 니즈를 충족하기 때문에 판매수익에 유용하게 나타난다.

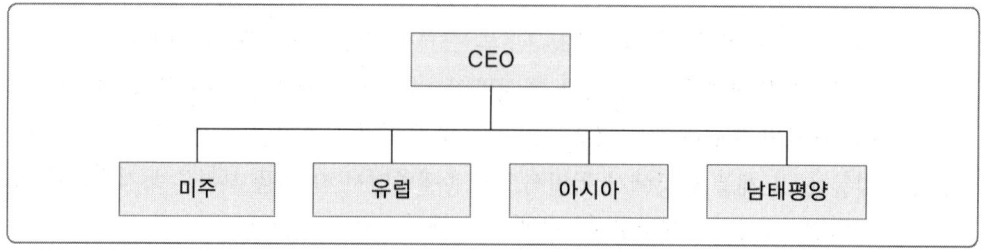

② 장단점
- [장점]현지 시장상황에 맞는 제품과 서비스 제공, 지역에 대한 계획수립과 전략을 단순화시켜주고 책임을 보다 명확하게 정의해주며 경영자에 대한 평가를 용이하게 한다. 권한계층이 체계적이며 의사소통도 원활, 지역 내의 기술적 능력과 기능적 능력들을 잘 조정해주고, ④ 광범위한 경영자 훈련과 경험의 기회를 제공
- [단점]지역에 의한 부문화는 제품 중시의 사고를 약화시키며 제조와 마케팅 간의 제품흐름을 방해, 지역 간에 새로운 아이디어와 경험, 기술의 공유가 어렵고, 지역조직 간 거래 시 이전가격과 관련한 문제 발생, 기업시스템과 정책은 지역에 따라 다양하고 일관성이 없게 되며, 기능과 제품에 대한 전문가가 중복되어 비용이 과중

(4) **글로벌 매트릭스 조직** : 초국적 전략

① 의의 및 특징
- 두 압력 모두가 높은 경우에는 초국적 전략이 필요한데, 이는 원가절감과 차별화라는 모순된 목표의 동시충족을 통하여 전 세계의 각국에 걸친 가치창조활동을 수행하는 것이다.
- 초국가 전략에 부합하는 조직구조는 글로벌 매트릭스 구조이다. 이는 둘 이상의 조직설계요인이 동시에 작용할 때 사용하는 구조로서, 초국가 전략 하의 글로벌 통합 니즈와 지역별 대응 및 차별화 니즈를 함께 충족하기 위한 구조이다. 제품의 범세계적 통합과 지역현지화의 문제를 동시에 해결해야 하거나, 국내사업부와 해외사업부 간의 기술교류와 자원을 공유해야 하는 경우, 신제품 관련 기술의 빠른 상품화를 위한 조정이 필요할 때 유용하다.

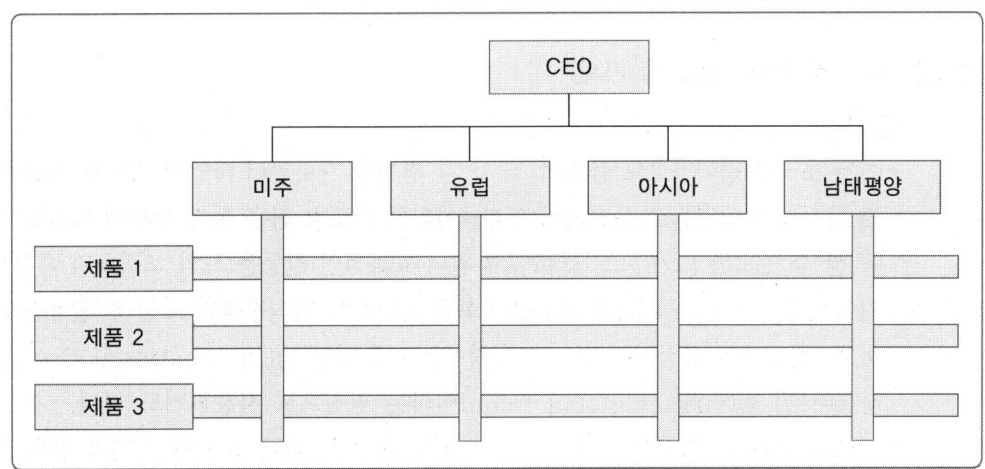

거시조직이론

② 장단점
- [장점]제품측면과 지역측면을 동시에 관리함으로써 환경변화에 신속히 대처, 조직 내의 의사소통과 그에 따른 공동의사결정이 원활하여 협력을 촉진하고 그들에 대한 통제가 원활, 글로벌화와 지역화를 동시 실현
- [단점]조직 전체 차원에서 능력과 기능의 중복현상을 초래하여 규모의 경제와 시너지 효과를 상실, 복수의 명령계통으로 인한 모호성과 스트레스 증가로 타 기능과의 의사소통과 통합메커니즘이 더 필요, 권력 투쟁, 업무처리순서에 대한 혼란, 과도한 경비, 의사결정의 지연 등 발생, 협력네트워크에 대한 보상시스템 확립 필요

6 성공방안 : 글로벌 역량 구축을 통한 세계화의 문제 해결

(1) 글로벌 조직이 당면하고 있는 문제

① 높은 복잡성과 차별화
경제발전, 언어, 정치, 규제 등 인프라구조가 다른 여러 국가의 복잡한 환경으로 인해 조직 내부의 복잡성 역시 증대, 차별화 증대된다.

② 통합의 필요성
규모의 경제, 범위의 경제, 노동 및 생산효율을 달성하기 위한 글로벌 조직의 조정과 협력 문제 고민이 필요하다.

③ 글로벌 기업의 조직단위 간 지식이전
각 지역에서 습득한 기술과 지식이 다른 지역에서도 활용될 수 있도록 도와주는 시스템 구축이 요구된다.

(2) 글로벌 조정 메커니즘(조정 기제)

① 글로벌 팀
- 이는 초국적 팀이라고도 불리며, 국가 간 경계를 가로질러 다양한 지식과 기술을 가진 다국적 구성원들로 구성되어 있다. 이러한 글로벌 팀은 현지 상황에 적합한 대응을 할 수 있도록 도와주고, 글로벌 차원의 효과적인 활동을 도와 조직효과성 향상에 기여할 뿐만 아니라 지속적 학습조직화를 촉진하여 지식창출과 이전 및 활용을 가능하게 해 준다는 장점이 있다. 그 유형에는 이문화간 팀(international team), 가상 글로벌 팀(virtual global team)이라는 명칭으로 사용되기도 한다.
- 글로벌 팀을 잘 활용할 경우 ⓐ 현지 시장의 각기 다른 요구와 소비자 선호 정치 및 법률시스템을 충족시킬 수 있는 지식을 제공, 현지 상황에 적합하게 대응할 수 있도록 해주고, ⓑ 조직으로 하여금 국제시장에서 원가우위를 얻을 수 있는 표준화

된 디자인과 운영방법을 개발함으로써 글로벌 효율성을 달성할 수 있도록 해준다. ⓒ 지속적 학습조직을 통해 글로벌 수준에서의 지식방출과 이전 및 활용을 가능하게 한다.

② 본사의 계획과 통제

이는 본사가 적극적 역할을 수행하여 흩어져 있는 지역 조직들간 정렬을 돕는 것으로 대표적인 사례로 현지 상황에 적합한 제품과 서비스 채택에 있어서 책임과 의사결정 권한 위양하는 한편, 집권적 관리와 정보시스템을 통한 강력한 통제 유지를 경우를 들 수 있다.

③ 확장된 조정 역할(liaison role)

이는 조직구조 측면에서 강력한 조정과 협력을 도모하는 것으로서, 조정역할이나 직위의 설정을 통하여 글로벌 기업의 각 부문들을 통합하는 것이다. 구체적으로 어느 한 사람을 다른 조직에 정규직으로 머물게 하여 그로 하여금 조직간 정보교환과 통합된 의사결정을 촉진하게끔 하는 경우로 설명할 수 있고, 이에는 기능관리자, 국가관리자, 사업통합자, 공식적 네트워크 조정자라는 명칭으로 불리기도 한다.

④ 정보시스템을 통한 조정

조직 내에 구축된 정보시스템은 구성원들이 문제해결과 의사결정에 대한 정보를 교환할 수 있도록 해준다.

⑤ 직접적 대면 조정

이해당사자들간에 직접적 접촉으로 공통의 문제를 만나서 대화를 통해 해결하는 것이다.

(3) 조정과 통제에 있어서 문화 차이 고려

마지막으로, 각 국가의 문화 가치 시스템을 이해하는 것이 필요하다. Hofstede의 국가별 문화 차이에 의하면 권력거리가 높은 문화의 경우 본사의 계획과 통제, 정보시스템을 통한 조정이 유리하고, 권력거리가 낮은 문화의 경우 직접대면에 의한 조정, 확장된 조정자의 역할이 필요하거나, 글로벌 팀을 활용하는 것이 유리하다.

7 초국적 조직(transnational model)

(1) 의의

초국적 조직은 가장 진보된 국제조직의 형태이며, 기술혁신, 글로벌 학습 및 지식공유, 글로벌 통합, 현지 적응 등의 이점을 동시에 추구하고자 하는 거대 다국적 기업의 조직구조를 뜻한다. 이러한 초국적 조직은 세계 많은 나라에 자회사를 가진 다국적 기업에 유용한 조직모델로 글로벌 통합의 이전과 현지 적응의 이점을 동시에 추구하는 것을 목표로

거시조직이론

하기 때문에 세계 각지에 흩어진 자회사들을 정보통신 네트워크를 활용하여 통합시킨다.

(2) 초국적 조직의 특성

① 자회사들을 네트워크로 통합
초국적 조직을 구성하는 각 사업단위들은 본사에 의해 일방적으로 통제되는 것이 아니라, 각 조직간 상호의존성에 따라 다양한 관계를 맺고 있다. 초국적 조직의 자회사들은 전 세계에 널리 퍼져있기 때문에 자회사들 간의 조정, 그들의 참여와 몰입, 정보 지식 신기술 고객의 공유가 매우 중요하고, 따라서, 기업의 다차원적인 목표를 달성하기 위하여 서로 연결되어 있는 자회사들을 정보통신 네트워크로 통합한다는 특징을 가진다.

② 광범위한 자원과 능력
자원과 능력이 광범위하게 흩어져 있어서 초국적 조직은 시장요구, 기술개발 또는 세계의 다른 부분에서 나타나는 소비자 기호변화 등과 같은 환경변화를 빠르게 인지하고 대응할 수 있다.

③ 유연한 집중화의 원리에 따른 변화
초국적 조직은 유연한 집중화의 원리에 따라 움직이며, 특정 국가에 집중되어 있는 기능이 있는 반면에 다양한 지역에 분산되어 있는 기능도 있기에 조정과 통제 메커니즘은 새로운 필요성이나 경쟁압력으로 인해 시간이 지나면서 능동적으로 변화할 수 있다. 즉, 필립스(Phillips社)사는 연구개발기능을 네덜란드에, 구매센터는 스웨덴에 집중시키는 반면 재무회계기능을 여러 국가에 분산시켰다.

④ 상향적 전략 형성
자회사의 경영자들은 전략과 혁신을 시도하면서 이것이 기업수준의 전략을 형성하는데, 이른바 상향식 전략(bottom-up)이라고 불리운다. 즉, 각 국가별 지역에 다양한 센터와 자회사들이 현지 요구에 반응하기 위한 창의적인 대응책을 개발하여 실행하고, 그들의 혁신을 전 세계에 전파함으로써 상향적으로 기업의 전략을 형성하는 것이다. 이러한 방식을 사용하는 이유는 각 국가별로 상이한 소비자들의 니즈를 전략에 효과적으로 반영하기 위함이다.

⑤ 가치관과 문화에 의한 통합과 조정
통합과 조정은 공식적인 구조와 시스템보다는 주로 기업문화, 공유된 비전과 가치관, 경영스타일에 의해 이루어진다. 즉 초국적 조직에서는 신념, 문화, 가치관을 형성하거나 변화시켜 모든 사람이 정보공유와 학습에 참여할 수 있도록 한다. 각국의 문화적 배경이 다르기 때문에 오히려 상호간의 이해를 통한 조정이 시스템적 조정보다 더 수월하기 때문이다.

제6장 정보기술의 발달과 조직에 미치는 영향

거시조직이론

1 정보기술의 의의

〈정보기술〉이란, 정보를 빠른 속도로 검색, 처리, 전송, 저장하는데 사용되는 각종 하드웨어와 소프트웨어를 말한다. 최근의 디지털 혁명시대에, 첨단 시스템의 도입으로 조직의 의사결정을 지원하거나 업무수행상 발생되는 시간적/공간적/기능적 통합을 용이하게 한다는 점에서 용이하다. 정보화는 정보의 수집과 활용이 부가가치 창출의 원천이 되는 사회변화를 뜻한다. 과거에는 정보전달의 편리함과 속도를 확보하기 위해서 정보의 질적 저하를 감수할 수밖에 없었으나, 20세기 후반부터 본격화된 정보통신기술의 발전 덕택에 양질의 대량정보를 빠른 속도로 전달하는 것이 가능해졌다.

2 과업특성과 정보기술

- 페로우(Perrow)는 과업특성을 과업다양성과 분석가능성이라는 두 가지 차원으로 구분하여 설명하였으며, 이에 요구되는 정보의 특성도 달라진다고 하였다.

〈일상적 기술〉 문서, 규정과 절차 등 소량의 분명한 정보 필요	〈공학적 기술〉 대규모 데이터베이스, 기술적 자료, MIS 등 다량의 수치정보 필요
〈장인 기술〉 직접관찰, 직접대면에 의한 질 높은 정보 필요	〈비일상적 기술〉 직접대면, 문서, 집단회, MIS 등 다량의 정보 필요

직수명주기, 조직쇠퇴

- 〈일상적 기술〉은 거의 예외적인 문제가 발생되지 않으므로 규칙, 문서 등 분명하고 간단한 정보만으로 충분하다. 〈공학적 기술〉은 일단 정보를 획득하면 잘 정립된 공식이나 절차 기법에 의하여 해결할 수 있으므로, 기술적 자료, MIS 등과 같은 시스템이 필요하다. 〈장인기술〉은 작업상 발생되는 문제의 분석이 어렵기 때문에, 경험과 직관에 의하여 문제를 해결할 수 있도록, 직접관찰, 직접대면에 의한 질 높은 정보가 필요하다. 〈비일상적 기술〉은 과업의 다양성도 높고, 분석가능성도 어려운 기술의 경우, 불확실성과 애매모호한 문제들에 직면하게 되므로, 토론과 대화가 주도되는 상호작용과 소량의 문서, 경영정보시스템 등 다각도에 의한 해결이 필요하다.

3 조직계층과 정보기술

〈최고경영층〉은 환경변화에 따른 기회와 위협요인 파악, 내부자원능력을 연결시켜 전략적 의사결정을 하는데 필요한 정보를 활용하여야 하므로, 환경요인들과 긴밀한 친밀관계를 유지하면서 변경조직을 활용하여야 한다. 〈중간관리층〉은 회사의 목표와 방침을 구체화하여 부서의 업무를 통제관리하고, 업무보고서, 예산보고서를 활용하여 외부환경에 대한 정보를 탐사하는 경향으로 나타난다. 〈하위계층〉은 실무자로 구성되어 과업을 효과적으로 수행하는데 필요한 간단하면서 구체적인 정보를 획득하는데 정보력을 활용한다.

4 정보기술의 발전과 조직효율성

정보기술의 발전으로 인하여 고객과의 직접 소통이 가능해졌고, 소비자측이 전세계로 확대되었다. 이는 기업의 사업범위 확장으로 이어지므로 수익증가를 기대할 수 있다. 기업의 수요예측, 고객관리, 제조/생산공정의 관리, 인적자원관리 등에 효율성이 제고된다.

5 정보기술의 발달이 조직에 미치는 영향

(1) 집권화와 분권화

정보기술의 발달로 통제기능이 향상되면서 일상적인 의사결정에 대한 책임과 권한위임도 가능해진다. 기계적인 보고절차나 단순자료집계 등의 업무는 감소한다. 반면에, 창의적이고 생산적인 업무수행자로서의 역할은 증가하여 분권화 경향으로 나타난다. 그러나, 최근 정보기술의 발달이 모든 정보가 직접적으로 중앙에 집결되도록 하므로, 상당한 정보력을 보유한 최고경영층에 의사결정권이 집중되는 경향으로 나타나기도 한다.

(2) 정보기술과 종적조직상 변화

① 조직 내 커뮤니케이션의 변화
정보기술의 발달은 조직 내 LAN의 설치, 전자결제, e-mail이나 사내전산망의 도입으로 수평적 부서간의 장벽뿐만 아니라 수직적 계층간의 장벽도 제거 된다. IT기술은 조직 내 공식화된 구조를 비공식적 분위기로 변환시키고 조직의 유연성을 증가시켜 준다. 사무실, 공장 등이 지역적으로 흩어져 있어도 IT를 활용하여 회사 내 조정과 의사소통을 향상시킬 수 있다.

② 계층 및 과업구조의 변화
계층의 중요성은 점차 감소하고, 전문지식이나 능력이 중요시되어, 일상적인 업무가 정보기술로 대체됨으로써 구성원들은 창의적인 의사결정에 시간을 투입하는 지식근로자로서의 역할을 수행하게 된다.

③ 중간관리층의 역할 변화
최고경영층과 하위관리자들간의 연결역할을 하는 중간관리층의 그동안의 역할을 정보기술이 대체하게 되어, 조직구조는 모래시계 모양을 갖게 된다.

④ 근무형태의 변화
정보기술의 발달로 언제 어디서나 어떤 형태로든 자신의 개성에 맞게 근무하는 것이 가능하게 되었으며, 이동사무실, 현지출퇴근제도, 재택근무제도 등으로 변화하였다. 정보기술로 인하여 조직 상하층간의 커뮤니케이션이 가능해지면서 지식공유와 함께 전자상거래를 통한 실시간 판매가 가능해졌다.

(3) 정보기술과 횡적조직상 변화

① 프로세스 조직과 리엔지니어링
리엔지니어링은, 비즈니스를 '프로세스'로서 파악하여, 고객중심으로 사고하고, 프로세스를 혁신적으로 재구축하여 업무성과기준을 근본적으로 개선하고자 하는 방법이다. 기업은 성장하고, 경영환경은 복잡해지면서, 업무프로세스는 단편화, 혁신과 창의성의 결핍, 규모의 비경제 등의 문제를 해소하기 위하여, 리엔지니어링이 요구된다.

② 프로세스의 병렬처리
프로세스 처리는 공유된 데이터베이스를 통해 업무프로세스가 순차적으로 진행되는 것이 아니라, 동시에 병렬처리가 가능하게 된다.

거시조직이론

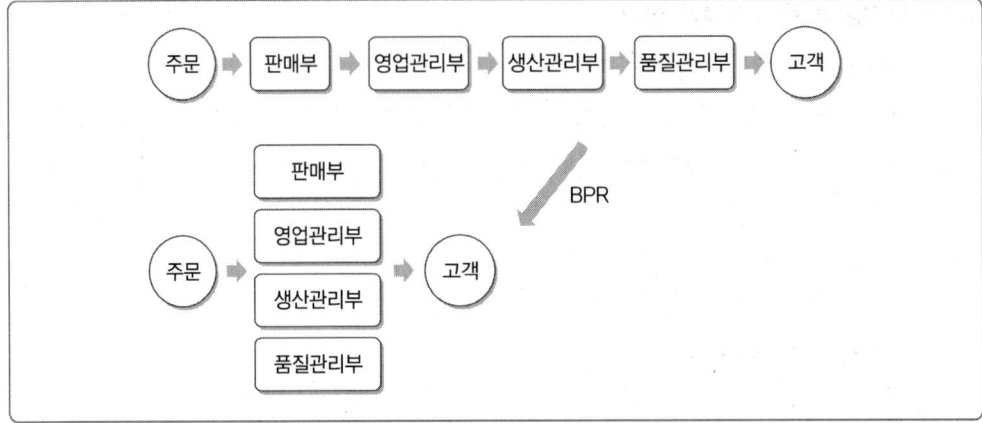

③ 유연한 가상팀 활용

컴퓨터를 이용한 전자적 연계를 통한 가상팀의 활용으로 업무프로세스의 단축 및 업무처리의 효율성 제고가 가능하게 된다. 즉, 리엔지니어링에 의한 프로세스 조직의 실현과 함께 가상조직을 통한 조직간 협업이 가능해졌고, 이를 통해 신규시장에 진입하거나 사업영역을 확대하면서 비교적 낮은 원가를 유지할 수 있는 것이다.

④ 조직간 네트워크 형성

POS카드단말기, POS판매정보입력 등을 통하여 조직간 네트워크 형성 촉진으로, 부가적인 업무량을 줄일 수 있다.

제7장 서비스기술을 사용하는 조직의 설계

거시조직이론

1 제조업과 서비스업의 의의

- 〈제조업〉은 자연에서 얻은 원자재를 가공하여 생활에 필요한 물건을 생산하는 산업으로서 음식료품, 섬유나 의복, 목제품, 종이제품, 플라스틱 제품, 기계와 장비 등을 만드는 산업이 제조업에 해당하고, 그 외에도 경공업과 중공업 등의 공업, 광업, 건설업도 제조업이라고 할 수 있다. 제조업은 제품생산을 통해 주목적을 이루는 업종이며, 전통적으로 제조업은 기업형태의 주류를 이루어 왔다. 최근 선진국에서는 정보통신산업이 발달함에 따라 제조업에 종사하는 인력의 수가 감소되고 있는 추세이다.
- 〈서비스업〉은 생활의 편의와 삶의 질 향상을 위하여 무형의 노무를 제공하는 산업으로 흔히 용역이라고도 하며, 일반적으로 물질적 재화를 생산하는 활동 이외에 광범위하게 기능하는 활동을 포괄하는 개념이다. 여기에는 상업·금융업·보험업·운수업·공무업·가사노동 등 주로 서비스를 제공하는 모든 업종이 포함된다. 서비스업은 서비스의 생산과 공급을 통해 목적을 달성하며, 조직의 기술에서 가장 큰 변화 중의 하나는 서비스 분야의 급성장이다.

※ **제조업**: 유형의 산출물을 제공하는 산업
  서비스업: 인간이 갖고 있는 지식 or idea에 기반해서 무형의 산출물을 제공하는 산업

거시조직이론

2 제조기술과 비교한 서비스 기술의 특징

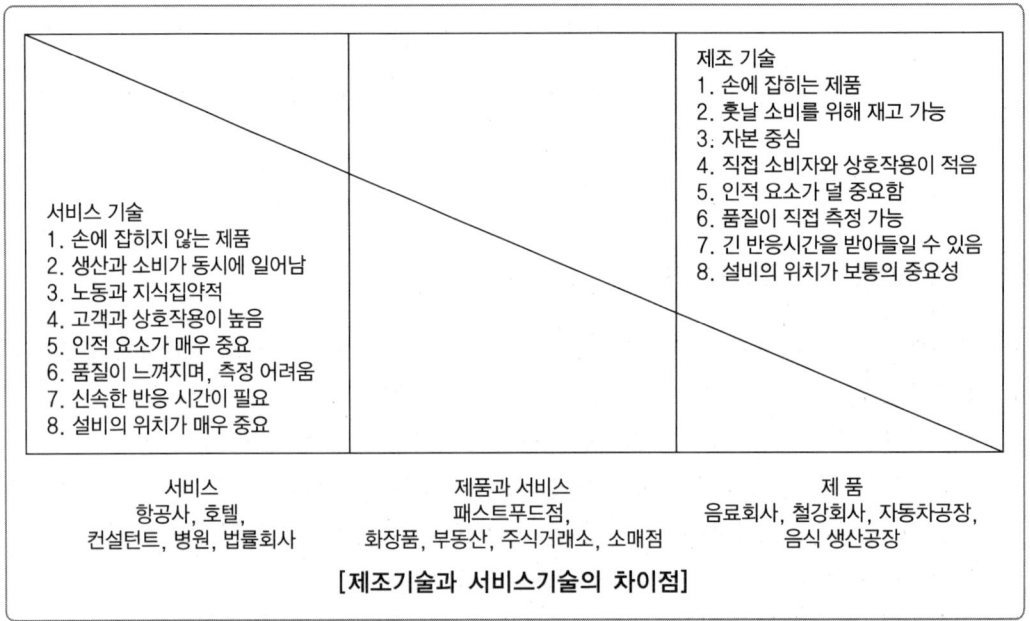

[제조기술과 서비스기술의 차이점]

※ Daft, 조직이론과 설계 12th, 294page

(1) 직접적 접촉에 의한 서비스

서비스업은 고객과 생산자간의 직접적인 접촉인 높은 상호작용에 의하여 발생하는데, 대부분의 은행·보험회사 등에서의 서비스 활동은 고객과 서비스 제공자 간의 접촉으로 이루어지므로, 서비스 활동의 효율성은 이에 종사하는 구성원들의 능력, 자세, 행동, 매너 등에 따라 달라지게 된다.

(2) 무형의 산출 & 생산과 동시에 소비

서비스 산출은 무형성(無形性)을 갖는다. 서비스는 형태가 보이거나 만져지지가 않기 때문에(intangible), 서비스 활동을 측정하기 용이하지 않다. 물론 은행의 예금통장 수, 보험회사의 보험계약 수는 숫자화할 수 있겠지만, 이러한 양적인 성과평가기준에 따라 질적 측면인 서비스 질을 평가하기란 간단하지 않다. 물리적인 제조기술과 달리, 지식과 아이디어로 구성되어 고객과의 상호작용 속에서 생산과 동시에 소비된다는 특성을 갖고 있다.

(3) 노동·지식 집약적

서비스란 무형의 제품으로 고객요구가 있기까지는 존재하지 않으며, 만약, 서비스가 생산되어 바로 소비되지 못하면, 사라지고 만다. 따라서, 서비스 기술은 노동집약적이면서 지식집약적이라는 특성을 갖는다. 반면에, 제조업은 자본집약적이고 대량생산, 연속공정, 유연생산기술에 대한 의존도가 높다.

(4) 품질이 느껴지며 측정이 어려움

세일즈맨으로부터 받는 서비스, 의사나 변호사, 비용사로부터 받는 서비스는 고객의 만족수준을 결정하며, 서비스의 품질은 느껴지는 것이지 유형의 제품처럼 직접 측정되는 것이 아니다.

(5) 서비스에 대한 신속한 반응시간

고객만족과 품질서비스의 지각에 영향을 미치는 반응시간이 빠르기 때문에 서비스는 반드시 고객이 원하고, 필요로 할 때 제공되어야 한다.

3 서비스 조직의 설계방향

서비스 기술이 조직구조에 통제 시스템에 어떤 영향을 미치는가라는 측면에서 볼 때, 고객 가까이에서 일하는 기술핵심에 있는 종업원들이 매우 중요하다. 고객접촉에서 필요로 한 서비스와 제품조직의 차이는 다음과 같다.

(1) 서비스 조직과 제품 조직간의 구조적 차이점

	서비스 조직/	제품 조직
1) 조직구조 특징		
• 분리된 경계 역할	적음	많음
• 지리적 분산	많음	적음
• 의사결정	분권화	집권화
• 공식화	낮음	높음
2) 인적자원		
• 종업원의 기능 수준	높음	낮음
• 스킬의 강조점	인간관계	기술적

※ Daft, 조직이론과 설계 12th, 298page

거시조직이론

(2) 서비스 조직의 설계 방향
① 조직구조 특징
㉠ 분리된 경계 역할

경계역할이란 고객을 다루는 제조업에 주로 사용되는데, 기술핵심에 미치는 혼란을 줄여주는 것이다. 이것은 서비스업에는 별로 사용되지 않으며, 그 이유는 서비스가 무형자원이고, 경계연결자(각 부서, 변경조직)에 의해 서비스가 발생하는 것이 아니기 때문이다.

㉡ 지리적 분산

서비스 기업은 무형의 산출물을 다루기 때문에 규모가 클 필요가 없고, 장소적으로 분산되어 고객들 가까이 위치해 있는 것이 유리하다. 이에 주식거래소, 의사의 병원진료소, 컨설팅 회사, 은행 등의 시설이 분산되어 있는 것이다. 한편 제조기업의 경우 원료공급과 인력활용이 용이한 단일지역에 집중하여 운영을 하고, 외부환경과의 분리된 경계역할이 각 부서마다 정해져 있다.

㉢ 의사결정

서비스업종은 의사결정의 분권화가 높은데, 고객만족을 추구하기 위해서 신속한 의사결정을 거쳐야 하므로 현장에서 실무를 담당하는 자에게 권한위임을 하고 있기 때문이다. 제조기업의 경우 업무효율성을 위하여 집권화된 의사결정이 보편화되어 있다.

㉣ 공식화

서비스 기업은 생산과 동시에 소비가 일어나고, 고객과 상호작용이 높으므로 공식화의 정도가 낮은데 반해, 제조기업은 미래소비를 위한 재고가 가능하고, 직접 소비자와 상호작용이 적으므로 업무 프로세스가 규정과 절차에 의해 지정되어 공식화 수준이 높다.

② 인적자원

직접적인 상호작용에 의해 무형의 서비스를 제공하는 종업원의 친절, 말씨, 공손 등의 기능수준은 높을 수밖에 없고, 사회적이고 인간관계적인 스킬이 강조된다. 반면에, 제조기업은 기계적 업무를 다루는 스킬에만 집중하고 고객과 부딪힐 문제 사례가 거의 없으므로, 기능수준이 낮다.

제8장 관리자의 기술

거시조직이론

1 관리자의 의의

조직에서 관리적 업무를 수행하는 자이며, 조직의 대외적 활동을 위한 조직 내부의 분업·조정·통제 작용을 하는 사람이다.

2 페욜(Fayol)의 관리기능

프랑스의 페욜은 경영자의 관리기능을 크게 다섯가지로 보았으며, 이는 계획, 조직화, 지휘, 조정, 통제가 있다. 계획(planning)은 조직목표를 설정하고, 예산계획을 수립하는 등의 과정이고, 조직화(organizing)는 조직구조를 설계하고 역할을 배분하는 기초작업을 의미하며, 지휘(leading)는 과업수행을 위한 지시 기능이고, 조정(coordination)은 과업수행과정에서 발생하는 각종 분쟁이나 갈등을 슬기롭게 풀어나가는 역할이다. 마지막 통제(control) 기능은 업무수행에 대하여 평가와 반성을 통하여 향후 업무수행에 도움이 되도록 하는 일종의 환류기능이다.

3 관리자의 기술

(1) 민쯔버그(Mintzberg)의 구분

① **대인적 역할**
조직의 대표이자 리더로서 부하직원에게 과업을 지시·전달하고, 조직 외부 이해당사자들과의 네트워크를 유지하는 역할을 말한다.

② **정보역할**
조직 내·외부에 존재하는 방대한 정보들을 수집하는 동시에 이를 내부 구성원에게 전달하며, 조직 내부의 각종 정책과 업무사항들을 외부에 전달하는 대변인으로서의 역할을 포함한다.

③ 의사결정 역할
- 조직 내·외부에 대한 분석을 토대로 각종 의사결정을 수행하는 동시에 문제를 해결하는 역할을 말한다.
- 민쯔버그는 이를 발전시켜 그의 저서 『Managing』에서 새로이 관리역할을 세분화하였다. 경영자의 관리역할을 대내적 역할과 대외적 역할로 구분한 뒤, 이를 다시 각각 정보적 측면, 인적측면, 행동적 측면으로 구분하였으며, 이는 관리직위기술설문지(MPDQ, Managerial position description questionnaire)의 구성요소와도 그 맥을 같이 한다고 볼 수 있다.

(2) **카츠(Katz)의 구분**
① 개념적 자질 : 상황판단능력
최고층 관리자라면 조직을 전체적으로 파악하면서 조직의 각 부분은 서로 어떤 관련이 있으며, 한 부문에서의 변화가 조직 전체에 어떤 영향을 미칠 것인지를 예측할 수 있어야 한다. 또한, 주어진 정보분석시 장기적이고 모든 분야를 동시에 고려하는 능력이 필요하며, 이러한 능력들은 최고경영층일수록 더 필요하다.
② 인간관계 자질 : 대인관계능력
다른 사람과의 대인관계능력으로서 모든 계층의 관리자에게 필요한 능력이다. 팀원들과 원만한 관계를 유지하면서 그들에게 동기부여를 해주고, 서로 조정해주며 협조를 이끌어 내는 탁월한 인간관계능력이 필수적이다.
③ 전문적 자질 : 현장실무능력
업무적 자질, 기술적 자질이라고 할 수 있고, 일선관리자가 과업담당자에게 지시하고 충고, 감독하기 위해서는 실무기술이나 자기가 맡고 있는 전문분야의 업무에 능통해야 할 것이다.

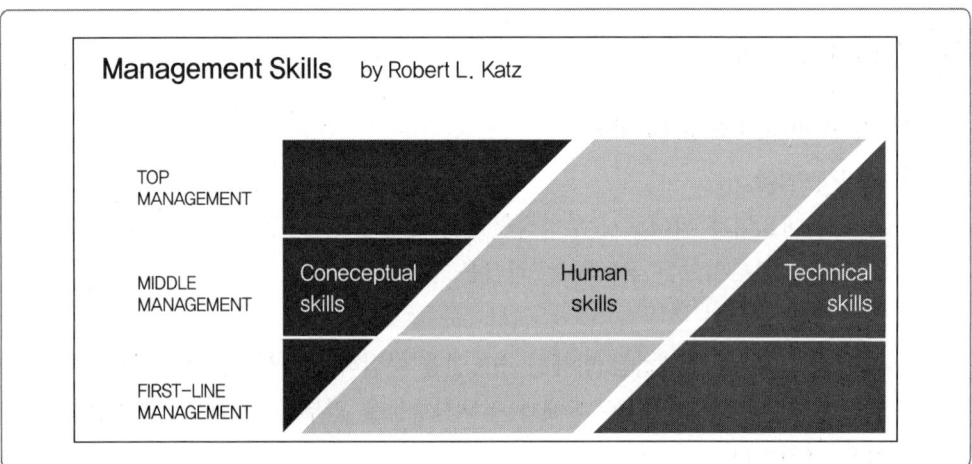

제9장 빅데이터와 조직구조 설계

거시조직이론

1 정보기술과 정보화

　정보기술(IT : Information technology)이란 정보를 빠른 속도로 검색, 처리 전송, 저장하는데 사용되는 각종 하드웨어와 소프트웨어를 의미하며, 정보화는 정보의 수집과 활용이 부가가치 창출의 원천이 되는 사회전반적인 시각을 말한다. 정보기술과 정보화는 각종 규제나 조정의 방식을 바꾸어 놓음으로써 조직구조와 그 설계방식에 영향을 미친다고 볼 수 있다.

※ R.Daft, 조직이론과 설계, 353-357page

2 빅데이터 활용을 위한 조직구조

(1) 빅데이터의 개념

　빅데이터는 경계를 넘어서고 IT의 전통적인 처리용량을 능가하는 대규모 데이터 집합을 뜻한다. 일반적으로 대량생산(volume), 빠른 변화속도(velocity), 다양성(variety)으로 대표되는 3V의 요건을 갖춘 정보집합을 말한다. 빅데이터는 전술한 바와 같이 대량의 정보이며, 종류와 유형을 가리지 않고 모든 데이터를 분석에 활용함으로써 의미있는 기회를 포착할 수 있다. 이러한 빅데이터를 의사결정에 활용하는 경우, 직관과 원칙, 경험에 입각하여 판단하는 전통적 경영방식과 충돌하게 되지만, 의외로 놀라운 성과를 내는 경우가 많다. 대표적인 사례가 Oakland Athletics 야구팀의 전설적 단장 Billy Beans의 일화를 다룬 영화 "Money Ball"이다. 감독의 직관에 의지하기보다는 데이터와 통계분석에 의존한 선수기용방식을 사용한 결과, 해당 팀은 최저예산으로 최다우승기록을 세우게 되었다는 영화 스토리이다.

거시조직이론

(2) 빅데이터 활용을 위한 조직구조

① 외주(아웃소싱)

빅데이터 분석활동 기능을 외부업체에 맡기는 것이다. 분석팀을 운영한 지식이나 경험이 없는 조직에 유용하며, 아직 빅데이터 운용전문가나 숙련된 분석가들이 부족하기에 여러 기업에서 사용되고 있다. 이 방식의 장점은 고정비(인건비)를 변동비(외주비용)화 하여 조직의 유연성을 증가시킨다는 것이다.

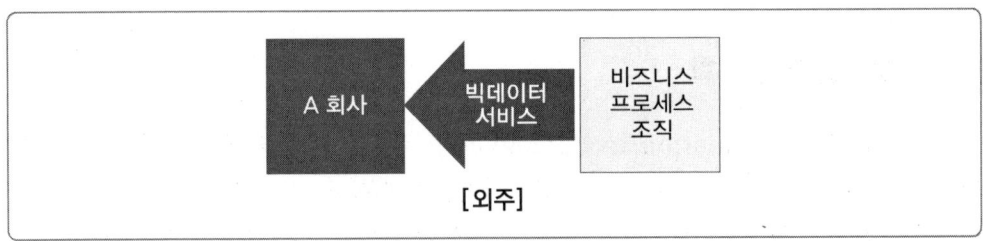

② 집권화

빅데이터를 분석하는 전문가들을 특정 부서에 모아 배치하는 방식이다. 다양한 통계적 모델과 예측기법들을 다각도로 활용하여 최적의 예측기술을 개발하는데 유용하다. P&G에서는 이러한 방식을 일찍이 도입한 결과, 대부분의 다른 회사들보다 데이터 해석(Data analysis)에서 앞서 있다는 평을 들었다. 그러나, 이러한 방식을 사용할 경우 개별 사업부에서 필요로 하는 현안 관련 이슈에는 빅데이터 전문가들의 관심이 미치지 못할 가능성이 있다.

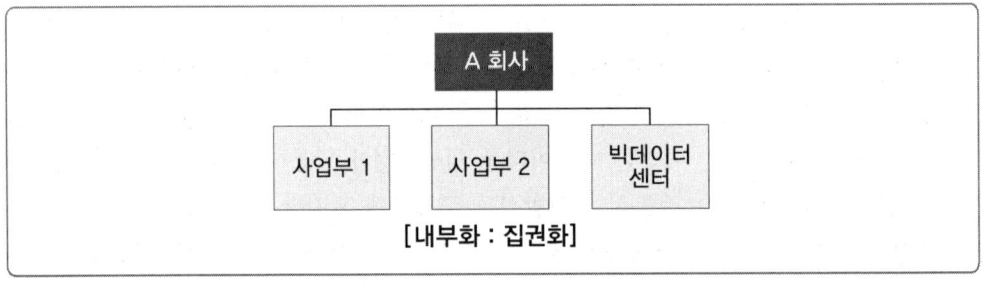

③ 분권화

데이터를 해석하는 역할을 각 사업부 소속으로 완전히 분산시키는 방식이다. 이 방식의 장점은 데이터 담당자들이 현업을 담당하는 사람들과 교류하고 협업하며, 사업부 단위의 현안에 집중할 수 있다는 것이다. 다만, 부문의 경계를 넘어서는 혁신적 솔루션을 개발하거나 조직전반을 아우르는 이슈에 대한 대응을 한다는 측면에서는 부족함이 있다.

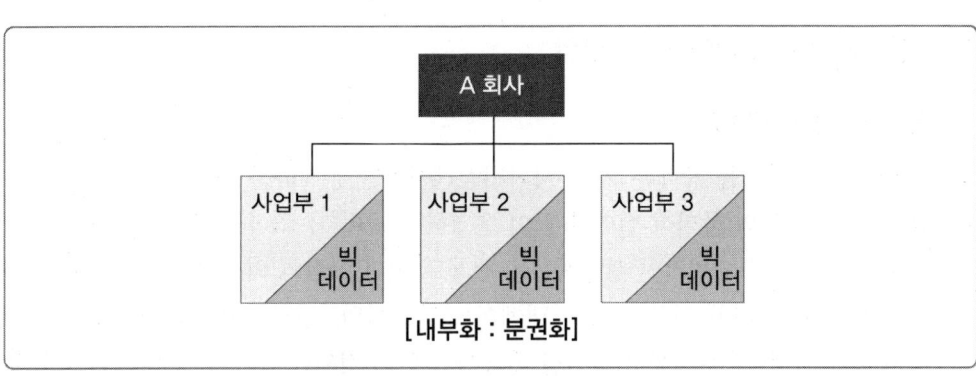

[내부화 : 분권화]

④ 균형적 설계

데이터 담당 임원(CDO, Chief data officer) 산하에 소수의 빅데이터 분석가를 두고, 대부분의 다른 전문가들은 개별 실무 부서에 흩어져 근무하는 소위 hub-and-spoke (축과 수레바퀴) 방식이다. CDO 산하 부서에서는 조정역할을 담당하는 동시에 프로젝트의 우선순위 등을 정하고, 개별 부서에서는 데이터를 활용한 현안에 집중하면서 필요한 경우 CDO와 소통하며 데이터의 심도있는 분석에 임한다.

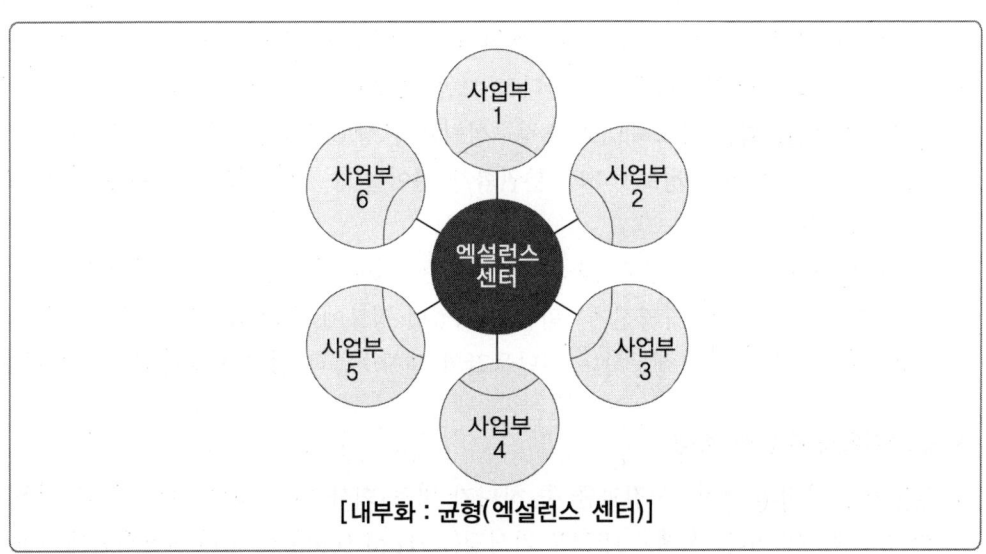

[내부화 : 균형(엑설런스 센터)]

거시조직이론

3 정보기술이 조직에 미친 영향

(1) 정보기술과 조직규모

인터넷 기반 사업들 중에는 거의 사이버공간에서만 존재하는 경우도 있으며, 사무실과 집기 및 빌딩 등의 물리적 실체가 없이 운영하는 것이다. 조직구성원들의 연결이 용이해 짐에 따라 반드시 대면적인 상호작용을 전제로 했던 이전의 의사소통방식이 변화하고 있기 때문이다. 이러한 경향은 조직 내에서는 화상회의, 전자결재 등으로 나타나고 있고, 이는 나아가 재택근무로까지 발전될 가능성이 있는 것이다. 이처럼 스마트워크가 활성화 됨에 따라 조직의 많은 관리적 업무들이 자동화되면서 사무직원의 필요성 역시 줄어들면서 결과적으로 조직의 규모도 줄어들고 있다.

(2) 정보기술과 분권화

- 사실 정보화가 조직구조를 분권화시키는지의 여부에 관해서는 여러 견해가 존재한다. 일부 학자들은 정보기술의 발전이 조직을 구성하는 각 부문간의 긴밀한 연계와 협조를 가능하게 하여 집권화를 촉진하는 경향이 있다고 주장한다. 이에 따르면 최고경영층으로의 정보 집중이 과거보다 용이해지는 점 역시 집권화의 동인이 된다고 한다. 반면에 정보화가 분권화를 촉진한다고 보는 견해도 있다. 정보기술의 발전이 더 많은 양의 정보집중화를 유도하므로 조직구성원들의 정보처리역량이나 속도가 획기적으로 증가하지 않는 이상 정보처리의 분권화가 일어날 수 밖에 없기 때문이다.(폭포효과, cascading)
- 현재 나타나는 경향은 정보기술의 발전이 분권화에 더 많은 기여를 하는 것으로 보인다. 일부 소수의 최고경영진에게만 공개되었던 정보에 대한 접근성이 향상되었고 온라인상에서 자율적으로 행동하는 집단들간의 의사소통과 협력이 강해졌기 때문이다.

(3) 정보기술과 수평적 조정

정보기술 발전의 가장 큰 결과물 중 하나가 바로 회사 내 조정과 의사소통을 향상시킬 수 있는 잠재력이다. 실제로 IBM은 가상팀(virtual team)을 많이 활용하는데, 이는 공동의 목표달성을 위해 물리적으로 분산되어 있는 구성원을 정보통신기술을 화용하여 결속시켜 문제를 수행하는 팀을 말한다. 비대면적 상호작용을 통해 원하는 성과를 내기 위해서는 팀원 간의 신뢰가 필수적이며, 팀원 간의 상호작용과정이 서로에게 공개되어 도덕적 해이를 막아야 하고, 팀의 노력에 대한 결과물이 조직 전반에 공표되어 비가시적인 팀의 성과가 가시적이 되게끔 하는 것이다.

(4) **정보기술과 조직간 관계**

최근 정보기술의 발전에 힘입어 모듈형 조직, 즉, 서로 다른 기능을 담당하는 조직들끼리 협력을 해서 마치 하나의 조직인 것처럼 활동하는 새로운 조직유형이 널리 확산되고 있다. 이와 같은 형태는 가장 높은 수준의 조직간 관계로서, 네트워크 조직으로 불리기도 한다. 네트워크 조직에서는 전자적 의사소통이 쉽고 신속하게 이루어지기 때문에 원가는 낮아지는 동시에 신규시장에 대한 접근성은 향상되어 기업의 사업기회를 확장시키는 대안이 될 수 있다.

■ 최우정 노무사

[저자경력]
- 성균관대학교 일반대학원 경영학 석사 졸업
- 前, 경기개발연구원 경제사회연구부 재직
- 한국여성경제인연합회 인사노무관리 강의
- 지방공기업평가원 교육연수센터 근로시간단축 강의
- 네이버 우수지식인상 수상
- 現 리더스노무법인 공인노무사 재직 중
- 現 이패스노무사 공인노무사 경영조직론 전임강사
- 現 이패스노무사 공인노무사 인사노무관리론 전임강사

[주요저서]
- 거시조직이론 (이패스코리아)
- 인사노무관리 핵심이론 (이패스코리아)
- 경영조직론 핵심이론 (이패스코리아)
- 인사노무관리 답안작성연습 (이패스코리아)
- 경영조직론 답안작성연습 (이패스코리아)

거시조직이론

개정1판 1쇄 인쇄 / 2024년 09월 10일
개정1판 1쇄 발행 / 2024년 09월 23일

지 은 이 최 우 정
발 행 인 이 재 남
발 행 처 이패스코리아
　　　　　서울시 영등포구 경인로 775 에이스하이테크시티 2동 1004호
　　　　　전　화 1600-0522 / 팩　스 02-6345-6701
　　　　　홈페이지 www.ekorbei.com
　　　　　이 메 일 edu@epasskorea.com
등 록 번 호 제318-2003-000119호(2003년 10월 15일)

※ 잘못된 책은 교환해드립니다.
※ 이 책은 저작권법에 의해 보호를 받는 저작물이므로 무단전재와 복제를 금합니다.